国際弁護士

アメリカへの逆上陸の軌跡

International Lawyers

桝田淳二
Junji Masuda

日本経済新聞出版社

まえがき

私は、一九七七年一一月に、たった二人の弁護士で桝田江尻法律事務所を創設して以来、主として国際的案件を取扱ってきた。一九八〇年代終わり近くは、日本のバブル経済の真っ最中で、日本企業の多くが海外、特にアメリカの企業を買収したが、私はクロスボーダーM＆Aの専門家として、日本企業のため多くの国際案件を取扱うことができた。

一九九〇年代初め頃までには桝田江尻法律事務所も非常に発展し、弁護士数においても最大手の法律事務所にかなり近づいていた。その頃、外国法事務弁護士に関する法律の下で、多くの、主としてアメリカの弁護士が日本に来て仕事を始めていた。しかし、日本からアメリカに逆に進出する動きは皆無であった。私はそのまま日本で仕事を続けていれば、大法律事務所の創業パートナーとして、名声や高収入を享受することができたと思う。しかし、国際的案件に携わってきた者として、欧米の攻勢に対し日本が一矢も報いることができないという事態は何としても避けたかった。

そこで一九九二年一月、たった一人、徒手空拳でニューヨークにオフィスを開設した。「日本の弁護士がアメリカに行って何ができるのか」という声が耳に入っていたが、私も何ができるかはその時点では分からなかった。しかし、必死で頑張り続ければ道も開けるのではないかと信じていた。

日本にいるときは、雑誌その他に載ることもあり、私はそれなりに知られる存在であったが、ニューヨークに渡ってからは、日本のレーダーからは完全に外れてしまい、アメリカで何をやってもほとんど日本で報道されることはなくなってしまった。そのため、初めの頃、最も大変だったのは、私がニューヨークにいることを日本企業に知ってもらうことであった。日本にいるときと比べて、案件の獲得は極端に難しくなった。

当初は、三年くらいの間に何も起こらなければ、今更日本に帰ることもできず、静かに消え去るのみと覚悟していた。しかし、三年を経過するちょっと前からM&A案件の話が来はじめ、その後多くのM&A案件、合弁案件その他を取扱うことができた。それだけでなく、特許侵害訴訟をはじめとする訴訟や仲裁等の紛争案件も数多く取扱うことができた。

私はアメリカの最前線で、アメリカの弁護士に任せるのではなく、自分が取り仕切ってアメリカの弁護士を使って案件を取扱っていたので、日本にいたのでは絶対に得られない数多くの貴重な経験をすることができた。本書では、そのような経験を具体的に詳しく書いているので、M&A担当者や法務担当者にも、最前線の生きた情報として役立つことを期待している。

たとえば、M&A案件では、単に弁護士としてだけでなく、トータル・アドバイザーとして案件全体を取り仕切り、多くの弁護士やCPA（米国公認会計士）その他の専門家のチームを作って動かし、自ら相手方のフィナンシャル・アドバイザーや弁護士と交渉したので、案件全体の流れを非常に具体的に書くことができた。私が長年にわたって自ら編み出してきたM&Aの交渉術も具体的に書いているので、日本企業がアメリカでM&Aをする場合の参考になるのではないかと思う。また、案件ごとにそれぞれの問題点があり、生きたアメリカのM&Aの実態を知ることができる。

紛争案件についても、近時非常に多くの日本企業がアメリカにおいて特許侵害訴訟を提起されており、本書に書かれているようなことは、実際に最前線で経験しない限りなかなか分からないことで、どの日本企業にも起こり得る極めて身近な問題である。

特に私が多く取扱った日本企業に対する特許侵害訴訟については、ディスカバリー（証拠開示）の厳しさや、それとの関係で弁護士依頼者特権の重要性について極めて実務的な経験を数多くしたので、それらは日本企業にとって非常に参考になるのではないかと思う。特許訴訟を担当する弁護士の選任においても、多くの日本企業が何も知らずに大きな過ちをしている例を数多く見てきたので、本書により、少しでもそのような過ちが減ることを期待している。

日本ではその後も次々と外国の法律事務所がオフィスを開き、多くの外国の弁護士（二〇一〇年七月時点の外国法事務弁護士の登録数は三四七人）が仕事をしているが、日本の弁護士がアメリカへ行って法律事務所を作り、独自の活躍をするという事例はあまりなかった。そのため、古くから私のことを公私共によく知っている元日本興業銀行の越純一郎氏が、自らが委員を務める外国弁護士制度研究会（法務省と日弁連とで二〇〇八年に設置）において、私のアメリカでの活動を引合いに出して、そのことに関する懸念と問題意識を表明されていた。

私のアメリカでの活動を本にすることによって多くの人に知ってもらうべきであると越氏から本書執筆を強く勧められ、日本経済新聞出版社の平井修一氏に話をつないでいただき、本書の刊行に至った。また同研究会のメンバーであった牛島信弁護士（日弁連外国弁護士及び国際法律事務委員会委員長）にも共鳴していただき、応援していただいた。

私としては、日本の将来を担う法学生や若い弁護士にもっともっと国際的に活躍してもらいたいというメッセージを込めて、本書を執筆した。ただ抽象的なエールを送るのではなく、私がアメリカへ逆上陸して行った実際の活動をなるべく忠実かつ具体的に書き、また自分が考えたり感じたことをありのまま率直に書くことにより、身近な話として感じてもらいたいと思った。

ただ、出来上ったものを第三者の目で見ると、自慢話をしているように取られかねないという危惧もあった。しかし、日本的謙虚さで控えめに書き直してしまうと、私が実際に行い、私が実際に感じたことが生々しく伝わらなくなるような気がした。

そこで、読者のご批判を覚悟の上、私が「道なき道」を切り開いてきた必死さや徹底的な取組みがそのまま伝わることを優先し、事実や自分の感じた通りの内容を直截に表現した個所をそのまま残させていただいた。それにより目障りと感じられる読者の方々に対しては、あらかじめお詫びをしておきたい。

第12章の「第二次世界大戦中の日本企業による強制労働の賃金請求訴訟」は、大戦中のことについて数十年後に多くの日本企業に対し数多くのクラスアクションが提起され、アメリカでは大きく取り上げられていたが、日本では必ずしも広く知れわたってはいなかった。

これは、日本の過去に関する歴史的なクラスアクションであるだけでなく、連邦制をとるアメリカの裁判の複雑さ、難しさも反映している。唯一の日本の弁護士としてどっぷり関与した私は、この歴史的なクラスアクションを広く日本でも知っていただくと共に、記録に残す責務があるのではないかと感じた。そのため、長すぎるのを承知の上で、私が経験し、見聞きしたことをなるべく忠実に再現した。

本書においては、私のクライアントは原則としてF社とかT社というようにアルファベットで表記した。しかし、同じアルファベットで始まる会社はいくつかあるので、同じアルファベットでも必ずしも同じ会社ではないことをご承知おきいただきたい。

二〇一〇年八月

桝田　淳二

国際弁護士

アメリカへの逆上陸の軌跡

目次

第1章　アメリカへの逆上陸

第2章　裁判関係の経験

第3章　アメリカの特異な制度と実態

第4章　アメリカの制度や実務の日本への紹介

第5章　世界中の弁護士とのネットワークの構築

第12章　第二次世界大戦中の日本企業による強制労働の賃金請求訴訟

第13章　私の若手弁護士の育成法

装丁 坂田政則

第1章 アメリカへの逆上陸

1 アメリカ上陸

一九九一年一二月二九日、誰の見送りもなく私は妻と二人だけで成田空港を出発して、一四時間の時差のため同じ日の午前中ニューヨークのジョン・F・ケネディ国際空港に到着した。空港の建物の外に出ると、空には暗雲が漂って暗く、雨がかなり強く降っていた。それはまるで、自分のこれからのニューヨークでの挑戦を象徴しているかのように感じられた。私の四八歳からの挑戦は、プロ野球の野茂英雄投手がアメリカのメジャーリーグのドジャースに入団して活躍し始める約三年前であった。

到着したときだけはせめて一流ホテルに泊まろうということで、天皇陛下も泊まるというウォルドルフ・アストリアホテルに宿泊した。しかし、次の日からアパート探しを開始し、すぐに四八丁目のレキシントン・アベニューとサード・アベニューの間の薄暗い一ベッドルームのアパートを借りることに決めた。日本からはトランクに入る衣類等しか持って来ていなかったため、すぐに安い物を売っているスーパーマーケットであるウールワースでボール紙で作った小さなタンスを三つ買ってアパートへ運び、そこで生活を始めた。

東京を出発するまでに、それまで仕事のために借入れていた銀行借入はすべて返済し、また長年貯めた資金の残りもニューヨークにおける新しい事務所への投資のためにほとんど使ってしまうので、贅沢はまったく許されなかった。

一九九二年の元旦が過ぎると、すぐに私が親しくしていたニューヨークのマークス・アンド・ムラセ法律事務所（Marks & Murase）の中に机を借り、新事務所開設の準備を開始した。秘書の面接もしたが、大変良い人に恵まれたのは幸運であった。彼女はアギスキー・中村紘子さんといい、ニューヨークの日系の銀行で働いていたが、是非法律事務所で働いてみたいということで応募してきた。この秘書と二人で写ったカラー写真が、後に本章「6　ニューヨーク進出の記事」で述べる『月刊国際法務戦略』という雑誌の一九九三年七月一五日号の表紙を飾ることになった。

私は、ニューヨークでオフィスを開くため事前調査に来た際、少し前にオフィスを開設していた親しいドイツの大きな法律事務所のオフィスを訪問した。しかし、そのオフィスはあまり大きくないビルにあり、やや暗く狭かったので、自分がニューヨークに新事務所をスタートさせるときは、一流の大きなビルである程度立派にやりたいと思っていた。

しかし、仕事が来るかどうか何の保証もないのに、最初から思いきって投資して失敗したら元も子もないし、ちょうどパーク・アベニュー三九九番地にあるシティバンクの本社が入っている非常に大きなビルにマークス・アンド・ムラセ法律事務所が移転することになっていたので、そのオフィスの余っている一部をサブリースすることにした。アメリカの法律事務所の一部をサブリースしたもう一つの理由は、仕事でどうしてもライブラリーが必要だと思っていたからだ。ライブラリーを自前で持つということはとても考えられないので、必要なときだけ貸してもらうということも考えていた。

2　アメリカへの挑戦を決意

一九八七年に日本において外国法事務弁護士に関する法律（「外弁法」）が施行され、主としてアメリカから日本に多数の外国人弁護士が進出して外国法事務弁護士として仕事を始め、その数は私がニューヨークへ行く頃は八〇名近かった。

外弁法はアメリカ、特にニューヨーク州の弁護士がアメリカ政府を突き上げて圧力をかけて作らせた法律と言えなくはない。しかし建前上は相互主義を採っており、日本が受入れる外国の弁護士が所属する国や州には、日本の弁護士も同じような条件で進出することが可能であった。しかし、日本から相互主義に基づいて外国に進出した法律事務所や弁護士は聞いたことがなかった。

一九七七年一一月に、私は江尻隆弁護士と共に、主として国際的な法律業務を取扱う桝田江尻法律事務所（二〇〇七年初めには約一六〇名の弁護士を擁したあさひ・狛法律事務所の前身）を開設し、幸い順調な発展を遂げて、一九八〇年代の終わり頃には弁護士数三〇名ぐらいにまでなり、当時としては相当大きな法律事務所に発展していた。しかし、桝田江尻法律事務所は、日本の国際的な法律事務所としては後発と言わざるを得なかった。

そこで、せっかく既存の大きな法律事務所の背中が見えるところまで追いついてきたのであるから、先行する法律事務所にもできないことをしようと考えた。パートナーがそのために二回も合宿して徹底的に討議をした結果、弁護士にとっては世界の中心であるニューヨークにオフィスを開設することを決定した。

以前、日本の法律事務所としては、唯一ロンドンにオフィスを設けた事務所があったが、活発な活動は行われず、結局撤退してしまった。そのことを教訓として、当時の桝田江尻法律事務所としては、ただニューヨークにオフィスを設けるというのではなく、オフィスを置く以上は事務所として最高の法律サービスを提供できる体制を備える必要があると考えていた。

私は、一九七〇年にコロンビア・ロースクールに留学した後、二年数カ月ニューヨークに残って、アメリカの法律事務所で研修をした。そのとき私は、親友である林紘太郎弁護士と郊外のアパートで廊下を隔てて向い側の部屋に住み、毎日のように人生や将来のことを語り合っていた。そのとき私の心には、将来日本に欧米のようなローファームを作りたいという目標と、いつかはニューヨークにオフィスを開設して、欧米の弁護士と渡り合いたいというほのかな願望が湧いていた。

桝田江尻法律事務所が一五年間で順調に発展したので、私は新しい挑戦をしてもよいのではないかと考え、昔考えたことのあるニューヨークオフィス開設に挑戦することにした。パートナー間で協議した結果、結局、創業者である私自身が単身ニューヨークへ行って、費用負担や仕事の獲得も含め、すべて私一人の責任でオフィスを開設し運営することに決まった。

3　E−2ビザの取得

一九九二年当時、私が取得できる可能性があるビザとしては、Eビザがあった。Eビザは二つの種類があり、E−1ビザは条約貿易家（Treaty Trader）のためのもので、E−2ビザは条約投資家（Treaty Investor）のためのビザであった。私に可能性があるのはE−2であったが、本来ならアメリカに非常に大きな金額の投資をすることが条件となっていた。

しかし、幸運なことに、少し前にサービス業に関してはオフィス等への投資でよいように条件が緩和された。その場合の投資金額も従来の条件よりかなり軽減され、正確には覚えていないが、確か二〇〇〇万円程度でも許されるようになった。そこで、私はそれまでの蓄えを吐き出し、オフィスの開設のために二〇〇〇万円程度を投資することにした。

ビザ取得についても、私は大変苦労した。アメリカでは、日本の外国法事務弁護士に相当するリーガル・コンサルタント（Legal Consultant）の資格付与は州の問題で、州の法律が規制し、ビザの問題は連邦法が規制しているため、両方の法律が必ずしも連動していない点が問題であった。また日本からアメリカのリーガル・コンサルタントとしてビザを申請するのも私が初めてだったようで、東京の米国領事館の窓口ではおよそ話が通じなかった。

そこで、アメリカの弁護士に頼んで、ビザの申請書を提出する前に、日本の外弁法や相互主義などの資料を示し、米国領事館のアメリカ人の担当者に時間をかけて説明をしてもらった。このようにして、一九九一年一二月一〇日に、私は正式にE-2ビザを申請して、同月二〇日にビザを取得することができた。E-2ビザの有効期限は三年であったが、その事業が存続する限り更新することができた。

4　ニューヨーク州リーガル・コンサルタントの資格取得

日本の外弁法の下で資格を認められた外国の弁護士は、「外国法事務弁護士」と呼ばれているが、ニューヨーク州においては、それに該当する者は「リーガル・コンサルタント」という資格を与えられている。先に述べたように、アメリカにおいては、弁護士資格は連邦の法律ではなく州の法律により、各州ごとに規制されている。私の場合は、一九九一年一一月一九日に、ニューヨーク州の法律に基づいてリーガル・コンサルタントとしての資格を付与された。

リーガル・コンサルタントの資格取得の条件を簡単に述べると、次の通りである。

①資格申請の直前の七年のうち少なくとも五年は外国（私の場合は日本）において法律業務に携わる資格を有していて、実際に法律実務に携わってきたこと。
②良好な倫理上の性格を有し、ニューヨーク州の弁護士会のメンバーとして適していること。
③ニューヨーク州に現実に居住していること。
④二六歳を超えていること。

リーガル・コンサルタントの資格取得において最初に困った問題は、事実上代理を許していないらしいということであった。資格申請書も親しいニューヨークの弁護士に依頼して入手しようとしたところ、ニユーヨークでの居住の証明書を提出した上、申請人本人にだけ渡すと言われたそうである。私の場合には、依頼したニューヨークの弁護士が何とかうまくやってくれ、最終的には申請書の用紙を手に入れてもらった。申請書を入手するためだけにニューヨークに居住するのは、あまりにも無駄が大きいと感じた。

資格取得にあたって事実上一番困ったことは、リーガル・コンサルタントの資格付与の申請前からニューヨーク州に居所を持たなければいけないということだった。私はやむを得ずマンハッタンに小さなアパートを賃借し、資格が付与されるまでの数カ月の間に数回ニューヨークへ行った。しかし実際には、資格が付与されるまではニューヨークでは法律業務を行うことはできないので、アパートも空けたままにせざるを得ず、まったくの無駄としか思えなかった。資格付与後、業務開始の条件として居住を確立するのが最も現実的であり、それで十分のような気がした。

申請書の提出後、私の申請の審査を担当したのは八〇歳を超える高齢のニューヨーク州の弁護士で、国際的な感覚は絶無であった。同弁護士は私の空っぽのアパートに二、三回電話をして、返事がないということで留守番電話に伝言すら残さず、私の申請をそのまま放っておいたという経緯があった。私が頼んだニューヨークのアメリカ人弁護士を通して問い合わせをしても、本人以外とは話をしないということで埒《らち》が明かず、大変苦労した。

最終的には日本にいる私から国際電話をして担当弁護士と話をしたが、一度は東京からニューヨークへ無駄足を踏んだこともあった。これなども、代理が許されれば何でもないことで、東京とニューヨーク間の往復の時間と飛行機代を考えると、まったく割り切れない気持ちだった。

申請書は一九九一年八月一日に正式に提出し、同年一一月一九日に正式に承認された。したがって、正式手続に要した時間は四カ月未満で、連絡がうまく取れていればもう少し短かった可能性があった。しかし、実際に時間がかかったのは申請書を作成し、いろいろな証明書を入手し、いろいろな法律家から倫理的性格であることの宣誓供述書（Affidavit of Good Moral Character）及び弁護士としての仕事に関する宣誓供述書（Affidavit as to Legal Practice）をいただくという作業だった。

申請書の記載事項は極めて多岐にわたり複雑であったので、申請書の記入の仕方で分からない点もいくつかあり、それをわざわざ日本からニューヨークの担当委員会（Character Committee）のオフィスにまで聞きに行ったりするのも大変だった。これらすべては、代理人を使わせてもらえれば、ずっと楽にできることだった。

一九九一年一一月七日に担当弁護士から要請され、同月一五日に多少追加の資料を提出した。同月一八日には、裁判所において担当弁護士に正式にインタビューされた。その際、担当弁護士は、私の申請書は非常によくできていると言ってくれた。インタビューはスムーズに済み、すぐに承認するということになり、翌一一月一九日に裁判所で宣誓をし、正式にリーガル・コンサルタントの資格が与えられた。

またインタビューの際及び資格取得後、私の名刺及びレターヘッドの書き方について、担当弁護士から厳密な指示と変更要請があった。私の印象では、担当弁護士によって表示についての判断基準の厳しさが違うのではないかと思った。私より前からニューヨークにいるヨーロッパのリーガル・コンサルタントは、ほとんど自由に名刺やレターヘッドを作っているので、私の頃になって厳しくなったのかもしれない。

5　ニューヨークオフィス開設

前述のようにマークス・アンド・ムラセ法律事務所は、一九九二年一月に、東京で言うと丸の内にあたる花のパーク・アベニューの五三丁目と五四丁目の間にある大きなビルへ移転し、二〇階から二二階まで三フロアを使用した。私はその事務所が借りている二二階のエレベータホールに面したスペースをサブリースさせてもらった。このビルにはシティバンクの本社が入っており、パーク・アベニューでも有数の立派なビルで、日本の自動車その他のコマーシャルにもよく出てきていた。

事務所開設の準備は全部自分だけでやらざるを得なかったが、マークス・アンド・ムラセ法律事務所の事務長のような人に若干手伝ってもらえたのは非常に助かった。電話番号を取る際も、私は電話会社と交渉して二一二―四八六―二五二五という番号を特に選んだ。四八六―二五二五が、「よしやろうニコニコ」ということで非常に気に入ったからである。しかし、後で分かったことだが、私が非常に贔屓にしている「そば日本」というレストランの電話番号四八九―二五二五と一番違いであったため、時々そば屋と間違えて電話がかかってきた。

事務所のオープンは、一九九二年一月二〇日であった。私が所属していた東京の桝田江尻法律事務所はほぼ毎月所内報 M&E NewsLetter を出していたが、その一面にニューヨークオフィスの大きな写真と共に「M&E New York 事務所オープン!」と題する文章が掲載されているので、一部を紹介する。

「本年一月二〇日（月）、桝田江尻法律事務所にとって歴史的な出来事であるニューヨーク事務所のオープンの日は、ニューヨークは朝のうちは雪でした。ニューヨーク事務所は、ニューヨークでももっとも環境のよいビジネス街であるパーク・アベニューをグランド・セントラル駅から少し北の方に行った五三丁目と五四丁目の間にあり、以前はシティバンク・ビルディング（現在は単にパーク・アベニュー三九九番地と呼ばれている）と称されたビルの二二階にあります。ビルのロビーも立派に改装され、きれいになったエレベーターで二二階まで一気に昇って一歩エレベーターから出ると、床はベージュと白の大理石ででき た立派なフロアになっています。オフィスの入口を見ると重厚な黒い大理石のゲートがあり、ドアは透明ガラスの二枚ドアで奥の壁が見通せるようになっています。エレベーターホールから中を見通すと、奥の壁に落ち着いた金色のモールで『MASUDA & EJIRI TOKYO NEW YORK』と書かれているのが見えます。

サブリースをさせてもらったマークス・アンド・ムラセ法律事務所の特別のご厚意により、二二階のメインエントランスはあたかも桝田江尻法律事務所のものであるように、当事務所の名前を出させてもらっています。ガラス扉をあけて中に入るとすぐレセプショニストのカウンターがあり、すぐ右が会議室、そしてその奥はまたガラスのドアがあってライブラリーになっています。借景ではありませんが、アメリカの法律事務所で一番見栄えのするものの一つであるライブラリーが、あたかも当事務所の一部であるかのように見えます。また受付のすぐ左はオフィスマネージャー兼私の秘書が入る個室があり、ファックス、ゼロックス、ワープロ、キャビネ等々といったような物が全部詰まっています（中略）。その左が私の部屋になっています（後略）。」

「私共は二二階の入口の近くのほんの一部をサブリースしているに過ぎません。それにもかかわらず当事務所の名前を入口に出させてもらっているので、まるで二二階のほとんどが私共の事務所のように見えます。」

「一言でいうと、当事務所のニューヨーク事務所は思っていた以上に立派で見栄えがするので、尋ねて来た日本の弁護士も感心していました。」

新しい秘書は事務所開設に間に合わなかったので、五十嵐栄さんというテンポラリーの秘書を頼んだ。しばらくして中村さんが正式に秘書として働き始めたが、経理の人を雇うお金もないので、結局最初の一～二年は中村さんと私で経理までやらなければならず、大変な苦労をした。

当初はオフィスがどのように発展するか分からなかったのでオフィス・スペースもサブリースでスタートしたが、二、三年後には同じビルの一八階のコーナーに独自にオフィス・スペースを借りることができた。非常に大きな高級オフィスビルに約一〇〇坪のスペースを個人で借りることは簡単ではなかったが、家主が私のことを調べた上インタビューまでして、最終的にはOKしてくれた。

一八階の新しいオフィスは、私が基本設計をし、専門家も入れて詳細設計をしたが、そのデザインは高く評価され、アメリカのオフィスデザインの雑誌にも載った。最大の特徴は、弁護士が入る部屋の壁を大きな一枚ガラスとし、ガラスに横線のストライプを入れたことである。また専門の設計者が、入口の脇や秘書がいる場所の天井を丸くカーブするように芸術的にうまく設計してくれた。そのため、私共が最終的にそこを退去する前に、その場所を借りようとして見に来た多くの人たちが、オフィスの内装の素晴らしさに大変感心していた。

私は、ソニーが初めてアメリカに進出した際、当時アメリカではまったく無名であったので、ニューヨークのショッピングの一等地である五番街に展示用の店を構えたという故盛田昭夫会長の話を印象深く覚えており、私共の法律事務所も初めてアメリカに進出するときはまったく無名であるので、オフィスは一等地の一流のビルに入ることを心に決めていた。

オフィスのスタッフについては、頼りにしていた秘書の中村さんが家庭の都合で一九九四年九月に退職したため、それから約二年半、経理や事務所の運営に苦労した。一九九七年初め頃人材派遣の会社に経理の専門家を紹介してもらい、何人かと面接した。一九九七年二月七日に面接した候補者の中に但木淑男さんという経験豊富な人がおり、とてもよさそうであったので早速採用することに決め、二月一三日から仕事を開始してもらった。

但木さんは、日本で会社に勤めていたが、一念発起してアメリカの大学で勉強し、卒業した直後だったようで、タイミングがぴったり合った。但木さんは経理だけでなく何でもよくできそうであったので、最初からオフィス・マネージャーになってもらい、オフィス全体のことを見てもらうことにした。

但木さんは経理はもちろん、スタッフの管理をはじめ、事務所のことはすべてきちっと処理してくれるので、それ以降は私は経理その他の事務所内の仕事から解放され、仕事に集中することができるようになり、大変助かった。人生は人の出会いがいろいろな意味で大きな影響を与えるが、あのタイミングで但木さんにオフィスに来てもらったことは、私にとって非常に幸運であった。

但木さんは、二〇一〇年二月には私のニューヨークオフィスでの勤務が丸一三年となり、長年にわたって私の右腕として事務所の発展に大きく貢献してくれた。事務所のことだけでなく、東大の同窓会の私の理事長としての活動や、フレンズ・オブ・トーダイというＮＰＯの私の理事長としての活動などでも、私を大変よく支えてくれている（「第16章　プロボノその他の活動とエピソード」「3　東京大学関連の活動」参照）。

私のニューヨークオフィスには何人か秘書等がおり、たまに入れ替りがあるが、上枝利栄さん（後に結婚してピチュン・利栄さんとなった）という秘書兼コンピュータ及び調査等担当の女性は一九九七年一二月から働いており、事務所のために長年貢献してくれた。

6　ニューヨーク進出の記事

当時、桝田江尻法律事務所がニューヨークに進出したことは、一九九二年三月二七日の日本経済新聞夕刊で「日本から米に初進出」「桝田江尻法律事務所　商務交渉など支援」とのタイトルでかなり大きく取り上げられた。その記事では、「日本企業の米企業買収や商務トラブル交渉などにかかわる相談依頼を現地で受け、米国での顧客を増やすのが狙い。これまで日本人弁護士が米国の法律事務所に勤めるケースはあったが、独自に事務所を開き、米国内の法務ビジネス開拓に本格的に取り組むのは初めて。」と報じられた。

一九九二年四月四日の日本経済新聞では、壁に「MASUDA & EJIRI」「TOKYO　NEW YORK」の金色の文字が貼り付けられた前で立っている私の写真と共に、「『弁護士市場』開放　日本も一矢」「桝田江尻法律事務所ニューヨーク進出」とのタイトルの記事が出された。その記事の一部は、次のように書かれていた。

「外国人弁護士に国内での活動を認める『弁護士市場』開放が日米の争点になっているが、このほど日本の大手法律事務所が日本勢としては初めてニューヨークに事務所を開設、米国市場に参入した。米国の法律事務所はすでに日本にいくつも進出しており、市場開放は一方通行だったが、日本もようやく一矢を報いた形だ。

ニューヨークに事務所を開いたのは国境を超えた企業提携や合併・買収（M&A）など国際法律業務を手掛けている桝田江尻法律事務所（東京都港区）で、代表の桝田淳二弁護士が米国に常駐する。八〇年代後半に日米経済摩擦のひとつとなった弁護士問題の論議にかかわってきた同弁護士は『米国が日本に出てくるばかりでなく、市場開放は相互主義ということを実践したかった』と語る。」

一九九二年二月二八日のニューヨーク・ロージャーナル紙（New York Law Journal）の一面や、ナショナル・ロージャーナル紙（National Law Journal）にも、同趣旨の記事が出た。また、一九九二年四月一八日に終わる週の英文のニッケイ・ウィークリーの経済欄にも、私の写真入りの記事が出た。米国で発行された日本語のビジネス誌『ユーエス・フロントライン』（U.S. Front Line）の一九九二年六月一日版のフロント・ピープル（Front People）の欄でも、「日本の法律事務所として米国に初進出弁護士の桝田淳二さん」というタイトルで、私の写真と共に、次のような記事が出た。

「米国人弁護士を日本で自由に活躍できるように、という弁護士市場開放論が米国内で高まる中、日本の大手法律事務所がニューヨークに『逆上陸』を果たした。日本の事務所としては初めての快挙であるだけに、今後の活動の展開ぶりが注目される。

ニューヨークのパーク街に事務所を構えたのは、M&A業務では我が国司法界でも屈指と言われる桝田江尻法律事務所（東京都港区）。筆頭パートナーの桝田淳二弁護士自身が自ら腰を落ち着け、陣頭で指揮に当たる。

米国進出の狙いについて、桝田さんは、『東京でやっている仕事を質、地域の両面で拡大したかった』と語る。」

一九九二年六月一一日号の『週刊新潮』の「私の好きな場所・好きなもの」と題するグラビアの頁には、「ニューヨークに日本人で初の法律事務所を開設した弁護士・桝田淳二の『クラリネット』」というタイトルで、私が郊外の自宅でクラリネットの練習をしている一頁大の大きな写真が掲載された。写真の左端には、次のような説明がなされていた。

「日本人弁護士として初めてニューヨークに法律事務所を開設した。『日米企業間の合併や買収を進める上では相互理解が一番大切。それには米国人弁護士と直接話し合い、協力していくこと。歓迎されてるんです』。東京に二七人の弁護士を抱える大手渉外法律事務所の代表でもある。東大法学部卒で『法学の勉強よりクラリネットに夢中のあまり音楽学部の学生かと冷やかされてました。』東大のオーケストラではクラリネットの首席を務めたほどの腕前だ。今、林に囲まれたニューヨーク近郊の自宅で『週末ごとに練習してるんです。日本よりここでなら心おきなく吹けて気持ちがいい』。四八歳。」

裏話をすれば、『週刊新潮』から「私の好きな場所・好きなもの」を選んでほしいと要請されたが、仕事一筋できた私には、何にすればよいのかなかなか思い付かなかった。さんざん考えた末、ふと思い付いたのが、東大のオーケストラで吹いていたクラリネットであった。私はクラリネットを続けたくて国際弁護士の道を選んだのであるが、現実は甘くなく、弁護士になってからクラリネットを吹く時間はまったく取れなかった。

写真であれば音は出ないだろうと思い、急遽マンハッタンの楽器屋へ行ってクラリネットを買ってきた。しかし、長年まったくクラリネットを吹いていなかったので、吹いても口元がきちっと締まらず、空気が口元から漏れて良い音は出なかった。写真撮影の方は音を出す必要がなかったので、私が慣れた手付きでクラリネットを持った自然な写真を撮ってもらうことができた。

その後しばらくクラリネットの練習をしてみたが、口元が痛くなるだけで簡単には昔のように吹けるようにならないことを悟り、なかなか練習時間も取れなかったので、あきらめてしまった。やはり何事も継続が肝心であることを思い知った。

予想外だったのは、ニューヨークオフィスを開設してから何カ月か経った頃、AP通信からインタビューの申入れがあり、一九九二年六月二一日に、私が仕事をしている大きな写真と共に、私のインタビュー記事が新聞の一面の三分の一くらいの非常に大きな記事としてアメリカ中の地方紙に載せられ、アメリカのあちこちからたくさんのレター等が私に届いたことである。

AP通信の記事のタイトルは、「日本の弁護士が初めてニューヨークにオフィスを開設した（Japanese lawyer is first to set up shops in U.S.)」で、私の個人的な生活から仕事の内容まで詳しく報道された。私の想像では、恐らくアジアから弁護士がアメリカへ来て法律事務所を開いたのは私が初めてであったので、非常に大きく取り上げられたのではないかと思われる。

一九九二年一〇月二九日の日本経済新聞の「この人と5分間」というコラムで、「ニューヨークでの弁護士業務、手ごたえは」とのタイトルで、私の写真入りの記事が出た。

一九九三年三月二九日の日経産業新聞では、「米の頼れる弁護士の見つけ方」「NY駐在の桝田氏に聞く」とのタイトルで、私の写真入りの記事が出た。

『インターナショナル・フィナンシャル・ローレビュー』誌（International Financial Law Review）の一九九三年五月号にも、私及び私の法律事務所の記事が出た。その記事では、日本の法律事務所はますます欧米の法律事務所と競争しなければならず、私は日本の法律事務所も提供する法務サービスの範囲を拡大しなければならないと述べている。

そして、保守的な専門職で、私の法律事務所は変化の最先端にいるとした。それは、第一に、前年（一九九二年）ニューヨークに日本の法律事務所として初めて事務所を開設したこと、第二に、桝田江尻法律事務所が国内の訴訟を主として取扱っている東京八重洲法律事務所と合併し、約四〇名の弁護士を抱えるあさひ法律事務所となったことであった。

その他、海外の法務事情を主として取扱っていた日本の法律雑誌『月刊国際法務戦略』の一九九三年七月一五日号は表紙一面を私のカラー写真で飾り、「トップ自らニューヨークに常駐、地元に根を張りアメリカ企業の対日M&Aへの対応も」と題するニューヨークオフィス開設に関する記事も出された。

7　誤算と成算

ニューヨークへ行ってショックだったこともあった。私がそれまで長い間仕事をさせてもらっていて、事務所の他の弁護士にもしょっちゅう関与してもらっていたので、クライアントである会社と法律事務所との関係が組織と組織の間の関係として確立していると思っていたいくつかの日本のクライアントが、私が東京オフィスからニューヨークへ移って以来、東京オフィスにまったく相談に来なくなってしまったことである。これは予想外のことで、日本ではまだまだ依頼会社と弁護士との関係は個人的な信頼関係が大きな要素を占めており、組織としての依頼会社と法律事務所の関係にまではなかなかなり難いということを思い知らされた。

また、日本にいればいろいろな人と接触して、紹介その他でクライアントをそれほど苦労なく増やすことができたが、落下傘でニューヨークに降下したのと同じ私は、日本におけるような友人知己がアメリカのビジネスの社会にいるわけではなく、日本にいる場合よりはるかにクライアントや案件を獲得することが難しいということを思い知らされた。

しかし、私はアメリカ留学から日本へ帰った一九七三年頃から、海外の弁護士や法律事務所との関係を構築しネットワーク化することに多大の努力をしてきたので、そのようなネットワークを通した紹介が、アメリカのクライアントや仕事を獲得する大きなソースとなった。

しかし何と言っても大きかったのは、古くからの日本のクライアントのいくつかがアメリカでM&Aを行ったり、特許侵害訴訟等がある場合に私を頼ってくれたことで、そのためにアメリカにおける大きなM&Aや多くの特許侵害訴訟その他の訴訟を一手に引受けて取扱うことができた。まさに「捨てる神あれば拾う神あり」という感じであった。

そして、日本のクライアントが一度私を使うと、ニューヨークに常駐している私がクライアントのためにアメリカのこと（実際にはアメリカに限らず世界中のことであるが）をすべて処理するので、非常に便利だということで引き続き仕事を依頼されるケースが多かった。

8　五〇代でのニューヨーク州弁護士試験挑戦

私は前述のように当初はリーガル・コンサルタントとしてニューヨークで法律業務に従事していたが、日本のクライアントのためにアメリカの法律実務も行う必要があることを感じていた。特に日本のクライアントのためにアメリカにおける訴訟事件を引受けた場合には、アメリカの訴訟弁護士を手足として使うにしても、法廷へ行ったり、裁判官と直接和解の話をする必要も感じていた。

一九九三年秋から一九九四年の八月にかけて、日本の上場化学会社N社によるアメリカのデュポン社の化学工場の一部の買収の仕事を一手に引受けることになり、一九九四年は八月まで非常に忙しい年となった（「第8章　M&Aの案件」「1　デュポンのケミカルプラントの一部の買収」参照）。私と若い平松剛実弁護士のたった二人で大変大きな案件を全面的に引受け、アメリカのいろいろな分野の専門家を動かし、日本のクライアントとは電話とファックスで絶えず相談しながらデュポン社と交渉するという毎日が続き、連日夜中近くまで働く日々が数カ月続いた。そのため平松弁護士は一時体調を崩し、病院に行くという事態にまでなってしまった。

その頃、私は疲れ切った体に鞭打ち、ニューヨーク州の Bar Exam（弁護士試験と呼ばれているが、裁判官や検察官になる人もこの試験に合格しなければならないので、日本の司法試験に近いものと言える。しかし、この試験は州ごとに行われる。）を受けようと週末の限られた時間に勉強をしていたが、数々の困難に逢着した。

アメリカで弁護士の資格を取るためには、州の弁護士試験に合格するだけでなく、別途行われる弁護士倫理（Professional Responsibility）の試験にも合格しなければならなかった。弁護士試験を受ける人はほとんどそのための予備校（BarBri という予備校が非常に有名で、ほとんどの受験者がこの予備校へ行っているのではないかと思う。）へ行って、試験に出そうなところや試験を受けるコツを教わるのである。

しかし、私は時間が全然なく予備校にも入らなかったので、弁護士倫理の教科書を手に入れることができなかった。ところが、平松弁護士が偶然弁護士倫理の教科書を一冊余分に持っていて、私に一冊くれたので、あわててそれを勉強して一九九四年二月頃弁護士倫理の試験を受け、合格することができた。

この試験は、マンハッタンの北端に近いユダヤ教のイェシーバ大学（Yeshiva University）で行われたが、受験者のほぼ全員は二〇代前半の若者だったので、日本人で、しかも五〇代の私は完全に浮いていた。弁護士倫理の試験そのものは難しいものではなかったが、もし平松弁護士から教科書をもらわなかったら、その後弁護士試験を受けることもなかったかもしれないと思うと、因縁じみたものを感じた。

アメリカでは毎年五月下旬のロースクールの卒業式が終わると、ほとんどの卒業生は弁護士試験の準備をするため予備校へ通い、図書館に缶詰となって勉強する。試験のためには、一日最低でも一二時間勉強することが必要と言われている。弁護士試験は二日間にわたって行われる。一日目がニューヨーク州の試験で、エッセイ問題が六つ、それから五〇問の四者択一である。午前午後それぞれ三時間一五分、午前中は三問のエッセイ、午後は三問のエッセイと五〇問の択一問題をこなす。

二日目は連邦法に関する試験の日で、四者択一の問題を午前中一〇〇問、午後一〇〇問、三時間ずつで解いていく。試験範囲は、連邦の試験では、憲法、契約法、不法行為法、刑法、証拠法、所有権法が問われる。ニューヨーク州はこれに加え、民事訴訟法、刑事訴訟法、会社法、パートナーシップ法、コマーシャルペーパー、家族法、遺言、信託、相続税、代理、他州との法の衝突時の対処、抵当権、リースなどの細かいところまで出題される。

一九九四年はデュポン社の化学工場の一部の買収という大きい仕事を一手に任されて非常に忙しかったことは、仕事の上では大変有難かった。しかし、連日夜中まで働いて疲れ切った体に鞭を打ち、土日の限られた時間に弁護士試験のための勉強をしなければならず、今だからこそ言えるが、私にとっては人生で最も苦しい受験であった。

五〇歳を過ぎてからの受験勉強は、記憶力が非常に弱くなっているので大変であったし、そもそも勉強する時間がなかなか取れないのが何といっても最も辛いことであった。記憶力の減退は、五〇歳を過ぎてから受験勉強をしてみるとよく分かる。

たとえば、アメリカには殺人罪は何種類かあるが、必死で憶えても、一〇分後には忘れてしまうということの繰返しであった。そのため、テープレコーダーに吹き込んで夜眠る時にかけて睡眠記憶法もやってみたが、効果はなかった。今でも試験準備のために吹き込んだテープがたくさん残っている。

デュポン社の化学工場買収の仕事がクライマックスに達し、相手方との交渉に明け暮れていた七月に弁護士試験があるため、私は試験を受けるのを何回かあきらめようと思った。しかし、この機会を逃したらもう二度と弁護士試験を受けられないのではないかという予感がした。クライアントには、別件でどうしても四日間出張しなければならないという口実で、ようやく試験直前の二日間と試験当日の二日間の四日間休みを取ることに成功した。

このようにして、一回限りしか受けるチャンスがないかもしれない弁護士試験に何とか臨むことができた。記憶力は衰えていたが、幸いなことに理解力は衰えていなかったためか、何とか一回で合格することができた。ようやくこれで非常に苦しい日々から解放されると思い、そのときは嬉しいというよりは心からほっとした気分であった。

合格の発表は一九九四年一二月初めであった。合格の通知を受け取り、ほっとして妻と共にロックフェラーセンターの有名なクリスマスツリーを見に行った。その晩は非常に寒く、空気も澄んでいたため、クリスマスツリーのイルミネーションがうるんで輝いていた。大変な苦労をした後であったので、今でもその美しさは私の脳裡に深く刻まれている。

一九九五年二月二七日に、ニューヨーク州第一審裁判所上訴部司法第一部（Appellate Division of the Supreme Court of the State of New York, First Judicial Department）の法廷でインタビューを受けた上、同年三月六日、同じ法廷で裁判官の面前でニューヨーク州弁護士として宣誓して、晴れてニューヨーク州弁護士となった。あと一週間で私が五二歳になるときであった。

担当書記官は、私が日本からの初めてのリーガル・コンサルタントとして宣誓したときのことをよく覚えていてくれた。ニューヨーク州の裁判所の同じ法廷で二回も弁護士資格に関する宣誓をした者は、あまりいないのではないかと思う。私が宣誓のため法廷に入ろうとした際、裁判所の係員は私を父兄と勘違いして、傍聴席の方へ行くように言われたのも、今は懐かしい想い出である。

第2章　裁判関係の経験

1　デポジションを取られた経験

日本の特許法に関する専門家証人としてのデポジション

ニューヨークで法律業務をしているといろいろな経験をするものであるが、日本法の専門家ということで専門家証人を頼まれることもある。裁判所に宣誓供述書（Affidavit）や供述書（Declaration）といった書面で日本法の説明をすることもあるが、専門家証人としてデポジション（Deposition、証言録取）を取られたことも何回かある。

日本の特許法に関する専門家証人として相手方のアメリカ人訴訟弁護士からデポジションを受けた際は、相手方の弁護士はインターネットで私のことを徹底的に調べ上げて、何とか私の専門家としての適性を攻撃しようといろいろ意地悪な質問をしてきた。

たとえば、私共の法律事務所のパートナーの弁護士が一人だけ特許庁に弁理士として登録している。それは一人だけ弁理士として登録しておけば特許庁関係の情報が入るということからそうしたわけで、弁理士の登録をした弁護士だけが特許関係の仕事をやるということではもちろんなく、私自身も特許関係の仕事をしている。

しかし、日本ではなぜか弁理士のことを英語で一般に Patent Attorney（特許弁護士）と表示している。アメリカでは Patent Attorney というのは、主として技術的なバックグラウンドを有する特許を専門に扱う弁護士のことを意味しているので、日本の特許専門の弁護士は英語で Patent Attorney と言える。

デポジションの際、世界中の主な弁護士を載せているアメリカのマーチンデール・ハベル（Martindale-Hubbell）という弁護士に関するかなり詳しい情報を載せた非常に大きな弁護士名簿の中で、私は私共の法律事務所の弁護士紹介で Patent Attorney として登録していると書かれていないので、相手方の弁護士に特許法の専門家ではないと攻撃されたのには驚いた。

私の方では弁護士と弁理士の違いを説明し、日本の弁理士が英語で Patent Attorney と表示していることを説明するのに苦労した。私を専門家証人に起用したアメリカの訴訟弁護士も、日本の弁護士の資格を取るのは非常に難しく、弁護士の資格の中には弁理士の資格も含まれていると援護射撃をしてくれた。このように、日本の弁理士が自らの資格を英語で Patent Attorney と表示しているのは誤表示で、特に外国の弁護士に誤解を与えている。そのため、アメリカでは日本の弁理士のことを特許専門弁護士と一般的に誤解していると思われる。

日本の会社法に関する専門家証人としてのデポジション

アメリカの訴訟では、日本とはまったく違って、ディスカバリー（Discovery、証拠開示）が非常に強力かつ広範囲で、原則として訴訟に関係する限り、相手方が持っている書類その他の証拠品をすべて手に入れることができるほか、証言等も求めることができる。しかしそれでは弁護士と依頼人が腹蔵なく相談することができないということで、弁護士依頼者特権（Attorney Client Privilege）が認められており、弁護士と依頼者との間の法的な相談に関するコミュニケーションは証拠開示に服しないという特権を有している。

しかし弁護士であっても、専門家証人のような場合にはこの特権は適用されないので、注意を要する。私も専門家証人としてデポジションを受けた後、その件に関し専門家証人となるよう依頼を受けたアメリカの弁護士と私とのやり取りすべてや、私共の法律事務所内でのやり取りや調査に関する書類すべてを提出することを相手方弁護士から求められ、実際に提出した。そのときは日本法の判例を調べる必要があったので、東京オフィスのアソシエートに判例を調べてもらい、報告を受けたが、私とアソシエートとの間の内部的なやり取りもすべて相手方へ提出させられた。

そして私が裁判所で専門家証人として証言を求められた際、相手方弁護士は、私及び私共のニューヨークオフィスのアソシエート弁護士や東京オフィスのアソシエート弁護士との間のやり取りやリサーチの結果等のコピーすべてを証人席の上に積み上げて、これに見覚えがあるかというところから証人尋問が始まった。

このように私は、単にクライアントの代理人弁護士としてのディスカバリー（証拠開示）の経験だけでなく、第三者である専門家証人として、あるいは時には事実証人としてのデポジションや法廷における証言も経験しているので、依頼者にとっては非常に分かり難いところを、自らの経験を通して分かりやすく説明することができる。

事実証人としてのデポジション

それは二〇〇二年六月二五日午後一〇時頃のことであった。いつもの通りマンハッタンのオフィスから車で郊外の自宅へ戻り、ガレージのドアを開けて車を入れたところへ、突如バンがライトをつけたまま私の家のガレージの前に停まり、中からＮＹＰＤ（The New York City Police Department すなわちニューヨーク市警察）のイニシャルが入った帽子をかぶった男が出てきた。私は最初は何のことか分からなかったが、男は「お前がジュンジ・マスダか」と何回か尋ねた。そこで職業柄直感的に、何か法的な書類を私に送達しようとしているのだと気づいた。

実際には、ＮＹＰＤのロゴが入った野球帽はどこでも売っているもので、その男は送達専門の会社の職員に過ぎなかった。その男は私の自宅のすぐそばに駐車したバンの中で私の帰宅を四～五時間待っていたようであった。

私は誰かに訴えられるようなことはまったく身に覚えがなかったのでいぶかっていると、男は書類を私に渡した。私は暗くて見えなかったので、玄関の明かりの所へ行って眼鏡を掛けて書類を見たところ、それは、二〇年以上前の一九八〇年頃に私が手掛けたアメリカの会社からの世界的著名商標等を含む買収の件に関する訴訟で、私が事実証人としてデポジション（証言録取）を受けることを命じ、また関連書類の提出を命じるニューヨークの連邦地方裁判所の発行した召喚令状（Subpoena）であった。男はそれと共に四〇ドルの小切手を、これが出頭のための費用であると言って私に渡した。私はあまりの安さに驚いたが、記念に小切手だけは現金化せずに取っておこうと心に決めた。

召喚令状は、送達の一週間後である七月三日午前一〇時からデポジションを行い、そのときに関連書類を提出するようにというもので、あまりにも余裕がなくびっくりした。その案件は、私が全面的に交渉して一九八〇年に成立したものであった。その後、両当事者間に意見の不一致があり、別のライセンス契約を締結することによってビジネス的に決着をつけた件で、関連ファイルはすでに廃棄されているか東京の倉庫に保管されているものであった。早速、東京オフィスへEメールを送って、現在関連書類がどうなっているか確認しようとしたところ、たまたまそのファイルを管理していた者が病欠で二日間休みという不幸な事態も重なった。

相手方の弁護士からは、召喚令状で命じているより一日早く書類を提出するように要求してきたので、反対当事者の弁護士ともなると随分勝手なことを言うものだと思った。三日ほどしてようやく私のクライアントであった日本企業側で本件訴訟を担当しているアメリカの訴訟弁護士と連絡が取れた。その弁護士は、本件に関し、何と二〇年以上前に訴訟の相手方当事者であるアメリカの会社を代理して私と交渉をしたアメリカの弁護士のデポジションを取るためにシカゴに三日間出張していたということであった。

日本企業側のアメリカの訴訟弁護士によれば、私が一九八〇年頃及び一九八九年頃アメリカの会社と交渉したことは最初から相手方の訴訟弁護士も分かっており、デポジションを取る候補者の中に私の名前が一年くらい前から出ていたとのことで、それにもかかわらず、ディスカバリー（証拠開示、Discovery）

の締切り日（Cutoff Date）である七月一〇日の直前になって大慌てで私のデポジションを要求してくるとはけしからんと怒っていた。そして私の都合がつかなければ、その旨相手に伝えて延ばしてもらってもよいと言われたが、私としても逃げ隠れをしたとは思われたくないので、最大限の努力をするということで、七月三日のデポジション及び前日の書類提出を一応受諾した。

しかし、その後日本企業側の弁護士が私の弁護士も兼ねてアメリカ企業の弁護士と話し合った結果、相手方も書類を検討する時間がほとんどないということで、書類の提出は七月五日朝に延期され、私のデポジションも七月九日に延期された。

私は大急ぎで東京オフィスから送ってもらった関連ファイル及びニューヨークにある限られたファイルを自らすべてチェックした。私の場合は、当時弁護士として日本企業のために交渉をしていたので、弁護士依頼者特権で保護されている書類は相手方の提出要求にもかかわらず提出しなくてもよい特権を与えられている。その特権を行使できる書類とそれ以外の書類とを分ける作業をやった。書類をチェックする作業の過程で非常に古い書類で懐かしいものが出てきたり、またすっかり忘れていた書類等があったりで、二〇年以上前の古い話で証人に呼ばれた人は大変だろうと実感した。

何日かつぶしてたくさんの書類をチェックした上、それらを念のため日本企業側の弁護士にもチェックしてもらい、たまたま七月四日はアメリカは独立記念日で休みだったため、七月三日の夜フェデックスで発送し、七月五日朝到着というアレンジをした。しかし七月五日午後になって、相手方の別の弁護士から連絡があり、書類が届いていないと文句を言ってきた。その後判明したことは、実際に私に書類を送るように言った弁護士はその日休んでおり、私には名前すら言っていない別の弁護士が単純に書類を待っていたということで、書類は七月五日午前七時には先方の法律事務所に到着していた。

日本企業側のアメリカの訴訟弁護士からは、デポジションを受けるにあたっての注意事項をいろいろ聞かされた上、私へほんの少し書類を見せて、準備のため相手方弁護士が質問しそうなことを私に質問してきた。また、デポジションにおいて相手方の弁護士は、当方サイドのアメリカの弁護士がどの書類を私へ示して何を言ったかを質問してくると思うが、それは答えて結構という話であった。

私は時々日本企業がアメリカで訴訟に巻き込まれた場合に、デポジションを取られる日本企業の社長や社員の方々に注意事項を申し上げている。実際に自分がデポジションを受ける際にアメリカの弁護士から言われたことが、私がデポジションを取られる人へ通常注意していることと同じなので、静かにうなずいて聞いてはいたが、心の中では「すべて分かっていますよ」とつぶやいていた。

七月九日午前一〇時からニューヨークのある法律事務所の会議室で私のデポジションが取られるということで、一五分前くらいにそのオフィスに到着したが、来ていたのは当方側の弁護士二人と、ビデオ係だけであった。その後少しして、宣誓を執り行い、速記を録る女性が現れた。デポジションはビデオに撮られるため、私は細長いテーブルの先端にビデオを撮るためのスクリーンをバックにして座らされ、テーブルの反対側にビデオカメラが設置された。

デポジションが行われたオフィスは、マンハッタンの五番街にある古いビルディングで、内部の造りは古めかしくて立派であったが、窓もなく重苦しい雰囲気であった。ちょうどその日の朝、ブッシュ大統領がウォール街に来て演説をするということで、相手方弁護士のホテルがダウンタウンにあると交通規制で大変だという話をしていたところ、一〇分ちょっと遅れて相手方の弁護士三人が現れた。

訴訟弁護士はいつもそうだが、段ボール箱二つくらいにたくさんの書類を詰めてカートで運んできていた。相手方弁護士のうちの一人は非常に若い女性弁護士で、当方サイドの弁護士の一人も女性であった。

アメリカには女性弁護士はたくさんいるが、訴訟弁護士も女性弁護士が非常に増えているという印象だ。

デポジションは、終始相手方の年配の弁護士が私に質問するという形で行われた。デポジションの前に、当方サイドの弁護士から私に対し、デポジションのためにわざわざ記憶を喚起するようなことはしないようにと言われていたので、関連書類に目を通すこともせずに自然体で臨んだ。そのため、二二年前のことになると、ほとんど細かいことは正確に覚えていないというのが現実であった。

相手の弁護士は手を替え品を替えて私から何とか自分たちに有利な証言を引き出そうとしていたが、私もプロなので相手の狙いはすぐ分かり、相手の術中にははまらなかった。デポジションは二、三回の休憩を挟んで淡々と進み、午後六時頃終了した。デポジションの最中、当方側の女性弁護士はさかんにメモを取っていたが、その後すぐクライアントの日本企業へ詳細な報告をしていたようだ。

私の印象では、相手方は特に得るものはなかったのではないかと思う。しかし、デポジションのもう一つの目的は、もし私が証人として裁判所に喚問された場合に、どのような証言をするかをあらかじめ予測することにある。そういう意味では、相手方もある程度目的は達したのだと思う。

このときのデポジションの最後で驚いたことは、アメリカ企業の弁護士が、私が当時属していたあさひ法律事務所のホームページから弁護士のための日本法紹介（Lawyers Guide to Japan）という英文の資料をプリントしたものを私に提示して、その中の一つのパラグラフを私に読ませたことである。そのパラグラフには、日本企業は契約通りには履行せず、何かあった場合には話し合って解決する傾向があるということが書かれていた。それによって、本件の日本企業も契約通りに履行しないということにつなげたかったらしい。そのときは、誰がこんなことを書いたのかと恨めしく思った。

私はそれは国内でのことで、国際関係でそのようなことはない旨を述べたが、英文で外国の弁護士向けに書いている資料にそのように書いてあるのだからそうは言えないのではないかといって食い下がられた。またこれは、私共の事務所が責任を持って出したものであるので、内容は正確であるはずだと言われ、こんなことで攻撃されいささか驚いた。

2　模擬陪審審理

陪審員による事実認定が裁判の結果に決定的に影響するため、アメリカでは陪審等に関する訴訟コンサルタントを業とする会社がたくさんある。このようなコンサルタント会社の調査結果によると、アメリカの一般市民は、陪審員に選ばれて事案の内容を判断する前に、すでに日本人及び特許権者に関し先入観があるということである。

たとえば、特許権者については、汗水流して発明をした者であるので、その主張が正しいと思っている者が六五％もいるという。また、日本人や日本の会社に対する根強い偏見も、調査結果から明らかである。したがって、その先入観を覆して日本企業が陪審裁判に勝つためには、大変なエネルギーが必要となる。正義は必ず勝つとか、正論を言えば分かってもらえるといった日本的甘えは、アメリカでは一切通用しない。アメリカでは、正義は自らの手で勝ち取らなければならないのである。

このような訴訟コンサルタントは、係属中の訴訟の事実審理（トライアル）で陪審員がどのような判断を下すかを予測するため、模擬陪審の審理を行うサービスも提供する。私も、ある訴訟に関与した際、被告側日本企業に進言して訴訟コンサルタント会社を使って模擬陪審を行ったことがある。

模擬陪審を行ったのは、アメリカ人の個人が日本企業に対し、あるビジネスが成立したことを理由としてコミッションを請求する訴えに関するものであった。模擬陪審は、実際に裁判が行われる土地で、典型的な陪審員と同じような人をアルバイトとして雇って行われた。

ある部屋に集められた模擬陪審員の前で、原告側弁護士の代役の訴訟弁護士が原告側の弁論をし、その訴訟を実際に担当している被告日本企業側の訴訟弁護士が被告側の弁論をし、その後模擬陪審員に別室で審議してもらった。

実際の訴訟では、陪審員の審理は誰も見ることはできないが、模擬陪審ではマジックミラーを使った部屋で審議してもらった。模擬陪審員の方からは鏡しか見えないが、私共は、マジックミラーを通して隣の部屋から模擬陪審員が審議する様子を逐一観察することができた。

原告側弁護士の弁論は、法律的には全然筋が通っていなくても、人間の気持ちに訴える弁論に模擬陪審員がいちいちうなずいている様子がよく分かった。問題の契約書では、コミッションが支払われる対象になる会社は、日本企業がアメリカで持っている合弁会社と特定の子会社に明確に限定されていた。それにもかかわらず、模擬陪審員は、日本の親会社の社長が関係している以上、契約の対象となる会社がどこであるかは一切お構いなしに、日本の親会社の責任を認めた。

すなわち、ひとたび日本企業の米国関連会社がアメリカ人とコミッションに関する契約をした以上、いくら明確にコミッションの対象になる会社を特定の会社に限る旨を契約で定めていても、後でビジネスが取れたのは原告の貢献によるものと決めつけ、日本の親会社がコミッションを支払わないのはけしからんという理由で、審議の前にすでに圧倒的多数の模擬陪審員が原告側を支持した。

模擬陪審員の審議の結果、全員一致で日本企業敗訴の結論を出した。これは、我々法律家から見ると、契約も存在しない日本の親会社の責任を認め、最初に口をきいたということだけをもって、誰がビジネス獲得に貢献したか等も一切お構いなしに、莫大なコミッションの支払を認めるというもので、まったく乱暴極まりない結論であった。

訴訟コンサルタントが審議の後で模擬陪審員にインタビューをした結果、インテリでないアメリカの白人、特に中高年は、日本に対し相当厳しい偏見を持っていることが分かった。デトロイト地域では、アフリカ系アメリカ人が日本に対して厳しい見方をしていると想定していたが、被告である日本企業側の立場をとったのはむしろアフリカ系アメリカ人だけであった。これは、デトロイト地域の少数民族はアフリカ系アメリカ人が大勢を占めているため、白人対アフリカ系アメリカ人という図式がある中でアフリカ系アメリカ人が日本に対する偏見が少ないということが分かった。しかし、別の調査によれば、アジア系少数民族が多くいるニューヨーク、カリフォルニアその他の場所においては、日本人を含むアジア系少数民族に対するアフリカ系アメリカ人の偏見が非常に強いことが判明している。

このような模擬陪審を見ていると、日系企業が陪審裁判にかけられる場合には、不利な判断がなされることをあらかじめ覚悟しておかなければならない。ところが、アメリカの訴訟弁護士は、とかく法律論や自分たちの調べた証拠に基づいて強気の意見を出し、結果として日系企業が莫大な損害賠償を取られるケースが相次いでいる。

このようなときこそ、私がかねてから提唱している アウトサイド・ジェネラル・カウンセル（Outside General Counsel）的な弁護士が必要だ。担当訴訟弁護士の意見を聞くだけでなく、陪審制の怖さその他いろいろな要素を考慮して、陪審裁判になる可能性がある場合には、早期に和解で決着することが極めて望ましい。日本企業に限らず、どの会社でも筋を通そうとし、早い段階でかなり大きな金額を出して紛争を和解で解決することを望まないが、訴訟が最後の最後まで行った場合にどういう結果になるかを冷静に判断した上、思い切って早期に紛争を和解で解決することは、いろいろな意味で極めて大切である。

まったく別件で、私はアメリカ人の特許権保有者（実際にはその個人の個人会社）が日本のあまり大きくない上場会社に対し、特許侵害訴訟の訴状の写しを送りつけて、大きい金額を支払わなければ訴訟を提起すると脅してきた件を取扱ったことがある。そのアメリカの特許権保有者は、日本の他の巨大企業をすでにニューヨーク南部地区連邦地方裁判所へ訴えて、訴訟を継続していた。

私は、どうしても筋を通さなければならない一部の訴訟を除いては、訴訟もビジネスの一部で、費用対効果を考慮しなければならないという考え方を持っている。脅かされた訴訟も、恐らくアメリカの弁護士が成功報酬ベースで引受けると思われ、訴訟を行えば費用だけで一億円を超えた上、敗訴した場合には非常に大きな損害賠償を取られる恐れがあった。しかも原告のアメリカの特許権保有者は陪審による審理を要求するのは間違いなかった。法律上は、訴訟の両当事者が陪審審理によらないことを合意しない限り、陪審審理になる。

私はクライアントである日本の上場会社T社へ、アメリカにおける日本企業に対する訴訟の実態を説明し、訴訟を進行させるだけでも非常に費用が掛かる上、陪審裁判で負ける可能性があり、負けた場合にはとんでもない損害賠償を支払わされる恐れがあることを説明し、訴訟が提起される前の早期の和解を勧めた。

T社は、社長は私の説明に理解を示したが、取締役会に諮ると、T社が特許権を侵害しているということはないので訴訟になってもよいから断固そのような要求は撥ねつけるべきだという勇ましい意見があるということであった。私は結局T社の取締役会に呼ばれ、全取締役の前でアメリカの訴訟の実態及び本件の対処の仕方についてのアドバイスをした。

私は、取締役への説明の最後に、勇ましいことを言うのは簡単であるが、もし最終的に莫大な損害賠償を取られた場合に誰が責任を取れるのかということまで言及した。

最終的にT社は、私に相手方と和解交渉をするよう要請し、私のオフィスで相手方と複数回和解交渉をして、そこそこの金額で決着をつけることができた。確かに、相手方の脅しとも言える要求に応じて小さい金額とはいえ支払うことはしゃくに障る。しかし、相手がどうあろうと、結果としてクライアントにとって何がビジネス的にベストの解決であるかを常に考えるべきであり、紆余曲折はあったが、早期の和解による解決で非常によかったと今でも信じている。

3　仲裁法廷や陪審法廷における証言の経験

仲裁法廷及び陪審法廷における専門家証人としての証言

一九九八年、私はサンフランシスコで行われた特許に関する仲裁法廷において、日本の特許法の専門家として証言をした。その件でデポジションを取られたことについては、本章の「1　デポジションを取られた経験」で述べた通りである。

サンフランシスコの一流法律事務所の会議室で開かれた仲裁では、仲裁人はその分野の専門弁護士であったが、思った以上にきちっと仲裁を取り仕切っていた。私は証言の終わった後、仲裁法廷に残ることが許されたので、その後の様子を見ることができた。会議室は法律事務所の会議室であったので、法廷と違って窓の外にサンフランシスコ湾が広がっており、天気がよく非常にきれいで、窓のない法廷で傍聴するのとはかなり違った雰囲気であった。

相手方当事者から要請されて出てきた専門家証人は、元日本の特許庁で審査をしていた人で、日本の弁理士資格を有し、アメリカに来てからはアメリカの弁護士の資格を取って特許関係の仕事を活発にしている、私もよく知っている人であった。相手方の弁護士がその証人に対し、私について尋ねると、その証人は"Mr. Masuda is a very, very famous Japanese lawyer."と証言し、私の信用力に関する問題は一瞬にして解決してしまった。

もう一つの専門家証人を依頼された件は、依頼してきたのは世界一の保険会社で、ある案件で日本の会社に対して非常に大きな金額の保険金を支払うかどうかが掛かっている争点に関するものであった。この件に関するデポジションの後のディスカバリーにより、私や東京事務所の担当弁護士とのやり取りや調査結果がごっそりと相手方に持って行かれたことは、本章の「1　デポジションを取られた経験」で述べた通りである。

私が証言した法廷は、ニュージャージー州所在の連邦地方裁判所で、映画に出てくるように、傍聴席から見て裁判官のすぐ左に証人席があり、法廷の左側に陪審員が並んで座っていた。

相手方の弁護士がまずしたことは、書類の山を持ってきて証人席の上にドサっと置いて、これは何だか分かるかという質問であった。その書類は、相手方のディスカバリーの要求に従って私が提出した書類の山であった。争点になっていたのは、会社法での下での利益相反の問題がアメリカの会社法と日本の会社法とでは違っていることが、相手方当事者としては受入れられないというものであった。

私に専門家証人になることを依頼した保険会社側の弁護士が私に主尋問をし、相手方の当事者の弁護士が反対尋問をすると、それ以上は相手方の弁護士は、私の証言を覆すのは難しいと思ったようである。私は証言が終わるとすぐマンハッタンのオフィスへ戻ったが、後で保険会社の弁護士から電話が入り、私が証言した後、急遽和解の話が始まり、結局和解で決着がついたということであった。私の証言一つで事態が大きく動いたということで、責任の重大さと共に、私の証言が保険会社にとっては非常に役立ったことを知った。

連邦地方裁判所の陪審法廷における証言

シカゴの連邦地方裁判所に係属中の裁判で、私は原告側である日本企業S社側の重要証人（Key Witness）として、二〇〇六年一一月二九日及び三〇日にかけて陪審員の前で証言した。

本件の取引は、世界商標の日本における商標の買取りであった。買取側の輸出禁止義務を完璧に確保するため、日本企業が買収した商標をさらにアメリカの銀行に信託的譲渡をし、信託の受託者であるアメリカの銀行から日本企業が専用使用権の設定を受けるという複雑な構造になっていたため、契約関係はかなり込み入っていた。

二六年以上前、私はクライアントであった日本企業S社から依頼され、一九七〇年代の終わり頃、シカゴにあるアメリカのA社を何回も訪れて、A社のワンマンのオーナー社長と商標買取りの交渉をし、大変な交渉の結果ようやく実現した取引だった。当時私は日本企業側の唯一の弁護士であり、唯一の交渉者として、アメリカ側企業のトップや弁護士たちと交渉したため、取引の経緯から複雑な取引の実体を知っている唯一の証人であった。そのため、その証言も極めて重要であった。

二六年以上も前のことなので、細かいことまでは覚えていなかったが、交渉の経緯や取引の構造については、契約書その他の関係書類を読み直すことによって、かなり鮮明に思い出すことができた。

私が証言したシカゴの連邦地方裁判所の法廷は、映画でよく見る法廷場面と同じで、傍聴席から見て中央の奥の壇上に裁判官が一人座り、その手前の下がったところに書記官及び速記官が座った。傍聴席から見て右側の壁に沿って陪審員席があり、証人の席は傍聴席から見て裁判官のすぐ右側に接しており、陪審員の席と比較的近い位置にあった。

法廷の中央には大きな机が二つ並べられ、傍聴席から見て右側の大きなテーブルに原告側の弁護士一〇人くらいが座り、左側のテーブルには被告側の弁護士が一〇人近く座っており、さらにその左のテーブルに、もう一つの被告で信託の受託者であるシカゴの銀行の弁護士が二人座っていた。それぞれのテーブルの上には一人一台くらいの割合でコンピュータが置かれ、それぞれの弁護士はコンピュータの画面を見ながら進めるという感じであった。

傍聴席から見て左側の壁の上の方には非常に大きなスクリーンが下がっていた。右側の壁からコンピュータの画面を映し出すことができるように壁の中にプロジェクターが入っており、陪審員の席から見ると正面に大きなスクリーンがかかっているという風になっていた。

私の証言は二九日午前一〇時過ぎ頃から行われることになっていたので控室で一人待っていたが、かなり待たされ、ようやく一一時二〇分くらいに法廷に呼び出された。後で聞くと、弁護士間で細かいことでの応酬があって、時間がかかったということだ。裁判というのは、何かがあると双方の弁護士間で議論があり、裁判官がそれに対して裁定を下すという方式を採るため、どうしても時間がかかる。

私の証言の最初に、型通りに書記官が私の方へ向いて右手を挙げ、私が真実のみを述べることを求め、私が同意するということで宣誓が行われ、証人席に座った。証人席にはマイクが付いていたが、足下の先の方になぜか高く盛り上がった金属製の電気コードの差し込み口の大きいのが二つ三つ並んでおり、足を伸ばせないような状況だった。

原告である日本企業を代理するアメリカの訴訟弁護士から主尋問が行われた。型通りの質問の後、本論に入ると、原告側弁護士は壁の大きなスクリーンにカラーで関係する契約書やその一部のハイライトを大きく映し出し、私の証言を求めたので、陪審員には非常に分かりやすいと思った。原告の弁護士からは、私はなるべく陪審員に説明するように陪審員の方を向いて証言するように言われていたが、原告の弁護士が私に質問しているときはその弁護士を見ざるを得ず、スクリーンを見て説明しろというときはスクリーンを見ざるを得ず、陪審員に顔を向けるのはそう簡単ではなかったが、できる限り陪審員の方を見て証言した。

陪審員は補欠を入れて合計八人で、たまたま一人を除いて全員女性だった。中にはかなり高齢の女性も一人いた。熱心にノートをとる人も二、三人おり、非常に真剣に聞いているような感じであった。後で聞いたところによると、私の証言の前は日本企業の会長の日本語による証言を録画したものをスクリーンに映し出したが、通訳を使っていたため陪審員の中にはあくびをしている人もいたそうである。私の場合には、生の証人で英語で証言したので、陪審員には非常に新鮮に映ったようである。

ところが、途中で相手側弁護士から異議が出され、私が証言する前にスクリーンに画面が映し出されるのは問題であると主張した。両当事者の弁護士が裁判官と協議した結果、結局私の証言を追いかけるようにスクリーンに映し出すということになった。確かに原告側弁護士の準備は非常によくできていて、スクリーンも見やすくなっていたので、陪審員に対しては相当の助けになったと思われ、被告側の弁護士はそれを気にしたのだと思われる。

ちなみに、相手側弁護士は反対尋問の際に契約書をスクリーンに映し出したが、カラーでなかった上、関係個所をハイライトして大きく映し出すこともしなかったため、事実上ほとんど役に立っていないという感じであった。

法廷は一二時二〇分頃いったん昼食のため休廷になり、午後一時四〇分頃再開された。昼食は裁判所内のカフェテリアでとったが、カフェテリアは非常に広く、食事もまあまあで感心した。

午後も主尋問が続き、三時過ぎくらいに被告による反対尋問が開始された。私があまりにきちっと証言したためか、反対尋問は大したことはなく、一点だけ私のデポジションの記録の一部を指摘して、この通りかと言われた。それに対し、私はそこは間違っており、こういう風に言ったつもりだと言ったところ、被告の弁護士は、証人はデポジションの調書を見直してその点の訂正をしなかったのか、それはおかしいのではないかと攻めてきた。結局被告の弁護士が私を攻めたのは、実質的にはその一点くらいであった。

時計が四時四五分くらいになったところで、相被告のもう一人の弁護士が反対尋問を始め、五時頃にはほとんどその反対尋問も済んでいるにもかかわらず、少し内部で相談したいから休廷してくれと裁判官に言った。裁判官は、今休廷すると今日はそれでおしまいにするということだと言ったため、その弁護士はさらにほんのちょっと質問したいと言い出した。原告の弁護士から裁判官に対しては、証人はニューヨークから出張して来ているので、今日中に終わらせてほしい旨申入れた。

しかし、裁判官が陪審員に対し、時間の問題がある人はいないか聞いたところ、一人の女性の陪審員が、五時に車が迎えに来ると言った。裁判官は、自分は時間を延長してもよいが、陪審員は延長できないので今日はこれで打ち切ると言って、さっと閉廷してしまった。私としては、今日中にすべて終わるということでホテルもチェックアウトし、夜のフライトも予約していたので、ほんのちょっとの質問のため一日延ばされることになり愕然とした。しかし、陪審員は自分の時間を犠牲にして非常に少ない日当で陪審員の役割を果たしており、陪審員を尊重しなければならないという裁判官の姿勢の強さも理解することはできた。

私はやむを得ずもう一晩シカゴに泊まって、翌日の朝も証言することになった。翌日の朝はすぐ私の証言が始まると思っていたが、被告の弁護士から何やら裁判官に中立てがなされ、私は法廷から退席を求められたため、控室で待っていた。私がその後証言台に立つと、昨日反対尋問をしたもう一つの被告の弁護士が残りの質問をした。その後、主たる被告の弁護士が立ち上がり、裁判官に対し私のデポジションの訂正書について喋り始め、私に訂正書の通りで間違いないかと質した。私は分厚い書類の末尾に訂正書がついているのを初めて知り、訂正個所を見ると、何と私は昨日私が証言したのと同じ文言で以前に訂正書を出していることを思い出した。

後で確認したところ、被告の弁護士は昨日は誤った前提で私に質問をしたため、それを正したいということで、結局昨日の私の証言が正確であったことが確認されたということであった。その後原告の弁護士から再主尋問が若干なされた後で、私の証言は終了し、解放された。

シカゴはその日の午後から雪になり、夕方にかけてかなりの雪になるということであったので、飛行機が出なくなると困ると思い、直ちに空港へ直行し、うまくシカゴを脱出してニューヨークへ戻ることができた。

4 ニューヨーク連邦地裁及び知財高裁の資格取得

私はニューヨーク州の第一審裁判所でリーガル・コンサルタントの資格を取得したとき及びニューヨーク州弁護士の資格を取得したときの二回、ニューヨーク州第一審裁判所において裁判官の面前で宣誓をしている。それとは別に、ニューヨーク南部地区連邦地方裁判所（Southern District of New York）で仕事をする資格を取得するため、二〇〇四年五月一一日宣誓を行った。

日本では弁護士資格を取得すれば、日本中どこの裁判所でも特にそれ以上の手続なしに弁護士として活動することができる。しかしアメリカは弁護士資格は州ごとに与えられるので、ニューヨーク州弁護士は自動的には他の州、たとえばカリフォルニア州の裁判所で弁護士として活動することはできない。しかし、他州の弁護士でも特別訴訟代理人（ad hoc vice、ad hocは「特別の」あるいは「その件限りの」という意味で、viceは「代理として」という意味である。）の申請を裁判所にして認められれば（実際にはほぼ自動的に認められる。）、その州で資格のある弁護士と共同して裁判所で活動することができる。

専門的な案件、たとえば特許侵害訴訟のような場合には、ニューヨーク州に専門の弁護士が集中しているため、実際にはニューヨーク州の専門弁護士が他州の裁判所に係属した訴訟であってもほとんど取扱い、他州で資格を有する弁護士はローカル・カウンセルとして、事実上裁判所とのやり取りだけを担当するというやり方も多く行われている。

私もそのようなやり方で、カリフォルニア州の州裁判所及び連邦地方裁判所、ニュージャージー州、コネティカット州やデラウェア州の連邦地方裁判所その他で、アメリカ人弁護士と一緒に法廷に出頭して弁護士席に座って裁判に参加したことは何回もあった。

ところが、ニューヨークの中心的な連邦地方裁判所であるニューヨーク南部地区連邦地方裁判所では、（ニューヨークの他の連邦地方裁判所でも同じだと思うが）法廷で活動するための手続がかなり厳格であった。ニューヨーク州で資格のある弁護士であっても、その裁判所で活動することが認められているニューヨーク州の弁護士で、その裁判所での資格を申請する弁護士を一年以上知っている弁護士がスポンサーとなって裁判所へ資格申請書（Petition for Admission）を提出し、定められた日に法廷に出願して、スポンサーとなるニューヨーク州の弁護士から裁判官へ推薦してもらい、裁判官の質問を受けて承認された上宣誓をしなければならないことになっている。

資格申請書は、ニューヨーク州の良好な資格を有する証明書（Certificate of Good Standing）及び八五ドルの小切手を添えて申請するが、申請者及びスポンサー弁護士のサインはそれぞれ公証人（Notary Public）に認証してもらう必要がある。

宣誓式は毎週火曜日午前一一時から南部地区連邦地方裁判所の法廷で行われ、私の場合は二〇〇四年五月一一日午前一〇時から一二C法廷で行われた。担当裁判官はカステル裁判官（P. Kevin Castel）で、当日定刻ちょっと前に私共が法廷に入ると、すでにたくさんの弁護士で法廷は埋まっていた。出廷していたのは一〇〇人ぐらいで、そのうち半分強が申請者で、残りがスポンサーだと思われる。その日だけで五〇人以上の弁護士が資格を取得したことになる。

カステル裁判官が法廷に入ると、申請者の名前が一人ずつ呼び上げられた。呼び上げられた申請者はスポンサー弁護士と共に前に出て、スポンサー弁護士が申請者を裁判官に紹介して資格を認めてもらうように要請する。裁判官は若干質問した上、ほぼ自動的に一人一人資格を認めていった。

裁判官は非常に忙しいのに、このような事務的なことに時間を使い大変だと思った。しかし裁判官は意外と上機嫌で、申請者によってはかなりジョークを飛ばしたり、お宅の事務所の誰々をよく知っているのでよろしくといったようなことも言っていた。

申請者でまったく同じような人が続けて出てきたときには、裁判官は直前の申請者との関係について尋ね、申請者が双子であると答えると、全員がどっと笑った。また、中には二人、三人の申請者のスポンサー弁護士を務めるだけでなく、最大四人の申請者のスポンサーを務めた弁護士もおり、裁判官に何回かジョークを言われていた。

私もニューヨーク州のベテラン訴訟弁護士で、ゴルフクラブも同じで個人的にも親しく、一緒に訴訟を担当したこともあるリューク弁護士（Donald F. Luke）をスポンサーとして資格を申請していた。私のスポンサー弁護士がミスター・マスダは日本とニューヨーク州の弁護士である旨を裁判官に伝えると、カステル裁判官は私に対して、あなたのような人が資格を取得することは非常に良いことであると言ってくれた。

最後にスポンサー弁護士がとうとう最後まで現れなかった申請者が一人いた。裁判官は特にその申請者を呼び出して、スポンサー弁護士が同席して申請者を紹介する条件は放棄すると伝えて、その申請者も認めていたので、非常に柔軟に扱ってくれるという印象を得た。

全員が資格を取得した後、資格を取得した弁護士だけが全員起立して、一緒に宣誓をした。その後裁判官の訓話のようなものがあり、弁護士倫理のような話もし、もしある一線を越えてよいかどうか迷ったら、自分のスポンサー弁護士だったらどうするかを考えるとよい、というような話もしていた。また弁護士であったリンカーン大統領やジェファーソン大統領の話も出ていた。

　裁判官の訓話が終了すると、申請者一人一人に申請書が渡され、それにサインして日付を入れて、別の階の資格付与部に行き、そこでその書類と引換えに資格付与の証明書と良好な資格を有する証明書（Certificate of Good Standing）が与えられた。すべての手続で一時間半くらいかかった。証明書はレターサイズで、左下に金色のシールは貼ってあるが、紙の厚さもボンド用紙程度のものであった。

　最近私は、特許侵害訴訟の件で日本企業が特許訴訟等を専門に取扱う、いわゆる知財高裁である連邦控訴裁判所（United States Court of Appeals for the Federal Circuit、略してＣＡＦＣと呼ばれる。）に控訴するにあたって、知財高裁でも資格を取得する必要が生じた。私は当初、わざわざワシントンＤＣにある知財高裁へ出頭して、ニューヨークの南部地区連邦地方裁判所のときのような手続をする必要があるのかと思い、困ったなと思った。しかし、実際の案件が知財高裁に係属したためか、アメリカの担当弁護士に聞くと、私が知財高裁での資格を求める申立て（Motion）をすれば認めてもらえるということで、実際、申立てによって資格を取得することができ、ワシントンＤＣへ行かなくて済んでほっとした。

　二カ月後ぐらいに知財高裁から資格証明書が送られてきた。資格証明書は縦三五センチ超、横四三センチ超の分厚い賞状の用紙に英語の装飾文字で太く書かれていた。証明書の左下には、アメリカの大統領の紋章とまったく同じ濃紺の地に国鳥であるハクトウワシが右足で一三枚の葉をつけたオリーブの枝を、左足で一三本の矢をつかんでいる直径八・五センチの大変立派なシールが付されており、これは額に入れる価値があると思った。

5　知財高裁でのミディエーションと口頭弁論

知財高裁における調停

ある日本の会社がアメリカの会社にニューヨーク南部地区連邦地方裁判所において特許侵害訴訟で訴えられ、第一審で敗訴して高額の損害賠償の判決が出された件の控訴審に関与する機会があった。アメリカの連邦控訴裁判所は一一あり、それぞれの管轄地域があるが、知的財産権、特に特許権に関する判断を統一するため、一九八二年に、知的財産権等を専属的に取扱う、いわゆる知財高裁がワシントンDCに創られた。

知財高裁の建物は赤煉瓦でできている九階くらいの建物で、法廷は二階にあり、裁判官は最上階にそれぞれのオフィスを持っている。ミディエーション（調停、Mediation）が行われる建物は、知財高裁の建物のすぐ横に建っている非常に古い木造のような建物であった。中は古い邸宅のようで、置いてある家具もクラシックな物ばかりで、壁には古い肖像画がたくさんかかっていた。説明を聞くと、この建物は一八〇九年から一八一七年までアメリカの第四代大統領であったジェームス・マディソン（James Madison）が、破壊されたホワイトハウスの修理中、大統領府として使っていたところであるという。天井は低く、シャンデリアもあちこちについていた。その佇まいはとても裁判所の一部とは思えないものであった。

私が参加したミディエーションは、知財高裁のチーフ・ミディエーターと、陪席の女性のミディエーターの二人が担当した。まず最初に、ミディエーターから、ミディエーションの場で話し合われたことの秘密は保持され、後で証拠として使うことはできないことなどが説明された。またミディエーターは、公正さ（Fairness）を提供することはできないが、平和（Peace）を提供することができると述べたのが印象的であった。

終始チーフ・ミディエーターだけが発言したが、ミディエーターは、自らの理解する事案の内容を説明し、修正点や追加すべき重要な点があれば指摘するように両方の当事者に促した。ミディエーターはかなり分厚い関係書類を非常にきちんと読んでいたようで、その説明は極めて正確なものであった。

全員が出席するミーティングを最初に開いた後、ミディエーターは原告側と個別に話をし、その後被告側と話をし、それを繰返すという方法をとり、最後にまた全員で集まって話をするという方式を採った。ミディエーターは特許侵害訴訟の専門家であるためか、知財高裁でどの争点が取り上げられる可能性が高いかということまで突っ込んだ話をしたので、極めて正確に事案を理解しているという印象を得た。ミディエーションは午前一〇時から始まり、昼食を挟んで午後四時過ぎまで続いたが、結果としては合意に至らず、再度集まってミディエーションをやるということになって終わった。

その二カ月ちょっと後に二回目のミディエーションが行われたが、双方の立場は離れたままであった。

知財高裁における口頭弁論

二回目のミディエーションから二カ月後に、知財高裁の一番大きな法廷において、日本企業の特許侵害訴訟の控訴審の口頭弁論が行われた。

私はアメリカの裁判所の法廷をかなり多く見ているが、知財高裁の法廷は、傍聴席は非常に広いが傍聴席の上だけ天井は低く、裁判官のすぐ前の弁護士たちが座るスペースは思ったより広くない、という印象を持った。裁判官は女性一人を含む三人であったが、そのうちの一人は私が昔からよく知っている元弁護士であった。弁論はまず控訴をした日本企業のアメリカの訴訟弁護士が開始した。しかし、弁論を始めるとすぐに裁判官からいろいろな質問が発せられ、主として裁判官の質問に対して答えるという状況に終始した。

日本では、口頭弁論というと、弁護士が事前に準備した主張を述べるのみで、裁判官が質問するとしても極めて限られているのが普通である。しかしアメリカの口頭弁論は、むしろ裁判官の質問に答えるためのものであることが多い。

今回の口頭弁論の時間は、一方当事者で一五分と限られていた。裁判官に向けて置いてある口頭弁論をする弁護士の演台の上に、将棋の対局の際の思考時間を計るようなランプが点灯する小さな装置が置かれており、時間になると自動的に赤いランプが点灯するようになっていた。アメリカの裁判所では、日本と違って時間については非常に厳しく管理している。

日本の場合は、口頭弁論の場合は通常自分の行う主張を準備すればほとんどそれで済むが、アメリカでは、裁判官から厳しい質問が次々と出されるので、裁判官からどんな質問が出ても即答できるように準備しなければならず、その準備は極めて大変であった。当方のアメリカの訴訟弁護士は、前日はほとんど徹夜に近い状態で準備をしていた。そのため、裁判官の質問に対して、頁数や証拠の番号まで直ちに即答できるという準備のよさであった。

このときの口頭弁論では、当方側の弁護士の弁論は非常によかったが、相手方の弁護士は裁判官の質問にまともに答えることができず、ごまかし的な返事をしていた。そのため、聞いている者には、当方の控訴が受入れられて、事件が第一審に差戻される可能性がかなり高いという印象を与えた。

三回目のミディエーション

口頭弁論の翌日、本件に関する三回目のミディエーションによる和解交渉が、ミディエーターを交えて行われた。前日の口頭弁論の結果が当方に有利に作用し、ミディエーターも事件が第一審に差戻される可能性がかなり高いと強調したこともあって、三回にわたって行われたミディエーションによる和解交渉も、最終的に決着を見ることができた。

第3章　アメリカの特異な制度と実態

1　ディスカバリーの脅威

アメリカの裁判には、世界でも特異な極めて広範囲かつ強力なディスカバリーの制度がある。日本にも証拠開示の制度はあることはあるが、極めて限定されており、アメリカの証拠開示の制度は日本の制度とはまったく比較にならないほど強力で広範囲なものである。

アメリカで訴訟になった場合には、相手方当事者（場合によっては第三者）が有する訴訟に関係するありとあらゆる書類や物を提出することを要求することができる。これは書類等提出要求（Request for Production of Documents and Things）と言われる。一度でもアメリカにおいて訴訟をやった経験があれば、書類等提出要求に対する対応がいかに大変であるかを骨身にしみて知っているはずである。ちょっとした訴訟でも、書類だけで段ボール箱数十箱ぐらいになってしまう。関係する書類を一つ一つ整理して仕分けるのも大変であり、また一つ一つの書類の内容を法律的な観点から検討するのも、根気のいる大変な作業である。

相手方からは、提出を要求する書類の非常に多くの項目のリストが提出され、それに対応することになる。書類提出を求められた方は、相手方当事者の要求があまりにも広すぎるとか、訴訟に無関係であると言って異議を申立てることは当然行う。どうしても当事者間で意見が合わない場合には裁判官が意見が合わない点を裁定するが、それでも書類等の開示要求はかなり広く認められる。

近年、書類の九〇%近くは、コンピュータのサーバーやディスク等に電子的に（デジタルで）保管されていると言われている。典型的にはEメールがあるが、その他いろいろな書類はコンピュータの発達により、紙だけでなく電子的に保存されている。これらもディスカバリーの対象になる以上はすべて提出しなければならないため、以前よりもさらに大変な作業になる。このような電子的情報の開示要求は、イーディスカバリー（e-Discovery）と言われている。

イーディスカバリーにおいては、関係する電子的情報が保存されている限り、オフィスのサーバーやコンピュータだけでなく、個人のラップトップやディスク等すべてを含む。電子的に保存されている情報は、紙の場合よりもはるかに膨大で、仮にすべて印刷したとするとものすごい量になる。また電子的情報のままディスカバリーの対象を特定することも難しい。

そこで、イーディスカバリーに関しては、専門業者を雇う必要が出てくる。アメリカで日本企業が訴訟に巻き込まれる例が非常に多いためか、すでに日本にもアメリカのイーディスカバリーに対応するための専門業者が何社か来ている。

専門業者は、関連する電子的情報を、会社のサーバーや個人のラップトップから専用の装置に吸い上げてまとめ、訴訟の両当事者の弁護士間で交渉され合意されたキーワードに従って検索することになる。

紙による書類提出もそうであるが、特に電子的に保存されている情報の場合には、証拠毀損(Spoliation)にならないように細心の注意をする必要が出てくる。必ずしも意図的ではなく、不注意のためであっても、もし証拠毀損あるいは証拠隠滅と見なされると巨額な制裁金が科されることもあり、また裁判官が相手方当事者の主張を事実と推定する指示(Adverse Inference Instruction)を出すこともできるので、一歩誤れば敗訴につながりかねない。最近もアメリカでは、イーディスカバリーの関連で、証拠毀損に関する厳しい判決が出ている。

不注意のためや無意識での証拠毀損にならないように、訴訟が開始されてからではなく、訴訟が予想されるようになったときは、直ちに関係者全員に凍結措置(Litigation Hold)の指示を出し、電子的であるかどうかを問わず、既存の情報を削除したり修正したりしないように徹底することが必要である。

ディスカバリーには、非常に多くの質問を記した質問書(Interrogatories)があり、書類等の提出とは別に詳細な質問に答えさせられる。ディスカバリーにはさらに、状況をよく知っている者(特に後に証人になる可能性のある者)に対しては、デポジションが行われる。デポジションは、通常それを要求する当事者側の弁護士の法律事務所の会議室において行われ、宣誓を執り行うことができる速記者が立会い、宣誓の上弁護士の質問及び証人の回答はすべて速記で記録される。多くの日本人にとっては、デポジションの際は、通訳を通して証言するという難しい問題もある。

ディスカバリーにはその他、認否請求書(Request for Admission)もあり、相手方の弁護士が非常に多くの事項について事実の認否を求めてくるのに対し、認めるかどうかを答えなければならない。

上記のような種々の開示要求により、相手方にはほとんどすべてのことが分かってしまう。その大きな例外が、次に述べる弁護士依頼者特権である。

2　弁護士依頼者特権の大切さ

これまで述べたように、アメリカのディスカバリーの制度は非常に強力かつ広範囲であるので、依頼者が弁護士との間で法律上の助言を得るためにディスカバリーを気にせずに腹蔵なく相談できるようにするため、アメリカには弁護士依頼者特権（Attorney Client Privilege）が認められている。

弁護士依頼者特権とは、法律上の助言を得る目的で、依頼者が自己の弁護士との間でなした秘密のコミュニケーションにつき、開示を絶対的に拒絶できるという特権である。この特権は、ディスカバリーの非常に重要な例外として大きな意味を持っており、弁護士依頼者特権を正確に理解し、最大限活用できるかどうかによって、訴訟の結果にも大きな影響を及ぼし得る。

弁護士依頼者特権は、書面によるコミュニケーションだけでなく、口頭のコミュニケーションにも与えられる。しかし、そのコミュニケーションの基になっている事実そのものに対して与えられるわけではない。この点を誤解して、事実をすべて弁護士へ伝えることによって事実についてまで弁護士依頼者特権で守られると思う人がよくいるが、この特権で守られるのは、法的助言を受けるために依頼者と弁護士の間でかわしたコミュニケーションであって、その基になる事実にまでは及ばない。

この特権を享受できるための絶対的な条件として、弁護士と依頼者との間のコミュニケーションの秘密が保持されることが必要である。たとえ同じ会社の中であっても、直接弁護士と相談している案件に関与していない者にその秘密を漏らせば、特権が壊れてしまう。したがって、たとえ会社の同僚で会社の隣の席に座っている者に対しても、同じ案件に関与していない者に対しては絶対に漏らすことは許されない。日本は一般に秘密を守るという意識があまり強くなく、また仲間の間でたとえ仕事上の秘密であっても秘密を漏らさないとなぜか仲間でないように言われることもあるので、特に注意が必要である。

アメリカの会社はディスカバリーには慣れているだけでなく、社内に弁護士がいることも多く、また何か問題があった場合にはまず最初に弁護士に相談するので、その時点から弁護士依頼者特権が生きてくる。しかし日本の会社は、何か法的な問題があっても、まず社内でできる限り検討し、最後の最後になって弁護士に相談することが多いため、弁護士に相談するまでに検討された事項はディスカバリーによってすべて相手方の訴訟当事者に持って行かれてしまう。

このことは特に特許侵害訴訟で深刻で、特許権者から特許侵害の警告を受けた場合など、日本の会社はまず社内で分析をして、問題の特許の各クレームにつき自社製品が侵害しているかどうかについて詳細な分析をした上、社内で書面により報告をする。訴訟になれば、このような書面はすべて相手方に持って行かれるということをまったく意識していないので、極めて危険である。社内の書類の中に、自社製品は第三者の特許を侵害するというような表示があれば、訴訟においては自白したに等しいような結果になってしまう。弁護士依頼者特権を生かすためには、何かあったときは、まず何をおいても弁護士との相談を始めることが必要である。

また弁護士依頼者特権がどの書類にまで及ぶかという点も、単純でない問題がある。たとえば、担当者が弁護士と相談した記録やその上司に対する報告書等は、弁護士依頼者特権で保護される。しかし、それを頭に置きながら弁護士との相談には一切言及しないで社内用にいろいろな書類を作っていくと、特権の対象にはならないという攻撃を受けることになる。したがって、弁護士との相談の結果に関係する書類には、なるべく書面の中で弁護士との相談に言及しておくと、後で特権の保護を受けやすい。

一定の書類やEメール等が弁護士依頼者特権で保護されると主張する場合には、相手方の弁護士の要求により、特権対象書類一覧表（Privilege Log）という特権でカバーされる書類の一覧表を提出することが要求される。そこには通常、書類の作成日、作成者、受領者、内容のごく簡単な説明等を記載することになる。

相手方の弁護士は特権対象書類一覧表を見て、怪しいと思えば異議を申立て、最終的には裁判官が裁判官室で（in camera）問題の書類が本当に特権で保護されているかを判断することになる。

弁護士と依頼者とのコミュニケーションと言っても、弁護士がその依頼者の代理人である場合には特権が生きてくるが、たとえば特許侵害の有無の意見書を特許専門の弁護士から徴するようなケースで、その意見書を法廷に提出した場合には、弁護士依頼者特権は放棄されたものと見なされ、その特許弁護士との間のやり取りすべてが証拠開示の対象となってしまう。したがって、意見書を出す弁護士とは、相手方当事者に知られては困るような話はしてはならない。また、自分たちが相談したり、訴訟になったら担当してもらうような弁護士には、絶対に意見書を出してもらうべきではない。特許侵害の有無や特許の無効性に関する意見書に関しては、次の「3　特許侵害訴訟で日本企業が陥る落し穴」で詳しく書いている。

私はかつて日本法に関する専門家として意見を求められ、その結果裁判所で専門家証人として証言をすることになったことが二回ほどある。その際、私の事務所内の内部的な判例調査の結果や、意見を依頼してきた当事者とのやり取り等をすべて、相手方弁護士の証拠開示の要求により相手方に提出するように求められた。

日本の弁護士でも、証拠開示を一応理解している者はいると思う。しかし実際に証拠開示を求められたり、あるいは弁護士依頼者特権につき相手方のアメリカの訴訟弁護士と大変な応酬をしなければならないような経験をしていないと、弁護士依頼者特権の実務の奥深くまでを理解するのは難しい。

依頼会社がアメリカの公認会計士と税務上の相談をする場合に、公認会計士との間のやり取りは弁護士依頼者特権では保護されないため、まず弁護士として私が依頼者から相談を受け、私が税務の専門家である公認会計士の意見を徴するという方法を採ることにより、税務の専門家の意見も弁護士依頼者特権でカバーするようにしたこともある。

訴訟になる可能性がある場合には、あらかじめ弁護士依頼者特権について熟知している弁護士と相談して、弁護士依頼者特権を最大限活用することで、かなりのものが保護されることになる。たとえば、特許侵害訴訟の場合でも、侵害の警告を受けたり疑いをかけられた時点ですぐに専門の弁護士と相談し、弁護士依頼者特権の傘の下でいろいろな検討をすれば、後で訴訟になっても、ディスカバリーでのそのような書類の提出要求を拒絶することができる。

弁護士依頼者特権と似て非なるものに、弁護士職務活動の成果の法理（Work Product Doctrine、以下「ワークプロダクト法理」と言う。）がある。ワークプロダクト法理は、訴訟を想定して作成された書類や有形物をディスカバリーから守るためのものである。すなわちワークプロダクト法理は、反対当事者のディスカバリーの要求から弁護士の訴訟準備の成果を守るためのもので、当事者主義を促進するためのものである。したがって、弁護士依頼者特権のように、一定の秘密のコミュニケーションをすべての外部の者から守るのと違って、効果的な訴訟準備を促進するために、相手方当事者から情報を守るだけである。

また、弁護士依頼者特権は絶対的な特権であるのに対して、ワークプロダクト法理は限界があり、相手方訴訟当事者は対象となる書類等が真に必要であり、別の方法で取得するのに過分な困難が伴うことを十分証明することができれば、相手方にワークプロダクトの成果の提出を求めることができる。

通常、ワークプロダクトとして保護されるものは、弁護士が作成したメモランダム、証人の陳述書、報告書、図形及び写真等があるが、弁護士以外の者が作成したワークプロダクトも認められる。

3 特許侵害訴訟で日本企業が陥る落し穴

アメリカの訴訟では、本章の「1 ディスカバリーの脅威」で述べたように、ディスカバリーという非常に強力かつ広範囲な制度がある。簡単に言えば、訴訟に関係する限り、相手方の持っている書類や証拠その他を根こそぎ手に入れることができるという制度である。

たとえば、最初に特許侵害の警告を受けたり、ライセンスの申入れがあった時点で、ほとんどの日本企業はまず社内で関係する特許のクレームと自社製品とを対比し、侵害の有無を分析し、その結果を書面にまとめて社内の関係者に報告する。ところが、アメリカで訴訟になれば、このような社内の報告書も相手方の手に入るということをその時点で理解している日本企業は非常に少ない。

本章の「2 弁護士依頼者特権の大切さ」で述べたように、ディスカバリーの制度の大きな例外として、弁護士依頼者特権がある。この特権は、後でディスカバリーにより相手方に知られることを心配しないで依頼者と弁護士の間で腹蔵なく相談することができるようにする。弁護士と依頼者との間で法的問題について相談した内容については、相手方からのディスカバリーの要求を拒否することができるという非常に重要な特権である。

日本企業は、アメリカで特許侵害の恐れがある場合、あるいは特許侵害訴訟を提起された場合には、「特許」ということですぐに日本の弁理士に相談する傾向が強い。相談された日本の弁理士は、アメリカのコレスポンデンス先の特許法律事務所に相談することが多い。

アメリカには弁理士の制度がないので、日本の弁理士の仕事はすべて弁護士がやっており、相談を受けた特許出願を主として取扱っているアメリカの特許法律事務所の弁護士（仮に「出願系弁護士」と呼ぶ。）は、特許侵害訴訟を扱えないわけではないので、日本の弁理士に対し、自分たちが特許侵害訴訟を担当できると伝える。日本の弁理士経由でそれを聞いた日本の企業は、どうしたらよいか途方に暮れていたところに渡りに船ということで、アメリカの出願系弁護士を特許侵害訴訟の弁護士として選任してしまう。

私はこれまでアメリカの最前線で多くの特許侵害訴訟を担当してきたが、出願系弁護士の訴訟遂行能力は低い場合が多い。アメリカには出願系弁護士のほか、特許侵害「訴訟」を専門とする弁護士（仮に「訴訟系弁護士」と呼ぶ。）も別途いる。アメリカでは特許侵害訴訟も陪審裁判でなされる場合が多く、訴訟系弁護士の方が出願系弁護士より訴訟に関してははるかに長けている。

アメリカでは故意の特許侵害の場合には三倍賠償といって、実際の損害額の三倍まで損害賠償を取れる制度がある。それを防ぐため、実務ではあらかじめ特許の専門家から、特許を侵害していないか、特許が無効である、との意見書を取得する。

また、アメリカの特許法には間接侵害の一つとして「誘引（Inducement）」による特許侵害がある。これは、アメリカで製造や販売をすればアメリカの特許を侵害する製品を、日本企業がアメリカ国外（たとえば日本やアジア）で製造してアメリカ以外の国の完成品メーカーに供給し、完成品メーカーがその製品を完成品に組み込んでアメリカへ輸出する場合には、そのような特許侵害をアメリカ国外で誘引した日本企業も特許侵害とされる。しかし「誘引」と言えるためには、特許侵害を引き起こすという意図が立証されなければならない。そのような意図がないということを立証するための非常に有効な方法は、特許侵害がないかあるいは特許は無効であるという特許専門家の意見書を取っておくことである。

日本企業が相談している出願系弁護士は、自らそのような意見書を作成する傾向が強い。ところが、実際に訴訟になってその意見書を裁判で使おうとしても、その意見書を裁判所に提出すると弁護士依頼者特権を放棄したと見なされる。そして、意見書そのものに限らず、それに関連する一切のものがディスカバリーの対象となり、相手方の手に入ってしまう恐れがある。

そうなると、その訴訟の防御の相談についてまで相手方に知れてしまうため、結局意見書を使いたくても使うことができないという事態に陥ってしまう。その結果、勝てる訴訟で負けることにもなりかねない。そのような意見書は、相談をしている弁護士や将来訴訟を依頼する可能性のある弁護士ではなく、まったく中立的な第三の特許専門弁護士から取得するのが鉄則である。

以上のことについて、私は『日経ビジネス』二〇〇九年一〇月五日号に、「米国の証拠開示制度『特許は弁理士』の落とし穴」とのタイトルで記事を書いている。

現に、私が最近、控訴審で関与したアメリカ企業による日本企業に対する特許侵害訴訟の第一審では、日本の弁理士の紹介で訴訟を担当したアメリカの出願系弁護士は、問題となっている技術を非常によく理解していたが、意見書を自ら作成していた。その件は、日本企業の誘引による特許侵害が主張されていたので、問題の特許が無効であるか、日本企業の製品が特許を侵害していないという特許専門家の意見書があれば、特許侵害を引き起こす意図はなかったという証拠になり、日本企業は勝訴したと思われる。

しかし、特許侵害訴訟において、日本企業を代理したアメリカの出願系弁護士は、自らそのような意見書を作成したため、それを裁判所へ提出すれば、依頼者である日本企業との間の弁護士依頼者特権を放棄したことになってしまう。そうなると、相手方当事者に知られると決定的に不利になる日本企業とその弁護士との間のやり取りをすべて相手方へ渡さざるを得なくなる。それを避けるため、勝訴するために決定的に重要な意見書を裁判所へ提出することができなかった。

そのため、日本企業は第一審で敗訴し、陪審員が決定した巨額の損害賠償額の支払を命じる一審判決を受けることになった。このように、意見書を誰に作成してもらうかによってまさに天国か地獄かの差が出るのである。

私はニューヨークオフィスでこれまで日本企業のためにたくさんの意見書を作成してもらった。私のやり方は、まず最も気心の知れた特許侵害訴訟の専門弁護士に事前に相談し、依頼者の製品が問題の特許を侵害しているかどうか、そして問題の特許が無効かどうかを分析してもらう。その過程で、もちろん依頼者から得た情報や説明、そして無効の根拠等をすべてその専門弁護士へ提供する。また、必要に応じて、依頼者の担当者を交え、専門弁護士と一緒に私のオフィスで討議をする。

その結果、専門弁護士が特許が無効であるとする根拠が十分あると判断した場合は、その根拠を依頼者と私へ書面で報告してもらう。そのような専門弁護士とのやり取りや書面は、言うまでもなく弁護士依頼者特権で保護されている。

次に、私の方で意見書のために確保している別の特許専門弁護士に、私が依頼者のメッセンジャーとして会い、口頭で依頼者の考えを伝え、意見書を作成してもらえるかどうかを検討してもらう。この時点からは、将来訴訟になって意見書を裁判所へ提出しなければならない場合に備えて、弁護士依頼者特権では守られないという前提で、訴訟になった場合にすべて相手方に知られてもいいように、極めて慎重に、細心の注意を払って行う。そのため、原則としてすべて口頭で行う。

第三のまったく中立的な特許専門弁護士が意見書を出してくれる場合には、直接日本の依頼会社宛に作成してもらい、直接依頼会社へ意見書を送ってもらう。言うまでもなく、意見書を出す特許専門弁護士とは、相談のようなことは一切しないので、将来訴訟になった場合に相手方当事者に知られて困るようなことは一切話をしない。

前述の第一審では敗訴した特許侵害訴訟は、もし第一審から私が関与していれば、訴訟を担当する弁護士には絶対に意見書を作成させず、まったく中立の第三の特許専門家から意見書を出してもらったので、勝訴していた可能性が高い。

4　クラスアクション

クラスアクションとは

アメリカで非常に訴訟が多い原因の一つとして、連邦及び州のそれぞれにクラスアクション（Class Action）の制度がある。これは日本にはない制度である。クラスアクションとは、共通点を持つ一定範囲の人びと（クラス）を代表して、一人または数名の者が、全員のために原告として訴え、または被告として訴えられるとする訴訟形態であり、アメリカにおいて独自の発展を遂げた。クラスを代表する一人または数名の者がそのクラス構成員でさえあれば、他のクラス構成員から特段の授権や委任を受けずに訴訟を追行することができるだけでなく、その代表者の訴訟追行の結果に全構成員が基本的に拘束されるという点に大きな特徴がある。

アメリカでは同じような理由で被害を被った多数の集団の名において、多くのクラスアクションが起こされている。たとえば、薬品によってエイズに感染した被害者の集団として製薬会社を訴えたり、アスベストの被害者がアスベストの製造会社等を訴えたり、あるいは最近では喫煙者がたばこの販売会社を訴えたりと、枚挙にいとまがない。

私のところへも時々クラスアクションの和解の結果、申出れば獲得した損害賠償金を支払うという通知が舞い込む。具体的には、たとえばカード会社のアメリカン・エキスプレスからアメリカ国外でカードを使った場合の為替の換算において過度のチャージをしていた分を返還させたり、ジープ・チェロキーの不具合による損害を賠償させたりといったものである。しかし、一人一人に配られる金額は通常非常に小さい。

このようなクラスアクションが頻繁に提起される大きな原因の一つは、俗にプレインティフ・ローヤー(Plaintiff Lawyers)と言われる、被害者側の原告の立場に立って大企業等を訴える弁護士が非常に活発に活動しているからである。彼らは絶えずクラスアクションの種を探しており、ひとたびその種を見つけると原告になる人を探してすぐにクラスアクションを起こしてくる。

クラスアクションを提起するに際しては、必ずしも多数の原告を代理するのではなく、クラスを代表する一人の原告しかいなくてもクラスアクションを起こすことも多い。日本で訴訟を起こす場合は、訴額によって決まる訴訟印紙を訴状に貼付する必要があるが、アメリカには訴訟印紙の制度はないので、簡単に巨額を請求する訴訟を提起することができる。

プレインティフ・ローヤーは、ひとたび和解で解決したり勝訴したりすれば、莫大な損害賠償を基準にした非常に高額の弁護士報酬を受取ることができるので、大変儲かる商売と言ってよい。しかし、一人一人の被害者に配られる損害は非常に小さいことが多く、現金の代りにクーポンを配ったりすることも多い。

クラスアクションには功罪があり、良い点としては、一人一人の損害額が小さいため泣き寝入りするところを、クラスアクションということで集団訴訟を起こすことにより、集団として損害賠償を勝ち取ることである。またそうすることによって、企業等に問題を起こさないように緊張感を与えるという効果もある。かつては消費者の利益を代弁するものとしてもてはやされたときもあった。

逆に罪の方の問題としては、クラスアクションの制度を利用して、いわゆるプレインティフ・ローヤーが無理矢理原告を仕立ててクラスアクションを起こし、大儲けするということがある。

クラスアクションの制度

連邦のクラスアクションの制度は、連邦民事訴訟規則二三条（Rule 23 of the Federal Rules of Civil Procedure）に規定されている。各州でも連邦民事訴訟規則二三条と同様か類似の州法が制定されている。クラスアクションとして成立するためには、まず次の四つの条件を満たしていなければならない。

①クラスに属する者の数が多く、全員を当事者として併合することが困難なこと（多数性、Numerousity）

②クラスに属する者全員に共通の法律問題または事実問題があること（共通性、Commonality）
③クラスに属する者全員を代表する当事者の請求または抗弁がそのクラスに属する者の請求または抗弁の典型であること（典型性、Typicality）
④クラスの代表者がクラス全員の利益を公正かつ十分に保護するであろうこと（代表適切性、Adequacy）

クラスアクションとして維持されるためには、前記の四つの基本要件に加え、規則二三条で定める三つの類型のいずれかに該当することが必要である。三つの類型のうち現在最も利用されているクラスアクションの三番目の類型は、クラス構成員に共通の法律問題または事実問題が個々のクラス構成員に関わる問題よりも支配的であり（支配性、Predominance の要件）、公正かつ効率的な判決のために他の手段よりもクラスアクションの手法が優れている（優位性、Superiority の要件）場合である。

クラスアクションにおいては、クラスを認証（Class Certification）するか否かの決定は最も重要な意味を持つので、裁判所は、クラス認証のための審理（Certification Hearing）を経た上で、クラスを認証するかどうかを決定する。クラス認証の時期は、現在の規定では、実務上可能な早期の段階で（at an early practicable time）と規定されている。クラス認証の手続は、まずクラス代表者が裁判所に対しクラス認証の申立てを行う。クラス認証の要求を満たしていることの立証責任は、クラス認証を求める側にある。クラスアクションの相手方当事者も、クラス認証却下の申立てをすることができる。

連邦最高裁は、和解目的のクラス認証であっても否定はされないとしつつ、要件については通常のクラス認証と同様の基準で判断すべきであるとしている。またクラス認証に対しては不服を申立てることができ、控訴裁判所は、その裁量により、不服申立てを受理することが可能である。

「第10章　史上最大の証券クラスアクションに関与」で述べるが、巨大な証券クラスアクションであるＩＰＯ訴訟においても、原告と発行会社及びその取締役・役員との間の和解を裁判所が承認するかどうかに際して、その訴訟が係属しているニューヨーク南部地区連邦地方裁判所のシャインドリン裁判官(Shira A. Scheindlin)が非常に多くの訴訟の中から六つのテストケースを選んでクラス認定を行ったところ、被告の証券引受会社側が上訴した。上訴審である第二巡回連邦控訴裁判所(United States Court of Appeals for the Second Circuit)は、シャインドリン裁判官のクラスの認定を覆す判断を示し、非常に大きな判断として取り上げられた。

第二巡回連邦控訴裁判所以外のいくつかの連邦控訴裁判所(Court of Appeals)では、連邦民事訴訟規則二三条が満たされているかどうかは、「証拠の優越(Preponderance of Evidence)」で認定されることを要求していたが、第二巡回連邦控訴裁判所においては、その点は確立されていなかった。むしろクラス認定に関しては規則二三条で定める各要件が満たされていることを示す何かがあればよい(some showing)とされたり、原告が専門家の宣誓供述書(Affidavit)または証言により規則二三条が満たされていることを示せば、その専門家の宣誓供述書や証言に重大な欠陥がない限りは認めるというものであった。

しかし、このときは、第二巡回連邦控訴裁判所はそのような基準を明確に否定し、規則二三条を満たしているという事実は証拠の優越によって証明されなければならないと判示した。今回の第二巡回連邦控訴裁判所の決定は、安易にクラスを認めないということで、クラスアクションの横行に若干の歯止めを掛けるものとして注目される。

三番目の類型のクラスアクションのクラスが認証された場合は、和解の場合も含め、クラスの構成員へ通知がなされ、通知を受けたクラス構成員は、何らの理由を示すことなく、一定の期間（通常は三〇日から六〇日程度）内に訴訟から脱退することができるオプトアウト（Opt Out）の権利が与えられる。

クラスアクションにおいても、和解により解決することが可能であり、実際和解で解決する事案が圧倒的多数である。しかし、クラスアクションのように少数のクラス代表者しか訴訟に参加していない手続においては、クラス代表者が自らの利益のみを考慮し、代表者以外のクラス構成員の権利が適切に守られない可能性が否定できない。このため、クラスアクションにおける和解については、裁判所の承認が必要とされている。

裁判所は審理を行い、和解内容が公正で、合理的で、適切であると判断した場合にのみ、和解を承認することができる。この審理をフェアネス・ヒヤリング（Fairness Hearing）と呼ぶ。クラス構成員から和解に対する異議が出されなかった場合でも、フェアネス・ヒヤリングは必要である。

クラスアクションで判決が出された場合には、判決に記載されたクラスの構成員全員（オプトアウトした者を除く）に対して、判決の効力が及ぶ。クラスアクションにおける代理人弁護士は訴訟の適切な運営や代表の適切性にも大きな影響を与える存在であることから、裁判所にクラス代表を代理する弁護士を指定する権限が付与されている。通常はその能力に問題がない限り、訴えを起こした原告の代理人弁護士がそのまま指定される場合が多い。

また、クラスアクションが代理人弁護士の莫大な報酬のために提起されているという批判を受けて、クラス代表の代理人弁護士の報酬についても裁判所が裁定する旨の規定も設けられた。弁護士報酬に関する実例として、「第10章　史上最大の証券クラスアクションに関与」で、二〇〇九年一〇月五日のシャインドリン裁判官による意見及び命令書における詳細な分析について述べている。

クラスアクション公正法

クラスアクションに関連して、法廷地漁《あさ》りやクーポン和解が問題になったため、二〇〇五年にクラスアクション公正法（Class Action Fairness Act of 2005）が制定された。

アメリカでは、訴訟を提起しようとする原告の弁護士は、原告に一番有利な裁判地を探してそこで訴訟を起こすのが一般的である。これをいわゆる「法廷地漁り（Forum Shopping）」と言う。

アメリカは連邦制を採っており、裁判所も連邦の裁判所と州の裁判所とがある。州の裁判所は原則としてほとんどの裁判をする管轄権を有している。これに対し、連邦裁判所が民事訴訟につき管轄権を有するのは、連邦憲法に定められている通り、連邦に関する問題（Federal Question Jurisdiction）と、原被告が州籍を異にする場合（Diversity Jurisdiction）に限られている。

州の裁判所の裁判官は選挙で選ばれるため、一般に州民に有利な判断をするという傾向があるが、連邦裁判所の裁判官は一般に優秀で高い見識を持っており、より客観的な判断をするとされている。日本企業がアメリカの州裁判所で訴訟を提起された場合には、連邦裁判所に管轄権があると主張できる場合には、なるべく連邦裁判所へ移送することが望ましい。

一般的に州裁判所は原告側に好意的であると言われるが、一部の裁判所は歴史的に巨額な損害賠償が評決され、極端に原告寄りであるとの評判があり、その裁判所に訴訟が集中する傾向が見受けられる。このような裁判所は、磁石のように訴訟を引き付けるので、「磁石裁判所（Magnet Court）」と呼ばれることがある。その結果、特に多くのクラスアクションがこれらの州裁判所に集中して提起され、不合理な評決や巨額の損害賠償の判決を生み、そうした判決を受けるリスクを恐れる企業が和解を余儀なくされる事例が増加した。

たとえば、イリノイ州マジソン郡の州裁判所は、原告に有利な裁判所の一つとされている。この裁判所においては、たばこ会社のフィリップ・モリス（Philip Morris）が被告となっているクラスアクションにおいて、「ライト」たばこの広告が虚偽的であるとされ、一〇一億ドルの支払を命じられたことはよく知られている。そのため、この裁判所にはクラスアクションが多く提起されていた。

そこで、クラスアクション公正法により、クラスアクションを州裁判所から連邦裁判所へ移送しやすくした。このため、イリノイ州マジソン郡の州裁判所に提起されるクラスアクションは激減したと言われている。

「クーポン和解（Coupon Settlement）」とは、被害者であるクラス構成員に対して現金で損害賠償を支払う代りに、被告企業の商品の利用券や割引券を配布することによって賠償に代えるという和解を言う。このクーポン和解には、実際に使用されるクーポンの割合が低いという問題のほか、被告企業の利用が前提となり、被告企業にとっても利益があるとされる。

一方、原告代表の代理人である弁護士にとっても、このクーポンの額面に基づく弁護士報酬は、クラス全員が全クーポンを使用することを前提（実際には、クーポンが全部使用されることはない。）としているので、不相当に高額の報酬が入ることになる。このため、原告代表の代理人である弁護士と被告企業にとってクーポン和解の成立は魅力的であるが、馴合い的和解となり、原告クラス構成員にとっては実質的な利益が少ない結果となる。

そこでクラスアクション公正法により、クーポン和解の弁護士報酬は、クーポンの額面ではなく、実際に行使ないし換金された額を基準とするものとし、弁護士の過大な報酬請求を規制した。また、クーポン和解の承認には、裁判所の和解内容が適正、合理的かつ十分である旨の書面による意見を必要とした。

私の経験

私は一九九二年にニューヨークオフィスを開設してから、かなりの数の訴訟をアメリカの訴訟弁護士と協力して取扱ってきたが、その中にはいくつかのクラスアクションも含まれていた。

その一つは、「第12章　第二次世界大戦中の日本企業による強制労働の賃金請求訴訟」に詳しく書かれている。第二次世界大戦中のナチスやその同盟者等から被害を受けた者に対して、通常であればとっくに時効が完成しているにもかかわらず、カリフォルニア州が特別の法律を作って、ある一定期間の間に訴訟を提起すれば時効を主張できないようにしたため、ドイツの企業が軒並み訴えられて、最終的には巨大な金額を支払うということで和解が成立した。

これに味をしめたプレインティフ・ローヤーたちは、今度は三十数社の日本企業を相手に、第二次世界大戦中強制労働を受けた者を多くのクラスに分けて、多数のクラスアクションを主としてカリフォルニア州の裁判所に提起した。その中には、戦争捕虜と民間人のグループがあり、それぞれ朝鮮半島で強制労働をさせられた被害者のクラス、中国で強制労働をさせられたクラス、フィリピンで強制労働をさせられた被害者のクラス、日本国内で強制労働をさせられたクラスなど、いろいろなクラスがあった。

私が最初に取扱うことになったクラスアクションのクラスは、大戦中朝鮮半島で日本の会社の工場で強制労働をさせられたと主張し、その後アメリカに渡って帰化した者がクラスとなって訴訟を起こしていた。

しかし訴訟がいくら進んでもそのクラスはその原告一人であり、現実的に同じような環境にある者が多数いるとはとても思えなかった。

その後で、私は、イギリス人の戦争捕虜のクラスの訴訟、フィリピン人の民間人のクラスの訴訟及び中国人の民間人のクラスの訴訟で日本企業数社を代理し、カリフォルニア州の訴訟弁護士を使って対応した。これらの訴訟は大変な激論をかわした上、何年かかかった後、最終的には日本の会社がすべての訴訟で勝訴することになった。原告のクラスはいくつかの法律事務所が代理していたが、その中にプレインティフ・ローヤーとして有名なミルバーグ・ワイス法律事務所（Milberg Weiss Bershad & Schulman）があった。

次に私が経験したクラスアクションは、「第10章　史上最大の証券クラスアクションに関与」に詳しく書かれている。これは、いわゆるIT企業の株式公開（Initial Public Offering、IPO）が極めて盛んであった一九九八年一月から二〇〇〇年一二月にかけて、アメリカにおいて非常に多くのIT関係企業がIPOを行った。その際、引受証券会社が上得意の顧客との間でコミッションに関する操作を行い、多大な利益をあげたという記事がウォールストリート・ジャーナル紙に載った。

そうすると早速プレインティフ・ローヤーたちが引受証券会社、発行会社及びその役員等を被告として、数多くのクラスアクションをニューヨーク南部地区連邦地方裁判所に提起した。日本の会社がたまたま発行会社の一つに含まれていたため、私もその史上最大の証券クラスアクションに関与することになった。

その訴訟では、アメリカの主要な引受証券会社のほとんどである五五社が訴えられ、発行会社も三〇九社が訴えられ、発行会社の役員や取締役は一〇〇〇人を超えるという、その時点で史上最大の証券クラスアクションであった。あまりにも当事者が多かったため、コンフリクトの問題があって法律事務所でコンフリクトのない事務所がなくなってしまい、ある程度コンフリクトがあってもそれを容認せざるを得ない状況であった。その巨大訴訟においても、原告側弁護士の中心的存在としてミルバーグ・ワイス法律事務所があった。

5　プレインティフ・ローヤーの跋扈と摘発

プレインティフ・ローヤーとは、アンビュランス・チェーサー（Ambulance Chaser）のように交通事故のような小さな案件を獲得するために救急車を追いかけるような個人的な弁護士とはまったく違い、典型的には原告を代理して、非常に複雑で大型なクラスアクションを提起して、莫大な弁護士報酬を得ている弁護士を言う。彼らは豊富な経験と高度の専門知識を有していることが多い。

通常クラスアクションは和解で解決する場合が多く、和解が成立すれば、クラスアクションをリードしてきたクラスの弁護士（Class Counsel）は巨額な報酬を得ることができるため、いわゆるプレインティフ・ローヤーの法律事務所も非常に大型化し、何百人もの弁護士がいる法律事務所も出てきている。そして、証券クラスアクションを専門にする非常に高度な知識と経験を持った弁護士も擁するようになってきている。

これらの弁護士は、新聞その他で事件になりそうなものを嗅ぎつけると、すぐに原告になりそうな人のところへ行って成功報酬で訴訟を引受け、クラスアクションを提起する。アメリカでは、プレインティフ・ローヤーは、自分を代理する場合を除き、誰もが非常に嫌う弁護士である。しかし、資金力があるため、母校であるロースクールへ莫大な寄付をしたり、大統領候補者を財政的に支えたりする。

そのようなクラスアクションを専門に取扱う法律事務所の中でも特に有名なのが、ミルバーグ・ワイス法律事務所で、この法律事務所はクラスアクションによって大変な発展を遂げたと言われている。ミルバーグ・ワイス法律事務所は、私が取扱った第二次世界大戦中の日本企業による強制労働の賃金請求訴訟で、日本の企業三十数社を相手に主としてカリフォルニア州で提起したクラスアクション（「第12章　第二次世界大戦中の日本企業による強制労働の賃金請求訴訟」参照）でも中心的役割を果たし、また史上最大の証券訴訟と言われた訴訟（「第10章　史上最大の証券クラスアクションに関与」参照）でも中心的な役割を果たしていた。

ミルバーグ・ワイス法律事務所は、ミルバーグ弁護士（Larry Milberg）及びワイス弁護士（Melvyn I. Weiss）によって一九六五年に創立され、後にミルバーグ・ワイス・バーシャド・アンド・シュルマン法律事務所（Millberg Weiss Bershad & Schulman LLP）と称されるようになった。同法律事務所は、特に証券法違反を理由として株主のために提起するクラスアクションの分野においてパイオニア的存在であった。ミルバーグ弁護士は一九八九年に死去している。

ミルバーグ・ワイス法律事務所が、これまで獲得した損害賠償の受取額の総額は何と四五〇億ドルを超えていると言われている。二〇〇四年五月に分裂するまでは、同法律事務所はアメリカにおける最大のプレインティフ・ローヤーの法律事務所で、二〇〇名以上の弁護士を擁し、たとえば二〇〇二年に和解で解決した証券クラスアクションの五〇%以上を担当していた。

ところが、二〇〇六年五月一八日、ロサンジェルスの連邦検察官ヤン女史（Debra Wang Yang）は、ミルバーグ・ワイス法律事務所が一五〇以上の訴訟の原告となってもらうために三人の個人に対し秘密裏に一一〇〇万ドル以上のキックバックを支払ったということで、ミルバーグ・ワイス法律事務所及び同法律事務所の二人のネームパートナーであるバーシャド弁護士（David J. Bershad）及びシュルマン弁護士（Steven G. Schulman）を、ロサンジェルスの連邦の起訴陪審（大陪審、Grand Jury）により、司法妨害の共謀、贈賄、偽証及び詐欺の容疑で起訴したと発表した。

連邦検察官は、この法律事務所が稼いだ報酬及び起訴された二人のパートナーが稼いだ報酬の返還を求めた。起訴された二人のパートナーは、二〇年の懲役刑を受ける可能性すらあった。その当時バーシャド弁護士は六六歳、シュルマン弁護士は五四歳であった。しかし、メインパートナーのワイス弁護士及びすでに二〇〇四年にミルバーグ・ワイス法律事務所を辞めて西海岸で独立していたレラック弁護士（William S. Lerach）は、この時点では起訴を免れていたが、捜査の対象になっており、後に起訴された。

クラスアクションにおいては、クラスを代表する原告（通常最初の原告）を代理する弁護士が主導的立場を得ることができるため、バーシャド弁護士及びシュルマン弁護士は数え切れないほどの訴訟において原告代表（Lead Plaintiff）を獲得するため、友人に秘密の礼金を支払い、裁判所にはそのような支払はなされていないと虚偽の申立てをしていた。これらの違法なキックバックの一部は、裁判所所在州の協力弁護士（Local Counsel）に対する弁護士報酬であるとごまかして支払われていた。しかし、協力弁護士は実際にはそのような役割の仕事はやっておらず、秘密のキックバックを支払うルートになっていたと主張されている。

米国司法省は、両弁護士及びミルバーグ・ワイス法律事務所は、一五〇以上のクラスアクションや株主代表訴訟において原告代表になってもらうために、秘密のキックバックを一一〇〇万ドル以上支払ったとして起訴した。起訴された直後は、ミルバーグ・ワイス法律事務所も起訴された二人のパートナーも容疑を否認していたが、後にいずれも容疑を認めることになった。

これまでミルバーグ・ワイス法律事務所にさんざん苦しめられてきた多くの企業や重役たちは、この起訴に対し拍手喝采をしたと伝えられている。アメリカのクラスアクションは、このような法律事務所によって人為的に訴訟が仕立て上げられ、いろいろなコストを引上げる大きな要因になっていたと思われる。

二〇〇六年五月一九日付ニューヨーク・タイムズに、この起訴に関する非常に大きい記事が載った。その記事によると、ミルバーグ・ワイス法律事務所のかつての依頼者で、引退したエンターテイメント専門弁護士であったラザール氏（Seymour M. Lazar）は、一九八一年から二〇〇四年にかけて、本人（当時七八歳）及びその家族がミルバーグ・ワイス法律事務所のために七〇件くらいの訴訟で原告を務め、秘密で違法なキックバックとして約二四〇万ドルを受取っていたと起訴状は述べている。

ニューヨーク州法の下では、人に訴訟を起こさせるために金銭を支払うことを約束したり、そうしたことに対して報酬を与えることは違法とされている。さらに、そのような支払は、支払を受けた原告はミルバーグ・ワイス法律事務所に対する弁護士報酬の額が最大になることに大きな利害を持っており、クラスの他の原告との間の利害がまったく反していた。

起訴状では、起訴はされなかったが、もう一人共犯として名前が挙がっていた人物に、ハリウッドにあるビバリーヒルズの眼科医であるクーパーマン医師（Dr. Steven G. Cooperman）が記載されていた。クーパーマン医師及びその家族は七〇件近い訴訟で原告を務め、その報酬として約六五〇万ドルを受取ったと起訴状では書かれている。

実際、その六年前に本件捜査に導いたのはクーパーマン医師の証言であった。クーパーマン医師は、別件の美術品詐欺の有罪の刑を下げてもらうために、検察官にこのときの証言をしたということである。もう一人の支払を受けていた引退した抵当権のブローカーであるボーゲル氏（Howard J. Vogel）は、秘密の支払として二五〇万ドルを受取ったことを認めた上、検察官と司法取引をしていた。

二〇〇七年一月までには、ミルバーグ・ワイス法律事務所のパートナーの半数以上は事務所を去り、二〇〇八年六月現在では、同法律事務所のウェブサイトは二九名のパートナー弁護士及び二四名のアソシエートの合計五三名の弁護士しか掲載していない。ミルバーグ・ワイス法律事務所に対する刑事事件としての起訴は、クラスアクションの陰の部分を摘発したものと言える。

長い間にわたってミルバーグ・ワイス法律事務所のパートナーであったシュルマン弁護士、バーシャド弁護士、レラック弁護士及びワイス弁護士は、最終的にいずれも有罪の訴答をした。

二〇〇八年二月一八日には、レラック弁護士が連邦刑務所での二年の服役、二年の保護観察及び二五万ドルの罰金、そして一〇〇〇時間のコミュニティー・サービスを命ぜられた。ワイス弁護士は、二〇〇八年六月二日に三〇カ月の禁固刑の判決を受けた。バーシャド弁護士は、罰金として二五万ドルを払うほか、七七五万ドルを没収され、二〇〇八年一〇月に六カ月の禁固刑の判決を受けた。シュルマン弁護士も、同じく六カ月の禁固刑の判決を受けた。結局、ミルバーグ・ワイス法律事務所のパートナーであった前記四人の弁護士は、いずれも弁護士資格を剥奪された。現在では四人共刑務所から出所して自由の身になっているということである。

二〇〇八年六月一六日には、ロサンジェルスの連邦検察官は、示談としてミルバーグ・ワイス法律事務所が七五〇〇万ドルを支払うという不起訴合意に基づいて、ミルバーグ・ワイス法律事務所そのものに対する起訴を取下げることに同意した。

6　パテント・トロールという怪物の出現

パテント・トロール

現在、日米においてパテント・トロールが跋扈して、多くの企業を悩ませている。パテント・トロールの明確な定義はないが、一般的には、研究開発の設備を持たずに、倒産した企業などから安価に特許を取得し、特許権を濫用して多くの企業から賠償金や特許料を獲得することだけを目的にしている会社とされる。トロール（Troll）という名前の由来は、北欧の国、特にノルウェーの童話に伝承された怪物と言われているが、妖精の一種とも言われ、必ずしも定説はない。

トロールの先駆的なものとしては、古くはバーコード等に関するいわゆるレメルソン特許のグループがあった。レメルソンの場合には、非常に多くの発明をして特許を取得した発明家であるジェローム・レメルソン（Jerome Lemelson）が創設した慈善を目的としたレメルソン財団（Lemelson Foundation）に多くの特許が帰属している。レメルソン財団の弁護士が日米をはじめとする世界中の多くの企業に対しライセンスを迫り、ライセンスを拒絶した場合には特許侵害訴訟を提起するというもので、非常に多くの企業が標的とされた。

一九九八年、たまたま私の日本のクライアントであるN社がレメルソンからライセンスを迫られたので、私は一九九八年九月一六日にレメルソン財団のホーシア弁護士（Gerald D. Hosier）及びリサ弁護士（Lisa）と、私のニューヨークオフィスで交渉をしたことがある。私の方では、N社の支払額が少なくて済むような論理構成をして交渉したところ、レメルソン側は最終的には私の主張を受入れてくれた。

パテント・トロールの実例となる特許群でよく知られたものだけでも、レメルソン特許のほか、デジタル・カメラの特許を有するセント・クレア（St. Clair）特許、コンピュータのチップの特許を有するアライアスンス（Alliacense）特許、インターネットの注文システムに関するオリオン（Orion）特許やトーラス（Taurus）特許があるが、それ以外にもかなりのパテント・トロールが存在しているようである。

パテント・トロール側の戦略は、自己に有利な法廷地に子会社を設立し、管轄を確立し、ディスカバリーを避けるため特許をその子会社へ移転する。そして、訴訟を提起してすぐライセンスを迫るか、訴訟を提起すると警告してライセンスの交渉をし、契約に至らない場合に訴訟を提起する場合がある。

パテント・トロールの中には、早く契約した方が有利な条件を提示し、遅くなればなるほど条件を厳しくすることによって、早期にライセンス契約をするように圧力をかけるものもある。そして、ライセンス契約を締結すると直ちに公表することで、他の会社にその旨を知らせて圧力をかける。

パテント・トロールによる法廷地漁り

日本と比べてアメリカは裁判所の管轄を非常に広く認めるので、訴訟を起こす場合には原告に一番有利な裁判地を選定しようとして、法廷地漁りをする。

パテント・トロールの場合には、一番好まれるのはテキサス州の連邦地裁のうち、テキサス州東部地区裁判所のマーシャル郡（Eastern District of Texas Marshall County）である。この連邦地裁では、特許侵害訴訟の原告勝訴率が異常に高いため、非常に多くの原告がこの連邦地裁に特許侵害訴訟を提起する。

テキサス州東部地区連邦地方裁判所に持ち込まれた特許訴訟は、二〇〇三年の五四件から二〇〇八年には三〇六件と約六倍に激増したと言われている。そしてその数は、全米に九四ある連邦地裁の中で四年連続首位だということである。原告勝訴率は、連邦地裁平均で五九％であるが、テキサス州では七七％で、二〇〇八年には特許訴訟二九五二件の約半数がテキサス州東部地区連邦地方裁判所を含む七つの地方裁判所に集中した。

マーシャル郡をこのように特許権者を引き付ける裁判所にしたのは、膨大な特許訴訟を一手に引受けるジョン・ウォード裁判官（T. John Ward）であった。ウォードは隣町の特許弁護士時代、同支部で、アメリカのテキサス・インストルメンツ（Texas Instruments）が韓国の現代電子産業を訴えた訴訟で、被告の現代側代理人を務めて敗れた。その時の賠償金は二五二〇万ドルであった。その直後の一九九九年、彼はマーシャル支部の判事として着任し、自ら経験した原告が強い伝統を、任官後も守っているかのようである。

ウォード裁判官は、テキサスにあまり関係のない被告が他の裁判所に審理を移送してほしいと申立てても、なかなか認めてこなかった。しかし、二〇〇八年一二月二九日、日本の知財高裁にあたる連邦巡回控訴裁判所はウォード裁判官の判断を否定し、別の州への移送を認めた。したがって今後はマーシャル郡への特許侵害訴訟の集中も少し緩和されるかもしれない。

実は、この貴重な連邦巡回控訴裁判所の命令を勝ち取ったのは、私が以前から特許侵害訴訟その他の特許問題を一緒に取扱っているクレーマー・レビン法律事務所（Kramer Levin Naftalis & Frankel LLP）のデバリ弁護士（Vito J. DeBari）たちで、そのため同弁護士の写真入りのインタビュー記事が法律雑誌に載った。

パテント・トロールへの対応策

パテント・トロールの標的になった会社の対応策としては、訴訟になった場合は、①パテント・トロールに有利な裁判地から他のニュートラルな裁判地へ移送することに努めること、②パテント・トローラーが訴訟を提起する前に、標的会社に有利な裁判地で特許権侵害不存在及び特許権無効の確認を求める宣言的判決（Declaratory Judgment）を求めること、③対象特許の再審査請求（Reexamination）を米国特許商標庁に求め、特許を無効にする努力をすること、④その他標的会社が集まって共同して防衛にあたる、といったようなことがある。しかし、アメリカでの訴訟は弁護士費用その他の費用が非常にかさむので、対費用効果を考え、うまく交渉して支払額をなるべく低くするような和解をする方が現実的な場合が多い。

私は上記の有名なパテント・トローラーからライセンスを迫られている会社のいくつかから相談を受けた。触らぬ神に祟りなしということで、なるべくパテント・トローラーとの接触を避けるのも一つの方法である。

最近私共は、パテント・トローラーと思われる会社とライセンス契約を締結していた日本の会社が、ロイヤルティの対象製品が日本の会社がライセンソーへ報告しているものよりはるかに大きいのではないかということで、アメリカにおいて訴訟を提起された件を引受けた。パテント・トローラーの方は、その日本の会社の本社を訪問した際に製品のカタログ等を入手し、ライセンスの対象製品がもっとずっと多くあることを察知したのであった。

アメリカで訴訟を起こされた場合には、非常に強力かつ広範囲なディスカバリーの制度により、相手方当事者の質問に答えなければならず、また相手方当事者に関連書類をごっそり持って行かれてしまう。したがって、訴訟が始まってしまえば収拾がつかなくなってしまう可能性があった。ところが、日本の会社に対して訴訟を提起する場合には、ヘーグ条約の下での手続に従って外交ルートで送達をしなければならず、送達には三カ月程度の時間がかかるのが普通である。

そこで、事実関係を大急ぎで確認した上、相手方の弁護士と我々弁護士とだけで私共のニューヨークオフィスで会って交渉をした。交渉においては、日本の会社の状況は話さずに非常にうまく交渉したため、訴訟になった場合に命じられたかもしれないロイヤルティの額の何十分の一という小さな金額で短期間に和解をまとめることができた。

そのとき感じたのは、標的になった会社があまり直接パテント・トローラーの弁護士と会って話をしない方がよいということである。特にパテント・トローラーに標的会社の本社等の訪問を許すと、いろいろな情報を得てさらに厳しい要求をしてくるので、さっさとアメリカで弁護士間で交渉してしまう方がそのリスクはなくなる。またパテント・トローラーの方でも確たる証拠を掴んでいない場合には、訴訟を起こす前であれば、あるいは起こした後でもディスカバリーの手続に入る前であれば、パテント・トローラー側が有する情報が限られているため、そこそこの金額で和解しやすいということが言える。

標的になった会社が大企業で、いちいちいろいろなパテント・トローラーとライセンス契約を締結していたのでは収拾がつかなくなるような場合には、パテント・トローラーの要求には一切応ぜず、訴訟をしてでも対抗するということが大いに考えられる。しかし中小企業の場合には、アメリカで特許侵害訴訟をすれば莫大な費用がかかり、むしろ早めにそこそこの金額で和解をした方が費用がずっと安く済む可能性が大きい。

私は「訴訟ビジネス論」を持論にしている。どうしても筋を通さなければならない訴訟等を別にすれば、訴訟も所詮はビジネスの一部であるので、対費用効果を考えて、なるべく早急に低い金額で和解するというのも現実的な戦略と言える。パテント・トローラーに狙われた中小の会社も、逃げることができている間はよいが、もし訴訟を提起された場合には、早急にうまい交渉をして決着をつける方が賢明である。

パテント・トロールの標的に有利な判例

最近ではパテント・トローラーの標的になった会社に有利な判例もいくつか出てきた。たとえば二〇〇六年の判例（eBay v. MercExchange（126 S.Ct. 1837））では、パテント・トローラーのように特許を実施していない特許権者には簡単に差止め（Injunction）を認めないとした。企業としては、製品の販売等の差止めを命令されることは、そのビジネスの息の根を止められることになるので、差止めが認められないだけでも最悪のリスクを避けられ、パテント・トローラーと徹底的に争うことができる。

また、二〇〇七年には、標的会社が特許が無効で、侵害がなく、強制できない（unenforceable）ということの宣言的判決を求めやすくした判例（MedImmune v. Genentech（127 S.Ct. 1746））もある。同じく二〇〇七年には、特許の自明性（Obviousness）に基づいて特許の有効性を攻撃しやすくした判例（Case Ad v. Teleflex, 550 U.S._127 S.Ct. 1727）や、故意侵害を理由とする三倍賠償等の賠償額増額を認め難くした判例（In re Seagate Tech., Misc. No. 830）もある。

第4章　アメリカの制度や実務の日本への紹介

1　新しい事業主体ＬＬＣ

日本ではまだほとんど知られていない一九九四年に、私は、パートナーシップ（Partnership）とコーポレーション（Corporation）の両方の特典を兼ね備えたアメリカにおける新しい事業形態であるリミテッド・ライアビリティー・カンパニー（Limited Liability Company、ＬＬＣ）を、何回か日本の法律雑誌で紹介した。ＬＬＣは、パートナーシップの有する連邦税務上の特典と、コーポレーションの有する出資者（株主）有限責任の特典の両方の言わば「いいとこ取り」をした新しい事業形態で、当時アメリカにおいて注目され始めていた。

アメリカでも当時はまだＬＬＣの歴史は浅く、ニューヨーク州では一九九四年七月に採択されたばかりであったが、その時点でほとんどの州でＬＬＣの制度を採り入れていた。それ以降、私は日本へアメリカのＬＬＣの制度を紹介するのに努め、一九九五年には別の法律雑誌にもＬＬＣについて書いた。

アメリカの連邦税務上、ある事業主体（Business Entity）がコーポレーションと見なされるか、パートナーシップと見なされるかによって、大きな違いが発生する。コーポレーションと見なされた場合には、その利益に法人所得税が課せられ、その事業主体が株主や持分所有者等へ配当等を分配する際に、配当等を受取る株主や持分所有者は再度その所得に課税される。

これに対し、パートナーシップとして扱われる場合は、パートナーシップの段階では課税されず、パートナーシップの利益にしろ、損失にしろ、パートナーシップを突き抜けて（Pass through）、所有者の段階で利益に課税されたり、損失を計上することが可能となる。したがって、パートナーシップの場合には、利益に対し二重に課税されないで済み、損失については所有者が直接その損失を税務上利用することができ、コーポレーションとして課税される場合よりも通常非常に有利であると考えられている。

ＬＬＣは簡単に言えば、パートナーシップとコーポレーションのハイブリッド（Hybrid）のようなもので、出資者であるメンバーはコーポレーションの株主のようにすべて有限責任（Limited Liability）であるが法人格はなく、連邦税務上パートナーシップとしての課税を受けられる。

しかし、当初ＬＬＣが連邦税務上パートナーシップ課税を受けるためには、コーポレーションの特徴とされる四つの基準のうち、少なくとも二つの基準に該当しないことが必要であった。そして、この基準に該当するか否かが微妙で、税務専門家の活躍するところであった。

しかし、一九九七年一月一日に効力を発生したチェック・ザ・ボックス・レギュレーションズ（Check-the-Box Regulations）により、それまで問題になっていた基準にとらわれることなく、事業主体が自由にコーポレーション課税かパートナーシップ課税かを、単純にフォームの中の箱（Box）にチェックをするだけで選べるようになった。

アメリカにおいては、親会社が株式の八〇％以上を有する（一つまたは複数の）子会社は、親会社と連結して納税することができる。その場合、親会社または子会社あるいは別々の子会社の一つに利益があり他方に損失がある場合は、それらを相殺してネットの利益があれば、それに対してだけ課税される。

合弁会社の場合、一方の合弁パートナーが八〇％以上保有していない場合は、連結納税を利用することができない。しかし、合弁会社をＬＬＣにすれば、合弁の各パートナーの持分比率にかかわらずＬＬＣの段階では課税されないので、合弁会社にはうってつけの事業形態である。

そのため、日米の会社がアメリカで合弁会社を作る場合は、アメリカ側の合弁パートナーは合弁会社をＬＬＣにすることを強く主張する。昔は日本の会社はＬＬＣをよく理解することができず、私の方で何回も説明してようやく理解してもらっていたが、最近は日本企業もアメリカのＬＬＣを理解するようになった。

私は、日本の会社のアメリカにおける合弁会社は、ほとんどすべてＬＬＣにしてきた。また、二段階買収（Two Step Acquisition）で、第一段階では対象会社の八〇％未満しか買収しない場合も、対象会社をＬＬＣとしてきた。

私は一九九八年に、『国際商事法務』という法律雑誌で、「アメリカのCheck-the-Box Regulations ～パートナーシップ課税の自由選択」という表題で、いち早くこの新しい税務上の取扱いを日本に紹介した。同じく一九九八年、『国際商事法務』で、「アメリカの新しい事業形態――ＬＬＣ、ＬＬＰおよびＬＬＬＰの展開」を上下二回にわたって寄稿し、アメリカのＬＬＣ、ＬＬＰ及びＬＬＬＰの紹介をした。

当時私は、『国際商事法務』の編集者と、アメリカのＬＬＣに関する詳細な解説を連載で書く話を進めており、その連載が終了したら本にすることを考えていた。ところがその頃、非常に親しくしていたアメリカン・バー・アソシエーション（ABA、全米弁護士協会）の独占禁止法部会（Antitrust Section）のアメリカの弁護士から、ABAが出版するアメリカ以外の一〇カ国の競争法（Competition Law）に関する英語の本に、日本の独占禁止法を解説してほしいと要請された。私としてはLLCに関する連載をしようと考えていたので断っていたが、他にそのような執筆をしてもらえる日本の弁護士がいないと言って執拗に要請してきたので、最後はとうとう引受けざるを得なくなってしまった。

英語による日本の独占禁止法の解説といっても、日本の独占禁止法の体系に合わせて紹介するのではなく、アメリカの独占禁止法の体系に合わせて紹介することが要求された。しかし、両者の体系が合致していないため、日本の独占禁止法についてアメリカの独占禁止法の体系に合わせて書くのに大変苦労した。そのため膨大な時間を費やすことになってしまい、とうとうLLCに関する連載の話は吹っ飛んでしまった。

アメリカ国外の競争法に関するABAの本は、「Competition Laws Outside the United States」として二〇〇一年に出版された。しかし、そこには各国の執筆者の名前が自ら執筆した章の最初に記載されず、前文でまとめて言及されたに過ぎず、しかもあろうことか、私の名前を落して印刷し出版してしまった。そのため、私の大変な苦労もまったく報われない形になってしまった。あのときLLCの連載をしていれば、それをまとめてLLCに関する本を日本語で出版することができ、その後で日本でもLLCの制度の導入が検討される際に参考になったのにと思うと残念でならない。

日本においても、アメリカのLLCを参考にして、二〇〇六年五月一日施行の会社法において日本版LLCと言われる合同会社という形態を新設した。合同会社とは、出資者の全員が有限責任社員であり、内部関係については民法上の組合と同様に、広く契約自由の原則が妥当するため、機関設計や社員の権利内容等については強行規定がほとんどなく、広く定款自治に委ねられている。

しかし、合同会社は法人格を有し、課税上も法人として扱われるため、アメリカのLLCのように、LLCの段階では課税されないというのとは大きく違っている。

私は雑誌『ビジネス法務』二〇〇四年五月号の巻頭「地平線」「米国でLLCが活用される理由《わけ》」にも書いたが、アメリカでは、LLCの段階では課税されない（Pass through）という点に最大のメリットがあり、そのためにLLCが非常に広く使われているのに反し、日本ではそのようなメリットがないため、どこまで普及するのか疑問である。

2　独占禁止法の下でのリーニエンシー制度

一九九八年一二月に、アメリカの化学会社G社がアメリカの独禁法上のリーニエンシー制度（Corporate Leniency Policy、アムネスティーの制度〈Amnesty Program〉とも言う。）を利用して、アメリカの独禁当局に自発的に独禁法違反を届け出た案件で、私はG社の日本の子会社の独禁法の問題の調査を依頼され、日本の子会社の調査を行った。

その頃は、まだ日本ではアムネスティー制度はほとんど知られておらず、一九九九年に、私と当時ニューヨークオフィスで働いていたアソシエートの菅尋史弁護士と共著で、恐らく日本で初めて『国際法務戦略』という法律雑誌に、「知られざる米国独禁法刑事事件の落とし穴――司法取引とアムネスティーの制度の実態」と題する記事を出し、リーニエンシー制度を次のように紹介した。

アメリカの司法省反トラスト局は、一定の条件を満たせば、早い段階で違法な独占禁止法違反行為を申告する会社に対して、リーニエンシー（Leniency、宥恕）を与える政策を有する。リーニエンシーとは、申告のあった行為について、かかる会社を刑事上処分しないことを意味する。この政策は、会社特赦政策（Corporate Amnesty Policy）または会社免責政策（Corporate Immunity Policy）という名でも知られている。

調査が開始される前のリーニエンシーの場合、次の六つの要件を満たした場合、調査開始前に違法行為を申告する会社に対してリーニエンシーが与えられる。

①その会社が進んで違法行為を申告する時点において、反トラスト局が申告された違法行為について他の情報源から情報を受取っていなかったこと。
②その会社が、申告された違法行為を発見次第、その行為における自らの関与を終了させるために迅速かつ効果的な行動をとったこと。
③その会社が、不正を率直かつ完全に報告し、反トラスト局に対して、調査期間を通じ、十分、継続的かつ完全な協力を提供すること。
④不正の告白が、重役、役員個人の独自の告白であってはならず、真に会社の行為であること。
⑤可能な限り、被害者に損害を補填すること。
⑥その会社が他の当事者に違法行為への参加を強制せず、明らかにその行為のリーダー、創案者でなかったこと。

一九九三年八月、司法省反トラスト局は、会社が犯罪行為を申告し反トラスト局に協力する機会を増大し、インセンティブを高める目的で、会社特赦政策（アムネスティー制度）を拡大した。アムネスティー制度は、それまでのものと比較して、次の三つの主要な点が修正された。
①事前に調査がなければ、アムネスティー（特赦）が自動的なものとなるように変更された。
②反トラスト局は別のアムネスティーを制度化した。これによれば、たとえ調査開始後に協力が始められたとしても、アムネスティーは利用可能となっている。
③会社が自動的なアムネスティーの資格を有するならば、協力に前向きに同意するすべての取締役、役員および従業員もまた、自動的なアムネスティーを受けることができる。

さらに、調査開始後にアムネスティーを望む会社の役員は、個人的アムネスティーないし個人的免責という形で、完全な協力と交換に、寛大な取り扱いを受けることが真剣に考慮されるようになった。また、一九九四年には個人のためのリーニエンシー政策が発表され、さらに一九九八年四月の司法省反トラスト局の司法次官補の講演により、会社特赦政策の要件が明確になった。

この制度に基づいて一種の自首を奨励することにより、現在進行中の独禁法違反行為が探知しやすくなるとともに、かかる制度の存在自体によりカルテルを画策している者を疑心暗鬼に陥らせ、カルテルの成立を抑止するという一般予防効果も期待できる。

法律雑誌に右のような記事を掲載した一九九九年当時、私は、日本においてかかる制度が採られないのは、いわゆる「仲間を売る」行為を国家が奨励する制度が、日本的「正義・衡平」の観念に馴染まないためかもしれないと考えていた。ところが、その後何年か経って日本でもリーニエンシー制度の導入が検討され、二〇〇六年一月四日から施行された改正独占禁止法に課徴金減免制度として採用された。

公正取引委員会に談合や闇カルテルを最初に申告し、調査に協力した企業は、刑事告発や逮捕を見送る刑事免責を受けられ、課徴金も一〇〇％免除され、二番手は課徴金五〇％、三番手は同三〇％を減額することになった。何だかんだ言っても、日本はアメリカよりはかなり遅れるが、結局はアメリカの制度を採り入れている一つのよい例である。今や日本でもリーニエンシーの制度が頻繁に使われているのを見ると、隔世の感がある。

3　国家安全保障のエクソン・フロリオ条項

一九八八年八月二三日にレーガン大統領が署名して成立した一九八八年包括貿易・競争力強化法（Omnibus Trade and Competitiveness Act of 1988、以下「新通商法」と言う）において、大統領にアメリカの国家安全保障に影響のある外国企業による米国企業の買収を調査する権限を与え、必要な場合には買収を禁止することを可能にした。新通商法のこの点に関する規定は、議案提出議員二人の名前を取って、エクソン・フロリオ条項（Exon-Florio Provisions）と呼ばれている。

私がニューヨークオフィスを開設するより前である一九八八年八月三〇日に、合併契約が調印された日本のN社によるグールド社（Gould Inc.）の買収は、まさに新通商法成立直後の、日本だけでなくすべての外国企業による米国企業買収にあたってエクソン・フロリオ条項が適用された第一号となった。当初からN社側の弁護士として深く関与した私は、ニューヨーク及びワシントンＤＣの当時のロジャーズ・アンド・ウェルズ法律事務所（Rogers & Wells）と協力して、エクソン・フロリオ条項の下での第一号の届出書を対米投資委員会（Committee on Foreign Investment in the United States：CFIUS）へ提出し、グールド社の買収をスムーズに進めることに貢献することができた。

そのようないきさつもあって、私は、エクソン・フロリオ条項が制定された直後である一九八九年に、その解説記事をいくつか発表した。

エクソン・フロリオ条項に基づいて実際に審査や調査を担当する機関は、大統領が行政命令により指名した対米投資委員会（ＣＦＩＵＳ）である。ＣＦＩＵＳはエクソン・フロリオ条項を執行するさまざまな省庁から出てくる一二人のメンバーで構成されている。財務省（Department of the Treasury）の長官（Secretary）がＣＦＩＵＳの議長を務め、その他のメンバーとしては、国防省（Department of Defense）、国土安全保障省（Department of Homeland Security）、商務省（Department of Commerce）及び司法省（Department of Justice）が活発な役割をになうが、メンバーではない情報機関も役割を強化しつつある。

二〇〇七年にはエクソン・フロリオ条項を強化する改正法ができたが、その背景は、次の通りである。

二〇〇五年に、中国の会社であるＣＮＯＯＣ（China National Offshore Oil Corporation）がアメリカの石油会社ユノカル（Unocal）の買収に入札した際に、アメリカにおいて国家安全保障の問題が大きな問題となった。すなわち、中国政府がＣＮＯＯＣを通してアメリカのエネルギー供給に対し不当な影響を及ぼすかもしれないという懸念により、アメリカ国内では大きな論争となったのである。この件に関し、なぜかアメリカで一番の経済紙ウォールストリート・ジャーナルの記者が、私の見解を求めてきた。

特に懸念が持たれたのは、主としてアメリカ国外である東南アジアに位置するユノカルの原油の埋蔵及び、あるガソリンの混合に用いられる技術であった。ユノカルの取締役会は取引の遅延やＣＦＩＵＳの審査で否定的な見解が出されることを懸念してか、低い価格をオファーしていた他の入札会社にユノカルを売却することにし、結局CNOOCのオファーは拒絶した。

二〇〇六年二月には、ドバイ・ポートワールド（Dubai Port World）という会社がアメリカの港湾のリースを買収するというときにも、アメリカ国内で大きな問題となった。二〇〇五年にアラブ首長国連邦の会社であるドバイ・ポートワールドが、アメリカの多くの港湾において貨物の積み卸しをする権利を有するイギリスの会社（Peninsula and Orientals Steam Navigation Company）を買収する予定であることをCFIUSへ届け出た。CFIUSは二〇〇五年に、いったんは当該買収を認めた。

しかし、港湾の安全保障に関し、民主党、共和党両党派にまたがる政治的な懸念が出された結果、ドバイ・ポートワールドは自発的に、すでに完了している買収について、二〇〇六年に当該買収を審査するように新たにCFIUSへ届出書を提出した。議会がドバイ・ポートワールドに一度買収した前記会社の売却を強制する立法をするという恐れに直面し、ドバイ・ポートワールドは最終的にはアメリカの港湾におけるリースをアメリカの会社へ売却することに合意した。

二〇〇六年にはさらに、フィンランドのノキア（Nokia）のネットワーク通信事業とドイツのシーメンス（Siemens）の通信機器販売の合弁事業が米国子会社を設立するという取引、及びルーセント・テクノロジーズ（Lucent Technologies）がフランスの大手通信会社であるアルカテル（Alcatel）と合併するという二つの大型取引に関し、CFIUSが示した潜在的な国家安全保障の懸念に対して、ブッシュ大統領は必要な措置を取るように要求した。

このような背景の下で、二〇〇七年にエクソン・フロリオ条項の改正法である二〇〇七年外国投資及び国家安全保障法（Foreign Investment and National Security Act of 2007）が成立した。私は、エクソン・フロリオ条項のこの改正法についても、二〇〇七年に『国際商事法務』という法律雑誌に詳しい解説記事を書いて、日本へ紹介した。

4　アメリカにおける日本企業同士の訴訟

日本で訴訟をしていたのでは十分に権利の実現が図れないということで、近年、日本企業同士の紛争がアメリカの裁判所に持ち込まれるケースが多くなってきている。

一九九九年三月二三日付日本経済新聞の「利益生む『速い司法』」という記事で、「日本企業同士の訴訟が米国に〝輸出〟される――。こんな現象が目立つようになった。」との書き出しで、日本での訴訟では時間がかかりすぎるので、日本企業相手の訴訟をアメリカで起こしたケースを紹介している。

同記事では、次のように書いている。原告となった日本企業の首脳は、「時間がかかる日本での訴訟を避けた」と説明する。知的所有権に関する訴訟の場合、アメリカで裁判を起こすと弁護士費用だけで年間一億～二億円と「日本の五倍以上かかる」（大手電機メーカー）。コスト増を覚悟してでも海外での訴訟に踏み切るのは、日本での訴訟にもっと大きなコストがかかるからだ。最大の問題が訴訟期間の長さである。製品寿命が短いハイテク製品の場合、訴訟期間の長さは致命的だ。

その記事は、「問題の根は、日本の裁判官、検察官、弁護士のいわゆる法曹人口が決定的に少ないことにある」と結論づけている。しかし、果たしてそうであろうか。私はそうは考えない。私は日米両国でそれぞれ約二〇年ずつ第一線で実務を経験してきて、かねがねアメリカは原告天国で、日本は被告天国であると言い続けている。私は、日米の裁判の制度及び実務の決定的な差が、権利の実現において日米間に大きな差を生んでいると考えている。

日本経済新聞の一九九七年七月二〇日の「空洞化進む特許訴訟」「侵害『やり得』、企業は失望」という記事の中で、東レの前田勝之助会長は「日本の知的所有権保護の実態は『やり得』。社会的風土法も侵害した人に制裁しようとしない」と断言する、と書かれている。

同記事は、日本では損害賠償を求めても、損害額の認定が困難で時間がかかり、認定額もアメリカに比べ三〇〜四〇分の一程度と予想される、と書いている。さらに、法制度の違いはあるが、アメリカの年間の知的財産権関連の訴訟件数六〇〇〇件超に対し、日本は五〇〇件前後と一〇分の一以下だ、と書いている。

アメリカの裁判制度は、ヨーロッパや日本のいわゆる大陸法系の国と比べ特異な制度を持っている。そして、アメリカでは訴訟を起こせば巨額の損害賠償金が取れるので訴訟が乱発され、他国からは批判されている。確かにアメリカの裁判には行きすぎた面が目に付く。

しかし、日本及びアメリカで長年にわたって法律実務の経験をしている私から見ると、これまではアメリカの裁判の欠点ばかり強調され、長所が見過ごされてきた感がある。司法制度が適正に機能し、権利が適正に実現されることが司法国家の大前提であり、ビジネスを進める上でも大前提となる。

しかし日本の裁判制度では、権利の実現に時間がかかりすぎるだけでなく、正当な権利も十分には実現されないと言ってよい。これに対しアメリカの裁判は、訴訟期間が日本より短いだけでなく、正当な権利は当然実現されるべきであるとの大前提があるため、裁判所の判決や命令も日本よりはるかに弾力的であり、裁判で得られる結果も本来の権利の内容に近いものとなる。

アメリカでの裁判においては、これまでは日本企業が被告となることが圧倒的に多かったため、日本企業もアメリカの裁判を批判し続けてきた。しかし、いざ権利の実現を図る原告側の立場に立つと、日本企業も日本の裁判よりはアメリカの裁判に頼る方が権利の実現ができるということを認識し始めたようである。したがって、今後は日本企業が他の日本企業をアメリカで訴えるケースがますます増えてくることが予想される。

私も、アメリカにおける日本企業同士の特許侵害訴訟をいくつか経験している。一九九七年に、日本のP社とアメリカにおけるP社の特許のライセンシーが、日本企業であるT社の米国子会社を特許侵害でニュージャージー州連邦地裁に差止めの仮処分を申請した件で、日本のT社側の弁護士として、アメリカ人の訴訟弁護士と共に裁判所における仮処分申請のヒヤリングにも参加した。

さらに、二〇〇一年に、日本のS社が日本のF社をデラウェア州で訴えた特許侵害訴訟も、私はアメリカ人の訴訟弁護士と共に日本のF社を代理して防御活動をした。

アメリカにおける訴訟は、制度上の理由その他から主として弁護士費用が非常に高額になるということと、陪審が事実認定をする場合はどのような判決がでるか予見することが難しいという大きな欠点があるが、権利を実現する方にとっては次のような利点がある。

①迅速性
②権利保護に厚い
③仮処分が出やすく内容も多様
④証拠入手の容易性
⑤権利者に有利な陪審制
⑥秘密保護手続

私は、一九九九年八月一五日発行の『月刊国際法務戦略』という雑誌に、「米国における日本企業同士の裁判の戦い方——米国での訴訟の有利な点と問題点」と題する記事を載せ、前記のようなことを詳しく日本に紹介した。私のその記事は、二〇〇三年七月二五日ＩＬＳ出版発行の「米国訴訟必勝ガイド改訂版——米国におけるビジネス紛争処理実務」と題する本にも掲載されている。

第5章　世界中の弁護士とのネットワークの構築

1　ネットワーク構築の重要性

国際的案件を取扱う場合に非常に重要になるのが、関係する国または州においてその案件に携わってもらう最適な弁護士を選定することである。たとえば世界各国にまたがるM&Aを行う場合には、各国のM&Aの専門弁護士を起用しなければならず、また各国での独禁法上の届出等が関係する場合には、各国の独禁法の専門家に独禁法上の問題がないことを確認してもらった上、必要な合併事前届出書等を作成して、独禁当局にタイムリーに提出してもらう必要がある。

そのような案件は、ひとたびスタートすると非常に早いスピードで進行するため、ゼロから人の紹介等を頼りに外国における最適な弁護士を探していたのでは、タイムリーに各国の弁護士を選任することはとてもできない。国際的案件においては、スピードとタイムリーであることが非常に大切であるが、それは各国の弁護士の選任においても当てはまる。

案件にもよるが、国際的案件の場合には、早急に案件に関係する国または州の法律の重要な点について確認を取る必要が生じる。そのようなときに第三者の紹介に頼る場合には、紹介してもらう弁護士にすぐ連絡が取れるとは限らず、その第三者が直接利害関係がないのに迅速に外国の弁護士と連絡を取り合ってくれる保証もない。ようやく紹介された弁護士と連絡が取れても、案件の内容を説明し、関係する当事者の名前等を知らせ、コンフリクトをチェックしてもらうだけでも結構時間がかかってしまう。

国際的案件を取扱うにあたっては、海外の弁護士との共同作業が必須であるので、いかに迅速に海外の最適な弁護士を選任できるかが勝負の分かれ目となることもある。理想的には、どんな案件が出てきても、直ちに海外の最適な弁護士を選任できるように、あらかじめそのような弁護士をよく知っておくことである。と言っても、多くの国のいろいろな分野の専門弁護士を知っておくということは非常に難しい。

私は、東京で仕事をしていたときから国際的な案件、特に国際的なM&Aを多く手掛けていたので、海外の会社を買収する場合は、買収する会社が所在する国（アメリカ等の場合は州）の現地の弁護士を使うことは必須であった。買収する会社の所在地国または州の法律が適用される場合が非常に多いからである。

ニューヨークで仕事を始めてからも、第8章、第9章及び第11章で述べるM&Aにおいては、私が昔から関係を構築してきたアメリカその他の外国の弁護士を、買収する会社の設立準拠法や、買取契約書の準拠法の専門家として、必ず下請的に使用してきた。国際的なM&Aにおいては、単一の法律で片付くことはまずなく、必ず複数の国または州の法律が関係してくるので、他州または外国の弁護士を使わないで行うことはまず考えられない。

特に第11章で述べるルーセント・テクノロジーズの光ファイバー部門の買収においては、ニューヨークにおいてM&A専門の法律事務所、知的財産権、特に特許の専門弁護士及び雇用・組合等の専門法律事務所が必要であっただけでなく、ジョージア州その他の州の弁護士も必要であった。

ルーセントの光ファイバー部門が世界の多くの国でビジネスをしていたため、アメリカ以外ではデンマーク、オランダ、ドイツ、イギリス、アイルランド、ロシア、オーストラリア、メキシコ、ブラジル、カナダその他の国の弁護士を必要とし、これから述べるレックス・ムンディのネットワークを最大限活用したほか、それ以外の個人的なネットワークもかなり使った。特に、各国における独禁法上の届出要件の検討や、合併事前届出書の作成及び提出は、多くの国の足並みをそろえる必要があり、世界中のネットワークが極めて効率よく機能した。

また、アメリカにおける訴訟についても、ニューヨーク州における訴訟でニューヨーク州の法律だけが関係する場合は、ニューヨーク州の訴訟専門弁護士を使えば済むが、訴訟が他州で行われる場合は、必ず訴訟が行われる州の弁護士の参加が必要である。そのような場合、構築したネットワークを活用して、関係する州の弁護士を起用する必要があった。

2　ネットワーク構築の努力

私自身は、四〇年以上の弁護士生活を通じて、若い頃から絶えず大変な努力をして外国の弁護士とよく知り合うようにし、緊急の場合には時差もあるので直接外国の弁護士の自宅に電話をして、案件を引受けてくれるかどうか、そしてコンフリクトがあるかどうかを問い合わせることができるようにしてきた。また仕事で知り合った優秀な外国の弁護士とはできるだけ接触を続け、その弁護士がいる都市に行ったときはなるべく訪問して関係を深めるよう努力してきた。

　私が一九七七年に桝田江尻法律事務所を設立して間もなく、イギリス、ドイツ及びフランスの弁護士と私が中心となってタワー・グループ（Tower Group）という法律事務所の国際的なネットワークを構築し、何年間か活発に活動した。その活動を通していろいろな国の弁護士と個人的にも深く知り合い、後に緊急の必要性が生じたときに役立った。

　しかし、何と言っても、私はこれから述べるレックス・ムンディの活動には創立時から深くかかわり、長年にわたってものすごいエネルギーと時間を使い、事務所の費用ではなく個人的に莫大な費用を費やしてきた。そのため、文字通り世界中の弁護士との深い関係を構築することができ、その後の国際的案件の処理に非常に役立った。

　レックス・ムンディは世界の一六〇以上の国や州をカバーしており、メンバーの法律事務所に所属する弁護士の総数は一万六〇〇〇人以上にもなっている。特にアメリカでは各州にメンバーがいるため、アメリカにおけるM&Aや訴訟がどの州で行われても困ることはなく、極めて重宝している。

　レックス・ムンディのメンバーの選定基準も、時の経過と共に非常に厳しいものになっている。レックス・ムンディは専門分野ごとにいろいろなコミッティーを作っているだけでなく、各専門分野の世界中の弁護士のマトリックスを作り、それぞれの専門分野の弁護士名が分かるようになっており、同じ専門分野の弁護士間の交流を深めるようにしている。

　そのため、世界のどこで何時何が起こっても、私の方ではすぐ対応できる体制を整えることができた。私はこれまでM&Aをはじめ数多くの案件で、レックス・ムンディのネットワークを存分に使ってきた。

　また、私はアメリカのいろいろな州の訴訟専門法律事務所のネットワーク（The Network of Trial Law

Firms）のミーティングにも何回か招待された。必ずしも大法律事務所ではないが、訴訟に非常に強い法律事務所の訴訟弁護士をそこで多く知ることができた。私がアメリカでの訴訟案件を受任した際に、実際に何回かそのネットワークの法律事務所や訴訟弁護士を使い、重宝している。

私はレックス・ムンディその他のネットワークや、これまで長年にわたって自ら築いてきた外国の法律事務所や弁護士との個人的な関係を最大限に活用し、多くの国が関係するグローバルビジネス案件や訴訟等が起こっても、迅速に対応できる体制を確立している。たとえば、ある国や州におけるM＆Aが必要になった場合、直ちにその国や州の一流の法律事務所のトップに電話をして事情を話し、大至急コンフリクトチェックをしてもらった上、関係する専門分野の最適な弁護士と直ちに仕事に取りかかることができる。案件によっては、世界各国の専門弁護士のチームを直ちに組成することができる能力も、国際的案件で特に中心的役割を果たす弁護士として関与する場合には、極めて重要である。このような世界各国の弁護士や法律事務所との関係は一朝一夕にはとても作ることはできない。長年にわたる地道な努力の結晶である。

私は、これまで一緒に仕事をしたか、あるいはよく知っている世界各国及びアメリカとカナダの各州の弁護士のデータベースを個人的に構築している。そこには、各弁護士の専門分野等のほか、実際に仕事を一緒にやったときのその弁護士の能力や仕事ぶりに関する私のコメントもデータに加え、必要になったときの参考にしている。

3　レックス・ムンディ創立に参加

一九八八年から、アメリカの多国籍企業の社内弁護士であったヒューストンのマッギャリ弁護士（Stephen J. McGarry）が中心となって、アメリカやカナダの各州及び世界の多数の国の一流法律事務所をメンバーとするレックス・ムンディ（Lex Mundi、ラテン語で世界の〈mundi〉法律〈lex〉という意味）の組織化が始まった。

レックス・ムンディは、すでに世界中の多くの法律事務所がニューヨーク、ワシントンDC、シカゴ、ロサンジェルス、テキサス、ロンドンに親しくしている法律事務所を持っていることを考慮して、当初それらの都市にはメンバーを置かない方針にしていた。しかし、その後、ワシントンDC、シカゴ、ロサンジェルス及びテキサスにはメンバーを置くようになった。

イギリスの権威ある法律雑誌である『フィナンシャル・ローレビュー』（Financial Law Review）の当時の記事で、私たちの桝田江尻法律事務所がビー・エム・ダブリュー（BMW）やロレアル（L'Oréal）をはじめ、国際的に著名な多国籍企業の仕事をしていると紹介された。その記事を見たマッギャリ弁護士が私へ国際電話をかけてきて、レックス・ムンディへの参加を勧めたときのことは、今でもよく覚えている。

幸い日本では、当時躍進していた私共の桝田江尻法律事務所が最初からメンバー候補に挙げられた。レックス・ムンディのメンバーの法律事務所間の関係は専属的（exclusive）なものではなく、かつ、すでにいくつかの法律事務所と親しい関係を有している主要都市のニューヨークやロンドン等が除かれているので、私共の方針と一致し、私共の事務所もレックス・ムンディ創設時からメンバーになった。

レックス・ムンディは、何回かの準備的会合を経た後、一九八九年一〇月五日、ドイツのフライブルグで創立総会が開かれた。そこで、私が桝田江尻法律事務所を代表して、創立総会に出席した。創立総会は、レックス・ムンディのメンバー法律事務所の便宜を考えて、フランスのストラスブールで開かれるIBA(International Bar Association)の年次総会(一九八九年一〇月三日から六日まで)に合わせて開催され、私もストラスブールで開かれたIBAの年次総会に出席すると共に、レックス・ムンディの創立総会にも出席した。

最初は、なぜIBAの総会がフランスで、レックス・ムンディの創立総会がドイツで開かれるのかと思ったが、地図を見ると、ストラスブールとフライブルグはどちらも独仏国境の近くにあり、あまり離れていないことが分かった。

フライブルグの創立総会では、最初のチェアマンにオランダの弁護士が、プレジデントにマッギャリ弁護士が選ばれ、その他取締役も選ばれた。チェアマンは毎年交代するが、プレジデントは常時マッギャリ弁護士であった。

創立総会のレセプションでは、知っている顔はほとんどなかったが、IBAで一緒だったアメリカのアトランタ州のメンバー事務所であるオールストン・アンド・バード法律事務所(Alston & Bird)のグリアー弁護士(Ben Greer)を知っていたので、レセプションが終わってストラスブールへ戻るバスの中で隣に座り、いろいろな話をした。彼とはその後非常に親しくなった。

レックス・ムンディでは、世界を北米地域、南米・カリビアン地域、ヨーロッパ地域、アジア・太平洋地域の四つに分け、年一回それぞれの地域総会を開き、地域総会の一つを全体の総会と合わせて行った。レックス・ムンディの総会は、出席する弁護士の便宜を考え、ＩＢＡの総会かＡＢＡ（全米弁護士協会、American Bar Association）の総会と近接したスケジュールで開催し、どちらにも出席しやすいようにしていた。

私は一九九二年一月にニューヨークオフィスを開設してからは、なるべく多くのレックス・ムンディの会議に出席するように心掛けた。また、レックス・ムンディの会議が北米で開催される際は、私個人の費用負担で、私のニューヨークオフィスで執務をしていた若い弁護士も連れて行くようにした。これは、早くから国際会議を経験させるためのもので、若い弁護士の間では非常に好評であった。なかには三回以上レックス・ムンディのミーティングに参加した若い弁護士もいた。

一つ一つのミーティングについて書くと長くなりすぎるので、以下には、レックス・ムンディのごく一部のミーティングについてのみ、その様子を伝えることにする。

4　最初の頃の総会

スノーバード総会

私はニューヨークオフィスを開設して早速、一九九二年三月二七日と二八日に、アメリカのユタ州ソルト・レイク・シティのそばのスノーバードというスキー場で開かれた北米地域総会に出席した。

そのときはユタ州のメンバーでソルト・レイク・シティの一流法律事務所であるヴァン・コット・バグリー法律事務所（Van Cott, Bagley, Cornwall & McCarthy）がホストを務めた。その事務所のマネージング・パートナーであるスウィンドル弁護士（Stephen D. Swindle）がホスト法律事務所の代表で、さすが大法律事務所のマネージング・パートナーだけあって貫禄があり、最初はなかなか近寄り難い感じもした。しかし、その後、私がレックス・ムンディの活動を続けるに従ってスウィンドル弁護士夫妻と個人的にも大変親しくなったので、人間関係というものは多くの接触が非常に重要であることを実感した。

このような国際会議の最も大きな目的の一つは、レセプションやディナーで直接多くのメンバー法律事務所の弁護士同士が知り合って個人的に理解し合うことである。今回は北米のミーティングであったため、出席者はアメリカ人の弁護士が圧倒的に多かった。昼間の会議の際に一人一人が自己紹介をし、私のことも他の多くの出席者に知ってもらったので、多くの弁護士と親しく話し合うことができた。

このとき強く感じたのは、単に大きな組織のメンバーになって会費を出しているだけではおよそ影が薄く、やはり多くの会議に出席して存在をアピールすることがいかに大切かということであった。

プエルトリコ総会

一九九四年は、四月二二日から二五日まで、レックス・ムンディの南米・カリビアン地域総会がプエルトリコで開かれた。開催場所はプエルトリコの首都であるサンファンではなく、パルマス・デル・マールというプエルトリコの南東のカリブ海に面したリゾート地であった。

着陸前に飛行機から見えた海の色はさすがに濃い緑がかった青で、随分南に来たなという感じがした。プエルトリコは意外にも交通渋滞がひどく、本来空港から四〇～五〇分で行くところを、一時間半近くもかかってホテルに到着した。ホテルのロビーは入口も奥も吹き抜けで壁がなく、南国のホテルという感じであった。

着いた日の夜のレセプションは、カリブ海のすぐそばにあるホテルのプールサイドで開かれ、プールサイドが超満員になるぐらい大勢の参加者があった。私は少し前からレックス・ムンディの取締役になるように打診されていたが、レセプションの際、創立以来の中心人物の一人でチェアマンに就任することになっていたボストンのホワイト弁護士（Barry B. White）と、やはり中心人物で取締役であるオーストリアのホーヴァス弁護士（Günther J. Horvath）にとり囲まれ、取締役になるよう強く要請された。

私はレックス・ムンディの創立総会をはじめ、これまで多くのミーティングに出席してきたので、以前から取締役になるように声をかけられていたが、ニューヨークオフィスの立ち上げや、東京とニューヨークの間を頻繁に行ったり来たりしていたため、非常に忙しいという理由で逃げていた。

本音はもう一年くらい逃げたいと思っていたが、取締役会ではアジア・太平洋地域代表が弱いので、同地域の代表として何とかこの際、取締役になるようにということであった。私はこれ以上逃げ続けるのもよくないと思い、とうとうレックス・ムンディの取締役になることを承諾した。

5　取締役就任後の総会

メルボルン総会

一九九四年一〇月七日から九日まで、オーストラリアのメルボルンでレックス・ムンディのアジア・太平洋地域総会と年次総会が開かれた。

一〇月八日は午前八時四五分からレックス・ムンディの取締役会が開かれ、午後一時過ぎまで活発な議論が交わされた。私は正式には同日午後五時から開かれる年次総会で取締役に選任されることになっていたが、正式に選任される前から取締役として取締役会に出席するように言われていた。取締役会では新しく選任される取締役の紹介に始まり、予算や新メンバー等について話し合われた。

レックス・ムンディの総会に参加することは非常に大切だが、本当の活動を知るには取締役会に出席してみないと分からないという実感を持った。私もアジア・太平洋地域の代表として取締役会に入るので、いろいろな問題について積極的に発言するように努めた。レックス・ムンディのミーティングは年に四、五回開かれ、取締役はできるだけ多くのミーティングに出席するように言われていた。

レイク・ルイーズ総会

一九九五年は、私は三月のレイク・ルイーズでの北米地域総会、四月のスペインのマドリッドでのヨーロッパ地域総会、八月のシカゴでの北米地域総会兼年次総会及び一二月のメキシコシティでの南米・カリビアン地域総会に出席した。

レイク・ルイーズは、私にとって想い出の場所である。一九七〇年に私がニューヨークのコロンビア・ロースクールへ留学する際、横浜から貨物船でカナダのバンクーバーへ行き、そこで一晩泊まった後、グレーハウンドバスで最初に行ったのがバンフであった。バンフで一泊した後レイク・ルイーズへ行ったが、コバルト色の湖水の美しさと、それを三方から囲んでいる豪快なロッキー山脈の山々が、私の記憶にくっきりと焼き付けられていた。

レイク・ルイーズの脇に立つお城のようなフェアモントシャトー・レイク・ルイーズというホテルはとても立派で、一九七〇年に私が最初に訪れた際は、ちらりとそのホテルのロビーに足を入れただけで、当時の私がとても泊まれるようなホテルではなかった。

しかし、いつかこのホテルに泊まってみたいと思っていたところ、レックス・ムンディの北米地域総会がこのホテルで開かれることになったので、その夢が実現した。しかし、ミーティングは三月であったため、完全に凍った湖の上に雪が積もっており、湖は真っ白で夏に見たときの宝石のようなコバルト色ではなかった。

三月一〇日の夜、ホテルのロビーの一部でウェルカミング・レセプションが行われたが、その際チェアマンであるホワイト弁護士から、レックス・ムンディのエグゼクティブ・コミッティー（Executive Committee）のメンバーになってほしいと打診された。エグゼクティブ・コミッティーのメンバーになると、現在年四〜五回のミーティングに加え、さらに二回エグゼクティブ・コミッティーだけのミーティングがあるほか、毎月定例の世界中を結んだ電話会議があるということだった。

私は相も変わらず席の温まる暇のないほど出張を繰返していたので、ホワイト弁護士へは、私はエグゼクティブ・コミッティーのメンバーになることは構わないが、ミーティングに出席できるかどうか自信がない旨伝えた。

三月一一日の夜はウェスタン・イブニングということで、服装はカジュアルでという指示があった。ホテルの七階の会場へ行くと、何と巨大な生きた牛がおり、各参加者がその巨大な牛にまたがって写真を撮ってもらうという趣向であった。レイク・ルイーズのあるアルバータ州は牛肉でも非常に有名で、日本にも相当輸出しているようである。

あるセッションでは、クライアントサイドからの話を聞くということで、会社のCEOやジェネラル・カウンセル（General Counsel）がパネリストとなってパネルディスカッションが行われた。ここでもクライアントサイドから見た法律事務所観が生き生きと述べられ、非常に参考になった。法律事務所のサイズも議論されたが、クライアントサイドからするとサイズは一つのファクターに過ぎず、最も決定的なのは名声であるということである。また、弁護士報酬はいかなる場合でも問題点になり得るということであった。

また、クライアントからすると、ビジネス的に考える弁護士が必要であり、人の言うことを聞かない弁護士には仕事を頼まないということである。またどのような場合でも、タイムリーに応えること

(Responsiveness) が非常に重要で、とにかくクライアントから電話があったときにはなるべく早く、遅くともその日のうちには電話を返すことが重要だということである。タイムリーに応えることがクライアントに対する法律事務所の態度を表していると判断されるということであった。

クライアントは法律事務所に依頼するのか、特定の弁護士に依頼するのかという点については、誰でもできる仕事 (Commodity Work) については法律事務所に依頼するが、価値を創造する仕事 (Value Added Work) については特定の弁護士に依頼するということであった。法律事務所によっては、クライアントに毎年評価調査 (Survey) を行い、良くない評価を受けた弁護士は法律事務所の方で自発的にそのクライアントの仕事から外しているということである。クライアントから見ると、このようなやり方は大変よいということである。

マドリッド総会

一九九五年四月二一日から二四日にかけて、スペインのマドリッドでレックス・ムンディのヨーロッパ地域総会が開かれた。私は取締役になったため、ヨーロッパ地域総会にも出席する必要があった。

マドリッドのミーティングの合間に、チェアマンであるホワイト弁護士から私に、再びレックス・ムンディのエグゼクティブ・コミッティーのメンバーになってほしいとの話があった。私は、ますます多くの時間をレックス・ムンディのために割かなければならなくなるので内心困ったなとは思ったが、レックス・ムンディ内でアジアのメンバーの発言権が弱すぎてはいけないという責任感から、結局引受けることにした。

6 エグゼクティブ・コミッティーのメンバー就任後の総会

シカゴ総会

一九九五年八月四日から六日にかけて、レックス・ムンディの年次総会兼北米地域総会がシカゴで開かれ、私も出席した。その際、エグゼクティブ・コミッティーのミーティングに初めて出席したが、中国のメンバー選定についても議論され、私もチャイナ・コミッティーの三人のメンバーの一人に選ばれてしまった。シカゴでの年次総会には、メンバーの法律事務所の弁護士が約一七〇名出席した。またメンバー事務所の総数も一二五になったということであった。

その後私が中国のメンバーの候補事務所を選定することになり、私が親しくしており、所属弁護士も非常に国際的であった君合法律事務所(Jun He Law Offices)を選んだ。君合法律事務所は取締役会やメンバーの総会でも承認され、正式に中国のメンバーとなった。

メキシコシティ総会

一九九五年一二月一日から四日にかけて、レックス・ムンディの南米・カリビアン地域総会がメキシコシティで開かれた。一二月一日は朝八時半からエグゼクティブ・コミッティーのミーティングが行われた。

メキシコシティは二〇〇〇メートル以上の高地にあるため空気が薄く、そのため頭痛が完全に取れるのに三日ぐらいかかった。またホテルでも英語がほとんど通じず、スペイン語の国であることを強く感じた。

いろいろなところを見学するツアーでは、バスの前を救急車がずっと先導していたが、どうやら主催者が救急車を雇ったらしく、我々のバスがスムーズに進めるようにサイレンを鳴らしたり、先導したり、交差点で脇道から入ってくる車をブロックしてバスを通りやすくしたりした。結局その後二日間救急車が我々のバスに付添うという、日本やアメリカではとても考えられないアレンジを経験した。

一二月三日も臨時のエグゼクティブ・コミッティーのミーティングが開かれ、主として三月のバンコクのミーティングのプログラムについて話し合われた。バンコクのミーティングはアジア・太平洋地域総会なので、私はアジアの代表として積極的に発言し、アメリカ的発想でプログラムを組むのは適当でなく、アジアのメンバーの立場に立ったプログラムが必要である旨を主張し、大方の賛同を得ることができた。そのため私が中心になってバンコク・ミーティングのプログラムを組むことになった。

メキシコシティではいろいろなところを見学するのも三時間以上歩いて引き回されたり、長時間待たされたり、夕食も夜中過ぎまで続くといったように、非常に体力と忍耐力が必要で疲れるものであった。国際会議はまさに強い体力と強い気力及び我慢強さが絶対条件である。また国際会議は数回出席したぐらいでは効果が薄く、たくさん出席して存在感を高めることによって、ようやく効果が出てくるという感じである。

バンコク総会とベトナム

一九九六年三月一日、タイのバンコクでレックス・ムンディのアジア太平洋地域総会が開かれた。また、三月三日から五日までは、外部の参加者も招待して、ベトナムへの投資の説明をするベトナム・ブリーフィングがベトナムのハノイとホーチミン・シティ（旧サイゴン）で開かれた。今回各国のメンバーからスピーカーを選ぶ過程において、アジアのメンバーの関心の低さが目についた。

後にバンコク・ミーティングでアジアのメンバーに個人的に話を聞いたところ、どうもアジアのメンバーは一般に欧米のメンバー主導の組織では存在感が薄いため、アジアのメンバーがたくさんいる組織の方に力を入れがちであることが分かった。しかしアジアのメンバーにとっては、アジア太平洋地域で知り合うだけでなく、遠く離れた欧米のメンバーと知り合うことは非常に大切であると私は考えている。

三月二日午後九時から二時間にわたって、レックス・ムンディのうまい活用法に関するセッションが行われた。そこで私は、アジアのメンバーがより積極的にレックス・ムンディの活動に参加することの大切さを訴え、マレーシア、インドネシア、フィリピン、台湾等のアジアのメンバーに個別に発言を求め、レックス・ムンディをどう見ているか、レックス・ムンディに何を期待するか、というような話をしてもらった。

オーストラリアのメンバーからは、アジア人ではない自分たちを差別するのかという冗談まで飛び出したが、セッションが終わった後、多くの人が私のところへ来て大変よかったと口をそろえて言ってくれたので、ほっとした。ある北米のメンバーの話によると、これまではアジア太平洋地域総会においても、オーストラリア人等の白人がほとんど取り仕切って、なかなかアジアのメンバーが活発に討議するチャンスはなかったので、今回のやり方は非常によかったということである。

中国関係のセッションでは、私が中国のスピーカーと台湾のスピーカーの間に座ってモデレーターを務めた。会場では、中国と台湾がスピーカーのテーブルで同席しているのでやや緊張が走ったが、日本人(私のこと)が間に入っているので、まあよかろうという感じであった。実際は、中国のスピーカーも台湾のスピーカーも個人的にはお互いに友好的であった。

中国のスピーカーであるリュー弁護士(Linfei Liu)はアメリカの弁護士資格も持っており、私の当初の想像以上に英語が非常にうまく、話し方にも説得力があった。主としてリュー弁護士に中国のことを話してもらい、最後に一五分ぐらい台湾のスピーカーに話してもらったが、その英語もなかなかであった。私の知っている中国の弁護士はいずれも英語が非常に上手で、我々の事務所よりはるかに国際的になりそうな感じであった。

バンコクのミーティングの後にベトナムを訪問した。ハノイの空港は文字通り何もない空港で、私が仕事でよく行った昔のサイパン島の空港を想起させた。飛行機から空港の建物までバスで行ったが、そのバスには日本語で「神戸交通局」と書かれたままで、日本で使うワンマンバスのボタンもそのまま残っていた。空港は非常に小さな建物で、飛行機が到着するとごった返していた。共産主義の国なので、濃いカーキ色に赤い襟章を付けた制服を着た役人が入国審査等をしたが、それは私が昔ポーランドのワルシャワを訪れたときのことを思い出させた。

空港からバスでホテルへ向かったが、空港から街へ行く途中までの舗装された道路がベトナム自慢のハイウェイで、両側は延々と田んぼが広がっていた。空港も田んぼの真ん中にあるという感じであった。ところが、ひとたび一般道路に入るや否や、道路はバイクと自転車でいっぱいで、小型バスはほとんどぶつかりそうになりながらバイクや自転車の間を縫って走っていくという感じで、このことがベトナムでの強烈な印象であった。

ヒューストンのエグゼクティブ・ミーティング

一九九六年八月一六日及び一七日には、エグゼクティブ・コミッティーのメンバー数人が初めてヒューストンにあるレックス・ムンディの本部オフィスに集まって、エグゼクティブ・コミッティー・ミーティングを開いた。レックス・ムンディのオフィスはダウンタウンから少し郊外に出た広々とした地域にあるビルの一八階にあり、周囲に遮るものがないためオフィスからの眺めは素晴らしく、緑に囲まれている感じであった。

オフィスの中はなかなか良い雰囲気に造られており、思ったより立派であった。広さもちょうど我々のニューヨークオフィスぐらいであった。しかし、コストはニューヨークより格段に安く、アメリカの企業がコストの安い場所に広々としたオフィスを構えて仕事をするのも頷ける気がした。

オスロ総会

一九九七年五月三〇日から六月一日にかけて、ノルウェーのオスロでヨーロッパ地域総会が開かれた。このミーティングのホストとなるノルウェーのトメセン法律事務所（Thommessen Krefting Greve

Lund）の代表が、私共夫婦が個人的にも非常に親しくしてきたエングゼリウス弁護士（Finn Erik Engzelius）夫妻であった。同夫妻からは二年ぐらい前から絶対オスロのミーティングには来てくれと言われていたため、私は仕事の関係で厳しい状態であったが、相当無理をして出席した。

オスロに到着した五月二九日の夜は、エングゼリウス夫妻がエグゼクティブ・コミッティーのメンバー夫妻及びレックス・ムンディのオフィスの人たちを自宅に招いて、歓迎夕食会が行われた。エングゼリウス夫妻の家は街の中心から車で一五分ぐらいのところにあるが、すでに郊外という感じで、海からそれほど離れていなかった。庭に面した二階のベランダに大きなノルウェーの国旗を掲げていたのが印象的であった。

エングゼリウス弁護士の奥様であるカリン夫人は、長年スカンディナビア航空（SAS）のスチュワーデスをされていた。自宅には世界各国で手に入れたものが飾られており、また料理にも一家言持っているだけあって、素晴らしい手料理を用意してあった。何といっても絶品は各種のサーモンで、ノルウェーはどこへ行ってもサーモンが美味しかった。

7　役員退任のバンクーバー総会

一九九八年九月一一日から一四日にかけて、カナダのバンクーバーでレックス・ムンディの年次総会及びアジア太平洋地域総会が開かれた。私のレックス・ムンディの取締役及びエグゼクティブ・コミッティーのメンバーの任期は、バンクーバー総会をもって満了することになっていた。九月一一日午前八時から約二時間、私にとっては最後のエグゼクティブ・コミッティーのミーティングに出席し、午前一〇時から午後五時まで、最後の取締役会に出席した。

九月一二日のディナーは、由緒あるバンクーバークラブの大広間に二〇〇名以上の人が集まって行われた。ディナーの最後に、チェアマンを退任したばかりのノルウェーのエングゼリウス弁護士がわざわざ私の貢献を称えてくれた上、記念の盾を贈ってくれた。私も会場中の拍手を浴びて、四年間の苦労が少し報われたような気がした。

8　東京ミーティングを主催

一九九九年四月九日から一一日にかけて東京で行われたレックス・ムンディのアジア太平洋地域総会は、大変な成功を収めた。

東京ミーティングを成功させるためにまず一番大切なことは、できるだけ多くの参加者に出席してもらうことだと考え、私はレックス・ムンディのミーティングに出席するたびに、奥様と一緒に是非東京に来てほしい旨出席者に個人的に訴え続けた。

また、私がレックス・ムンディの取締役会及びエグゼクティブ・コミッティーのメンバーをしていたので、取締役会を東京で開くよう強く要請し、承認してもらった。取締役は一八名いたが、アジア太平洋地域の代表は二人しかおらず、少なくとも約一五名は地域外から東京ミーティングに参加してもらえたと思う。

そのため東京ミーティングは、単なるアジア太平洋地域総会にとどまらず、世界各国から参加者を得た真に国際的なミーティングとなった。結局、ホストファームであるあさひ法律事務所からの参加者を除くメンバーファームからの参加者は約六〇名、主として奥様方であるゲストの参加者は約二〇名、レックス・ムンディ本部からの参加者は三名であった。

東京ミーティングの準備については、私はレックス・ムンディ側の責任者となると同時に、ホストファームであるあさひ法律事務所側の責任者にもなった。その当時、国際会議に協力してくれるホテルは非常に少なく、超一流ホテルはとてつもない金額を提示していた。その中で赤坂プリンスホテルは、国際会議を招致することも視野に入れていたせいか協力的で、見積額も妥当であったので、早い段階から赤坂プリンスホテルを会場にすることに決めた。

またせっかく東京で会議を開くので、日本の庭園を参加者に味わってもらおうと、最終日の夕食は最初から八芳園で開くことを考えていた。一九九八年暮れから一九九九年四月にかけては、私は主としてレックス・ムンディ東京ミーティングの準備のために、莫大な時間を使わざるを得なかった。

四月一〇日土曜日の午前九時に、チェアマンであるレイ弁護士（Michael E. Ray）の挨拶で全体会議が始まった。全体会議にはあさひ法律事務所の国際部門の全弁護士に参加してもらうため、一番後ろの三列は机を置かずに椅子だけにし、さらにサイドにも椅子を置いた。しかしそれでも満席となり、会場は熱気に満ちていた。五日前に仕事を開始したばかりの新人弁護士三人も含め、ほぼ全員の弁護士に全体会議に参加してもらったことは、参加者に非常に良い印象を与えたようである。

四月一一日の日曜日は前日の晩から降り続いた雨が残っており、天気は最悪だった。午前中の全体会議の最後にレイ弁護士の締めくくりの挨拶があって昼食に移ることになったが、その時点では雨が止んでいたので私がその旨を参加者に伝えると、どっと拍手が湧いた。

私のアレンジでは、その日の夜は皆さんに八芳園の庭を散策してもらい、庭にバーカウンターを出してレセプションを行い、琴の演奏も庭で行うことになっており、希望者はお点前も経験することができるようにしていた。そのため私は天気が非常に気になっていた。

昼食後二台のバスで都内を巡って浅草の仲見世と浅草寺にツアーをしてもらったが、そのときはまた雨が降り始めていた。午後六時半頃参加者がバスで八芳園に到着したときだけ雨が上がっており、皆さんにほんの少しだけ庭を散策してもらった。また密かに計画していたのは、八芳園で主催者側弁護士数人の奥様に着物を着てもらい、参加者を迎えることであった。東京ミーティングが決まったあたりから私の妻が若い弁護士の奥様たちに東京ミーティングでの協力を個別に要請していたため、私の妻を含め、六人の弁護士の奥様に着物を着てもらうことができた。

もう一つの秘密兵器として、私が生まれて初めての羽織袴で皆を出迎えた。作戦が功を奏したのか、参加者が入ってきて羽織袴姿の私や着物姿の奥様たちを見ると大変喜び、列をなして写真撮影をすることになった。大貫裕仁弁護士も、剣道の練習着に木刀を腰に下げて登場したので、これも大いに受けていた。このレセプション及びディナーには、前日のディナーと同じく国際部門のパートナー全員及び準備委員のアソシエートに参加してもらった。

過去のミーティングでは、夕食の最後にコーラスを入れたり余興を入れる場合もあったが、必ずしも好評ではなかったので、私は何も用意しないようにしていた。ところが参加者の皆さんの気分が乗ってきたので、自然発生的に盛り上がり始めた。

まず口火を切ったのが琴の演奏で、気を利かしてアメリカのフォスターのポピュラーな曲を演奏し始めると、ノースキャロライナ州の女性弁護士が突如舞台に上がって、マイクの前で歌を歌いだした。彼女は歌が非常に上手で、しばらくするとワシントンDCのロール弁護士（David L. Roll）も彼女の脇に立って一緒に歌い始め、さらにオーストラリアのデイヴィ弁護士（Christopher R. Davie）も参加し、会場がますます盛り上がってきた。

そうなったら日本サイドも何かやらなければということで、打合せには何もなかったが、着物を着た奥様全員が舞台に上がり、琴に合わせて「さくらさくら」を歌い、私の妻がリードして着物姿の三人が即興で踊ってみせ、参加者に大いに受けた。その後着物の女性だけで歌いながら「通りゃんせ」を踊った。

最後に私もマイクの前に立って話をしたが、チェアマンのレイ弁護士も私のところに来てスピーチに参加した。参加者も乗っていたし私も乗っていたため、一言一言に対する参加者の反応が素晴らしく、大いに盛り上がったところで、大貫弁護士がレックス・ムンディの応援をすることを私から皆に告げ、大貫弁護士に舞台に上がってもらった。大貫弁護士はさすがに応援のプロで、剣道の練習着に木刀をさした姿でステージに上がり、「フレー！　フレー！　レックス・ムンディ！」を連呼し、皆と一緒に手拍子を叩いた。

宴がまさに最高潮に達したところで私からお開きを宣言し、皆さんに会場からバスの方へ移ってもらった。八芳園の玄関で私と妻が一人一人の参加者と握手をしたりハグをしてお互いにお礼を言い合って二台のバスに乗ってもらい、あさひ法律事務所の参加者全員が横に並んで手を振って見送り、素晴らしいエンディングとなった。

私は過去に数多くのレックス・ムンディのミーティングに参加したが、客観的に見ても東京ミーティングの最後の盛り上がりは圧倒的に素晴らしく、参加者全員の記憶に長く残ることを確信した。それは、あさひ法律事務所のたくさんの弁護士の気持ちが大変良い形で参加者全員に通じたことと、着物を着て頑張った奥様たちの貢献が極めて大きかったと思う。

このような盛り上がりは、あらかじめシナリオを書いてできるものではなく、自然発生的であっただけに皆が一つになれたという感じで、私としてもこれまでの苦労が一気に報われた気がした。

9　レックス・ムンディとの別れ

レックス・ムンディの東京ミーティングの後も、私はレックス・ムンディのたくさんのミーティングに出席した。しかし、二〇〇七年七月に、私が所属していたあさひ法律事務所国際部門の多くの弁護士が当時の西村ときわ法律事務所と統合して西村あさひ法律事務所を設立することになった際、私はそれには参加せず、長島・大野・常松法律事務所と提携することにしたので、私とレックス・ムンディとの正式な関係はそこで終了した。

しかし、二〇年近くにわたってレックス・ムンディで一緒に活動してきた多くのメンバー事務所の弁護士との個人的な深い関係はそのまま続いており、今でも私は必要なときはレックス・ムンディのメンバー事務所の弁護士に仕事を頼んでいる。また、かつてのメンバー法律事務所がイギリスの大手法律事務所の傘下に入ったことにより、レックス・ムンディのメンバーでなくなった法律事務所の弁護士や、レックス・ムンディのメンバー法律事務所を辞めた弁護士もかなりの数に上る。

レックス・ムンディの草創期から長年にわたって非常に親しくしてきた弁護士の間の友好関係を維持す

るため、何人かの提唱により、かつてレックス・ムンディの取締役やエグゼクティブ・コミッティーのメンバーであった者のうち、特に今後も付き合っていきたいという弁護士にだけ声をかけてグループを作り、レックス・ムンディとは関係なく、毎年一回ヨーロッパとアメリカで交互に純粋に友好関係をあたためるだけのミーティングを開いている。

第6章 間違いだらけのアメリカの弁護士の選び方・使い方

1　日米法制度及び法律実務の違い

日本とアメリカの法制度は非常に違う。日本は単一の法体系であるので、それが当然と思いあまり意識をしていない。しかし、アメリカは州によってすべて法律が違う上、連邦制を採っているため州法と連邦法との関係がからんできて、法体系は極めて複雑になっている。弁護士制度一つをとっても、日本は弁護士の資格は全国共通だが、アメリカは州ごとに弁護士の資格が違っており、どの州の資格を持っているかによってアドバイスができる州の法律が違ってくる。しかし、連邦法に関しては、どの州の資格の弁護士もアドバイスをすることができる。

日本にいると、どの弁護士に聞いても日本の法律についてのアドバイスを受けられるため、アメリカでも同じであると勘違いして、アメリカの弁護士がどの州の法律についても意見を言えると誤解していることが多い。また裁判所についても、日本の弁護士は日本全国どの裁判所でも訴訟活動をすることができるが、アメリカの場合には、州の裁判所か連邦の裁判所かを問わず、その裁判所が所在する州の弁護士資格を持っている弁護士でないと、原則としてその州所在の裁判所で訴訟活動をすることができない。しかし、現実にはそれでは済まない場合が多いので、他州の弁護士でも、その事件限りの裁判所の特別の許可（ad hoc vice という）を取れば、その州の弁護士と一緒に自分が資格のない州の裁判所でも訴訟活動をすることができる。

そのため、他州の非常に専門的な分野を専門とする弁護士、たとえばニューヨークには特許侵害訴訟専門の弁護士が多く集まっているので、ニューヨークの特許侵害訴訟の専門家を使って、訴訟が行われている州、たとえばアリゾナ州の弁護士をローカル・カウンセルとして使うことによって、事実上ニューヨークの特許侵害訴訟専門の弁護士がその訴訟を担当することができる。これは必ずしも専門分野の専門弁護士に限らず、ある案件を熟知している弁護士を他州所在の裁判所で使いたい場合にも、同じようなことができる。したがって、弁護士の選任にあたっては、そのようなことも知っておく必要がある。

日本でも最近弁護士の専門化は進みつつあるが、アメリカの専門は日本では考えられないほど狭く深い。各法律の分野で専門家が違うだけでなく、訴訟においても、控訴審については控訴審の専門訴訟弁護士がいる。したがって、アメリカで弁護士を選任するにあたっては、すべてを熟知している者のアドバイスが必須である。

たとえば特許に関しても、（アメリカには弁理士制度がないため）日本の弁理士のように主として特許出願を中心に行っている出願系特許弁護士と、特許侵害訴訟等を専門にしている訴訟系特許弁護士とは違う。出願系特許弁護士も特許侵害訴訟を行うが、多くは陪審裁判で行われる特許侵害訴訟においては、訴訟の専門家である特許侵害訴訟の専門家を使うことが必須である（この点については、「第３章　アメリカの特異な制度と実態」「3　特許侵害訴訟で日本企業が陥る落し穴」参照）。

また、アメリカのことなのでアメリカの訴訟弁護士を使えば何でもうまくいくかというと、必ずしもそうではない。同じ訴訟弁護士でも、主としてアメリカの会社を代理している弁護士と、日本の会社を多く代理している弁護士とは、大きく違う。日本の会社を代理する場合には、国際的な経験が豊富で、日本の会社のことをよく知っていないと、本来裁判所に管轄権がないことその他手続上の理由で、訴訟に勝てるにもかかわらず、それを十分認識しないですぐ本案に入ってしまうことになる。外から見ると、アメリカの訴訟弁護士はすべてに非常に詳しいようであるが、私の目から見ると、弁護士によってその経験及び能力が大きく違っているので注意を要する。日本の会社の人がそれを見抜くことは至難の業と言ってよい。

またアメリカの訴訟は世界の国々の中でも特異の制度を持っており、特に強力かつ広範囲なディスカバリーの制度はアメリカ独特のもので、よく理解していないととんでもないことになる。アメリカの弁護士は、日本には強力かつ広範囲なディスカバリーの制度がないということを知らないか意識していないため、日本企業もアメリカの企業と同じような文書管理をしていると誤解して失敗することになりかねない。

日本の会社には、すべてのことを報告書にして社内の関係者に回すという企業文化がある。そして、報告書には、自社に有利なことも不利なことも、そのまま書くことが多い。もしアメリカで訴訟になった場合には、訴訟に関係する限りそれらの書面は、コンピュータやサーバーに電子的に保存されているものも含め、ディスカバリーによりすべて相手方に取られてしまう（「第3章　アメリカの特異な制度と実態」「1　ディスカバリーの脅威」参照）。もし自社に不利な書面を訴訟の相手方当事者に取られてしまえば、訴訟で非常に不利になるか、敗訴につながりかねない。

また、日本には、何かあれば何をおいてもまず弁護士に相談するという文化がない。何かあれば、まず社内で検討、分析し、その結果を社内の報告書として作成する。その結果やはり弁護士に相談した方がよいと思ってから、初めて弁護士に相談する。そのため、うまくやれば弁護士依頼者特権によりディスカバリーから守ることができた書面等も、訴訟の相手方に取られてしまう（「第3章　アメリカの特異な制度と実態」「2　弁護士依頼者特権の大切さ」参照）。

日本ではごく一般的なこのようなやり方をよく知らないアメリカの弁護士は、日本の会社もアメリカの会社のようにきちっとした文書管理がなされており、早い時期から弁護士に相談しているので弁護士依頼者特権で守られていると軽く考えてしまい、訴訟の進め方の判断を誤ったり、和解のタイミングを誤ってしまう。

このように、法制度や法律実務が大きく違う国の間で訴訟を行う場合には、両方の制度を熟知している弁護士が関与しないととんでもないことになりかねない。

訴訟ではなく仲裁に関して言えば、アメリカで仲裁を行う場合に、多くの弁護士は深く考えずに仲裁人として、たとえばアメリカ人の弁護士やアメリカの引退した裁判官を選ぶことが多い。しかし、仲裁人としてアメリカの法律家を選んでしまうと、アメリカのディスカバリーの制度を当然と考えているため、仲裁の手続ルールを最初に決めるときにもディスカバリーを当然のように決めてしまう。しかし、日本企業にとってはディスカバリーは非常に不利なことが多いので、仲裁人の選任にあたっても、日本と同じ大陸法系のバックグラウンドを有する法律家を選ぶことが非常に重要である（「第7章　取扱った案件と仕事のやり方」「5　仲裁案件」参照）。

2　アメリカの弁護士の実態

日本の弁護士は最近数が増えたといっても、二〇〇九年一二月末日現在で二万七〇〇〇人弱で、その中には活動していない人もいる。一方で、アメリカの弁護士は百万人を超えると言われており、数からいうと日本より圧倒的に多い。アメリカでは弁護士の資格を持っている者が政治家になったり、会社の重役になるケースも多い。また日本でいうと弁理士や司法書士のような仕事も、アメリカでは弁護士が行っている。私の感覚からすると、アメリカの弁護士は日本の法学部出身者と近いのではないかと思っている。

それでも、アメリカでは、法律実務を行っている弁護士の数も極めて多いのも事実である。州ごとに弁護士の資格が違うため、各州で多くの弁護士が仕事をしている。あまり大きな州でないにもかかわらず、都市にはかなり大きな法律事務所があることに驚かされる。アメリカは連邦制を採っており、いわば国内においてもすべてが国際的な法律を扱っているようなもので、法律問題はどうしても弁護士の力を借りざるを得ない。

弁護士の能力は人によって大きく違うだけでなく、一概には言えないが、州や場所によっても大きく違う。たとえば、ニューヨーク市の一流弁護士はフィーは全米で一番高いが、やはり優秀な弁護士が多くそろっている。私はいろいろな州の弁護士と仕事をするが、たとえばニューメキシコ州の弁護士と仕事をした際には、生活費が安いのかフィーは極めて低いが、反応は鈍く、ニューヨークの弁護士とは比べものにならない印象を持った。

3　アメリカの弁護士の選び方

日本の企業は、実績や名声によって法律事務所を選任する傾向が強い。そうすることによって、社内の承認も得られやすく、後になって責任を追及されることもないからと想像される。しかしそれは大きな間違いである。特定の弁護士を特に指名しないで法律事務所を選んだ場合には、日本の企業がその法律事務所にとってよほど良いクライアントでない限りは、能力がやや劣り、時間に余裕がある弁護士にその件が回される場合が多い。

日本企業は、自分たちの会社は東証一部上場の大会社だからアメリカの一流法律事務所にとってもよいクライアントであると思っているかもしれないが、アメリカの一流法律事務所にとっては、いくつものアメリカの巨大な会社をクライアントとして持っており、そちらを優先する傾向があるので、日本企業がすでにその法律事務所と良好な関係を構築していない場合は注意を要する。

弁護士選任の基準は、その弁護士が所属する法律事務所の名声や実績よりは、むしろ実際に仕事をしてもらう弁護士の名声や実績の方がはるかに重要である。いくら一流の法律事務所であっても、弁護士の能力には差があり、能力の低い者に当たった場合には必ずしも最善の法務サービスが得られるわけではない。

弁護士を選任するにあたって次に非常に重要なことは、その弁護士のことをよく知っている強力な紹介者を通じて選任することである。そうすれば、推薦された弁護士は紹介者との関係もあり、最善を尽くすことになる。紹介者としては、しばしば弁護士が有効である。

たとえば私の場合は、アメリカの多くの法律事務所の弁護士を使って仕事をしているので、紹介された弁護士からすると、私はいろいろな案件を繰返し頼んでくれる非常に重要で有難い依頼者であると同時に、弁護士である私がすべてを監督して睨みを利かしているということも知っているため、最善の努力をしてくれる。しかし、紹介者がいなかったり、紹介者が弱いと、アメリカの弁護士は勝手に振る舞ったり、荒馬のように独走してしまうケースも多々ある。私は以前、日本企業を食い物にするアメリカの法律事務所の扱いについて相談を受けたこともある。

また、非常に実績を上げている有名な弁護士が最初の会議に出てきて、いかにも自分が案件を担当するかのようなふりをしているが、実際に案件が始まってみるとほとんど別の弁護士に任せてしまうケースも多い。それではその高名な弁護士に頼んだ意味はほとんどなくなってしまう。したがって、その案件を責任を持って最初から最後まですべてやってもらえる弁護士を指名して依頼することが大切である。

弁護士個人だけでなく法律事務所が意味を持つのは、もちろん法律事務所の名声を使うことができるほか、優秀なアソシエートを使うことができ、多くの作業を要する案件の場合には、組織力を使うことができることである。また、同じ案件で他の分野の専門弁護士を使う必要があるような場合には、一流の法律事務所には一流の専門家がいる可能性が高い。

弁護士を選任する場合には、その弁護士の専門分野を十分知った上で選任することが重要である。また、専門の弁護士であってもその能力には差があるので、その弁護士の能力を知っている弁護士に推薦してもらい、その上で選任することが望ましい。

私は、依頼者から案件を依頼される場合、ほとんどのケースで案件あるいは訴訟や仲裁のすべてを一任され、私の方でアメリカの弁護士を推薦し、依頼者の同意を得た上でその弁護士を指揮監督しながら事を進める。そのため、どのアメリカの弁護士を選任するかということは自分の責任にもなってくるので、極めて慎重に選ばざるを得ない。しかし、日本企業の人が、しかも日本にいながら、アメリカのどの弁護士がその案件に最適であるかを判断することは、ほとんど不可能に近いと思われる。

日本企業の場合、アメリカで訴訟等を提起されると、すぐにアメリカの弁護士を決めないと不安に思う人が多く、拙速にアメリカの弁護士を決めてしまったために後で後悔することがよくある。紛争案件であろうとビジネス案件であろうと、弁護士の選任は一番重要であるので、最初に十分に吟味をした上で慎重に選任することが必要である。たとえば、訴訟が提起された場合でも、答弁書提出期間は常識的にまず間違いなく延長してもらえるので、弁護士の選任を大慌てで拙速にやる必要はまったくないのである。

私が考える良い弁護士は、深い専門的知識を持っていて、経験豊富なだけでなく、依頼者の話をよく聞き、依頼者が本当に望むことを十分理解し、それを実行してくれる弁護士である。日本企業の人は、忙しい弁護士は時間が取れないと思って、あまり忙し過ぎない弁護士の方がよいと思う傾向がある。しかしこれは逆で、忙しくない弁護士は通常優秀でないから仕事が多くなくて忙しくなく、忙しい弁護士は優秀であるからいつも忙しいわけである。したがって、私の考えでは、むしろ忙しい弁護士を選任するべきである。

たとえばレストランでも、繁盛して行列をなすレストランの方がはるかに美味しく、ガラガラのレストランは美味しくない。しかしそれでは忙しい弁護士に時間を割いてもらえないのではないかと思うかもしれないが、忙しい弁護士は時間を実に上手に効率的に使っており、また有能な助手的な弁護士をうまく使うため、案件を引受けた以上は責任を持ってやってもらえる場合がほとんどである。

アメリカでは、ビジネス案件だけでなく、訴訟の場合でも弁護士報酬を時間ベースでチャージする場合が多い。日本企業の人は、一時間当たりのレートが高い人を嫌い、低い方がよいと考えるケースを見かける。しかしこれも逆で、一時間当たりのレートの低い人は能力が十分でないから低いのであって、一時間当たりのレートの高い人は能力があって引張り凧だから高いのである。したがって、むしろ一時間当たりのレートの高い弁護士を使う方がずっと良い結果を生む。

たとえばレートの低い人に相談して一〇〇時間調査・検討をしてもらっても、よいアドバイスは出てこない。しかしレートの高い人は、極めて優秀であるだけでなく豊富な経験を持っていてセンスも良いので、たった一時間の相談でも最高のアドバイスをしてくれることがある。報酬額合計だけを考えても、レートの高い人の方が結果としてはるかに安くついたことになる。

日本企業の中には、まだ青い目崇拝が残っていることがある。またアメリカの弁護士は交渉が上手だと思っている人も多いが、実態は必ずしもそうではない。アメリカの弁護士の交渉の上手下手もピンからキリまであり、アメリカの弁護士でも交渉が下手な人がかなり多い。一番多いタイプは、何でも主張をするだけで、いつまで経っても物事をまとめられないケースをよく見る。

交渉の席で大きな声を出したりテーブルを叩く弁護士が頼もしいと思う人がいるかもしれないが、そのような行為は、相手側から見ると、むしろその弁護士のサイドに弱みがあると受取られる。むしろ冷静沈着で、臨機応変に交渉する弁護士の方がはるかに交渉が上手である。また、物事を大所高所から見て、何が大切で何が大切でないかを正確に理解し、最も大切なものを交渉で勝ち取るのが良い弁護士である。

日本企業にとっては、一般に日本語のできるアメリカの弁護士が便利であるとされている。確かに日本語ができるのは一つの利点ではあるが、もっとずっと大切なことは弁護士としての能力である。それが両方備わっていれば理想的であるが、日本語だけで売っている弁護士も多いので、最終的には弁護士としての能力で選ぶべきである。また日本企業特有の問題を理解してくれる弁護士が、非常に役に立つ。すべてをアメリカ的に考えてアメリカ流に進めていく弁護士は、日本企業には決して相応しくない。

また、ビジネスマインドを持ち、総合力、判断力を持った弁護士を選ぶことが必要である。いずれにしてもその案件に最適な優秀な弁護士を選ぶということは極めて重要なことで、そのような弁護士を選任することができれば、事は半分くらい成ったと言ってもよい。たとえば交渉や訴訟においても、良い弁護士がやった場合とそうでない場合とでは結果が正反対になることもあり得る。

4　アメリカの弁護士の使い方

日本でもそうであるが、アメリカでは特に優秀な弁護士をうまく使いこなせる者がビジネスにおいても成功する。日本と違って、すべてにおいて弁護士と相談して法的なことを考えながら進めるのがアメリカのやり方である。そういう意味では、何かをやる場合には、事が進んでからではなく最初から良い弁護士と相談しながら進めるのが最善の策である。

アメリカの弁護士は、見かけも立派だし当然ながら英語も完全なので、すべて頼りになると誤解する傾向があるが、お任せスタイルは結果として最悪になる。よくアメリカの弁護士のフィーが高いと言ってぼやいているのを聞くが、お任せスタイルをすればアメリカの弁護士はいくらでも時間を使うし、不必要なこともしてしまい、使った時間をすべてチャージする。弁護士に何をしてもらうかを具体的に指示し、余計なことには時間を使わせないように管理することが必要である。そういう意味では、最初に依頼するときの依頼の仕方が極めて重要である。

日本では、とにかく弁護士に相談に行って相談しながらいろいろ考えるというやり方もあるが、アメリカでは事前に十分な準備をした上で具体的な相談をすることが、余計な時間を使わせないためにも大変重要である。

日本のビジネスマンでアメリカの弁護士を本当に使いこなせる人はまだ少数だと思う。したがって、アメリカの弁護士をうまく使いこなすためには、それらに長けた日本の弁護士を通してやるか、あるいは日本の弁護士と一緒にやることが有効である。アメリカの弁護士の言いなりにはならず、十分に議論を尽くして納得することが必要である。そういう意味では、分かったふりはせず、納得のいくまで説明してもらい、安易にイエスを言わないことも必要である。

5 リーガル・オーディット

ある日本企業の社長が私に、これまで原告として長い間アメリカでやってきた特許侵害訴訟で弁護士費用ばかりかかって、今後どうなるかまったく目処も立たないので困っている、とこぼしたことがある。その社長の話によると、その日本企業が外国の巨大企業を特許侵害訴訟で訴えているが、日本企業を担当しているアメリカの特許弁護士が次から次へといろいろなことを主張し、費用ばかりどんどんかさんでいくのに見通しがはっきりしないということであった。

またその社長は、自社の特許担当責任者が、特許訴訟を担当しているアメリカの弁護士と長年にわたって公私共に極めて親しくなってしまっているので、アメリカの弁護士の言いなりになってしまい、いかんともし難いという話もした。

私はその社長に対し、アメリカで特許侵害訴訟を行う場合は、特許出願を主として行っている出願系の特許法律事務所ではなく、特許侵害訴訟を専門とする弁護士を起用することが大切であることを説明した。また訴訟を担当している弁護士に満足できない場合は、弁護士を更迭することも可能であると説明した。しかしその社長によれば、日本的感覚もあるのか、そこまではできないということであった。

そこで私から、その日本企業のアメリカにおける特許侵害訴訟を担当しているアメリカの弁護士の訴訟の進め方について法務監査（リーガル・オーディット）を行うとよいとその社長へアドバイスしたところ、その後しばらくしてその社長から私に、リーガル・オーディットを依頼してきた。

そこで、私がリーガル・オーディットをする旨を伝えるレターをドラフトして日本企業へ送り、日本企業から特許侵害訴訟を担当しているアメリカの法律事務所の担当弁護士宛にそのレターを出してもらった。そして、私の方でも事前に関連書類を調べた上、そのとき私のニューヨークオフィスにいたシニア・アソシエートの松田暖弁護士を伴って、ワシントンＤＣのすぐそばのメリーランド州にある問題の特許法律事務所を何回か訪問して、リーガル・オーディットを行った。

問題の特許法律事務所の方でも恐らく緊張が走って、これはきちっとしなければいけないということで、私共が訪問した際には大変な準備をして訴訟の経緯や法律問題について分かりやすく説明し、私の質問にも積極的に答えてくれた。その効果があったのか、訴訟は間もなく和解で解決した。

日本企業がアメリカの弁護士を使う場合には、一度使い始めるとよほどのことがない限り使い続けることが多い。そして、本音は不満を抱きながらも、やむを得ないという感じで使い続ける。アメリカの弁護士からすると、日本企業と一度関係ができるといつまでも使ってくれ、文句も言わないので非常に有難いということをよく聞く。

私は、特にアメリカにおいては、訴訟を担当する弁護士は極めて重要であるので、その能力ややり方に納得できないものがある場合には、遠慮なく弁護士の更迭をすべきであると考える。私自身も日本企業のためにアメリカの訴訟弁護士の更迭をしたことが何回かある。

しかし、訴訟弁護士の更迭まで至らない場合でも、日本企業はアメリカの弁護士になかなか強いことが言えないため、アメリカの弁護士にいいようにやられている場合もよく見かける。そうされても、日本企業側はあまり強いことが言えない場合が多い。そして何か言えば辞任されてしまうと困るという気持ちもあるようである。

私はそのような場合は、私のような弁護士が日本企業のためにリーガル・オーディットを行うという方法を採ることが極めて効果があると考えている。そうすることによって、専門家である私が訴訟の状況を正確に理解することができるし、また訴訟を担当している法律事務所に緊張感が走って、その後は極めてきちっとした対応をしていくことが目に見えるからである。しかし、このような方法を採った日本企業は極めて少ないのではないかと思う。

リーガル・オーディットは訴訟に限らず、アメリカの弁護士や法律事務所の案件処理のすべてに効果がある。

第7章　取扱った案件と仕事のやり方

1　案件の種類

私が取扱う案件は、大きく分けると、米国企業の日本進出や日本でのM&A、ライセンス、合弁、知的財産権の紛争、雇用問題その他の相談の仕事と、日本企業のための主としてアメリカ、一部カナダやヨーロッパに関係する仕事があるが、後者の方が圧倒的に大きな比重を占めている。

日本企業のための主としてアメリカに関係する仕事としては、M&A、資本参加、合弁、ライセンス、研究開発委託、特許、著作権、商標、トレード・シークレット、雇用関係、訴訟、仲裁、紛争解決その他多岐にわたる。中でも多いのが、日本企業による米国企業の買収（M&A）及び日本企業が当事者となっているアメリカにおける訴訟及び仲裁である。その他、カナダの上場会社のTOBによる買収、ドイツの会社の買収、ロシアの会社の買収等にも関与した。

2　案件の元請

外国の弁護士とのやり方の現状

日本の弁護士が国際的な案件を取扱う場合は、関係する外国の法律を取扱う必要があり、その法律の専門家である外国の弁護士を使わざるを得ない。しかし、外国の弁護士に案件についてすべての指示を出すことは、よほどそのような案件の現場での経験が豊富でなければ非常に難しい。また、日本にいながら常時外国の弁護士と頻繁に協議しながら案件を進めることは、言葉の問題もさることながら、大きな時差があり、いつでも簡単に電話で議論をしたり、必要に応じていつでも会うことができる状況にはないため、極めて困難である。

そのため、私が日本で国際的な案件、特に日本企業のために海外の案件、たとえばM＆A及び外国における訴訟や仲裁を取扱っていたときは、日本企業の考えや状況を海外の弁護士へ伝え、海外の弁護士と時々協議して、日本の依頼会社に伝えるといった、コーディネーション的な役割にならざるを得ない場合が多かった。もちろん必要に応じて海外へ出張し、外国の弁護士と会って議論をしたり、相手方と交渉もしたが、おのずと限界があった。

アメリカの弁護士が日本企業のためにアメリカのM＆Aや訴訟を取扱う場合は、日本企業とは言葉の問題もあり、難しい法律問題を十分に話し合って完全に理解し合うことは極めて難しい。しかも、大きな時差がある上、遠くに離れていて、頻繁に会議をすることもできないため、なおさらである。私は、アメリカの弁護士が必ずしも日本の依頼者の考えを十分に理解していなかったり、案件に最適な対応をしているとは言えない場合を、何回も経験している。

もう一つ、アメリカの法律事務所を使う場合、どの分野の専門家も自己の法律事務所内の弁護士を使うことになり、必ずしも最適な専門家でない弁護士を使わざるを得ない。また、日本の会社は、アメリカのある法律事務所と関係があると、その法律事務所の専門性や問題の分野の実力によらず、何でもその法律事務所を使わざるを得ないように思い込んでいる場合が多い。そのため、必ずしも案件に最適なアドバイスを受けていない場合も多い。

日本にいながら、日本の企業や弁護士が、その案件に最適なアメリカの弁護士や法律事務所を選ぶのが非常に難しいことは、「第6章　間違いだらけのアメリカの弁護士の選び方・使い方」の「3　アメリカの弁護士の選び方」で述べた通りである。

私は、約二〇年間ニューヨークでアメリカの実務の最前線で先頭に立って案件を処理してきたため、アメリカのそれぞれの弁護士の実力や実態を間近に知ることができ、アメリカの弁護士の選任において大いに役立った。

法律業務の元請

私が案件を取扱う場合は、日本企業の本社から国際的案件の処理を全面的に依頼されることが多い。私は、自ら直接日本企業と日本語で徹底的に打合せをしながら案件を進めると共に、必要に応じて特定の分野を専門とするアメリカの弁護士（カナダやドイツなど、アメリカ以外の外国の弁護士を使うこともある。）を、言わば下請的に使うが、案件に対する全責任は自ら負い、日本企業も私と相談することによって、アメリカその他の国の専門弁護士の法律サービスを享受することができる。私は、このようなやり方を勝手に「法律業務の元請」と称している。日本企業が海外でＭ＆Ａをしたり訴訟をする場合は、この方式が非常に役に立つ。

また、私は、アメリカその他の外国の専門弁護士を使う場合も、特定の法律事務所の弁護士は使わず、これまで長年にわたって作り上げた非常に多くのいろいろな分野の専門弁護士との関係を最大限に生かして、それぞれの案件に最適な専門弁護士を起用する。そのため、どのような分野の案件であっても、必要に応じてその分野の専門弁護士を使うことによって、最高のリーガルサービスを提供することができる。

「元請」というのは、総合建設会社、すなわちいわゆるゼネコンの場合を考えると分かりやすい。たとえば、大きなビルディングを建設する場合を考えると、総合建設会社は発注者からビルディングの建設すべてを元請として請け負う。元請は、ビル建設の総合的な計画を作り、基本設計をする。しかし元請の総合建設会社がビル内のすべてのことを自らやることはなく、電気関係、照明関係、空調関係、パイプ関係その他多くの専門分野の下請業者を使ってまとめ上げる。

発注者に対しては元請が全責任を負うため、どの下請業者を使うかは元請にとっては極めて重要となる。そのため分野ごとに長年にわたってどの下請業者が最適であるかを見極めて選ぶことになる。非常に大きなビルの建設であれば大きな下請業者を使うが、コストをあまりかけられない場合にはあまり高くない下請業者を使ってやり繰りすることもある。そのため元請は日頃から多様な下請業者との関係を築き、プロジェクトごとに最適な下請業者を選ぶことになる。

このようなやり方は、私が長年行ってきた法律業務の元請と共通するところが多い。案件が非常に高度で専門性が要求されるような場合には、多少費用が高くてもその分野のトップクラスの専門弁護士を下請として使う。しかし時には費用をかけられない場合もあり、その場合には費用に見合った専門弁護士を使うことになる。

たとえばM&Aを行う場合には、大きい案件であれば対象企業が所在する州の一流法律事務所を選び、その法律事務所のM&A専門のパートナー弁護士に中心になってもらい、法的デュー・ディリジェンス（Due Diligence）についてはその事務所の若手弁護士のチームにやってもらい、買取契約書や合併契約書等のドラフトはM&A専門の弁護士に作ってもらう。通常は相手方との交渉は私が行うが、純法律的な事項に関しては、その法律事務所のM&A専門のパートナー弁護士に相手方の弁護士と交渉してもらうこともある。

多くの国にまたがるグローバルなM&Aにおいては、多くの国の弁護士を選ぶ必要があり、また独占禁止法上の合併事前届出書もそれぞれの国でタイムリーに出さなければならないので、弁護士を選任して指示を出す必要が出てくる。またそれぞれのM&Aには特有の問題があり、知的財産権や組合関係等の難しい問題を抱えているM&Aにおいては、通常のM&A専門の弁護士のほか、そういった分野の専門弁護士を関与させる必要がある。各分野の専門弁護士を指名してチームを作り、全体をまとめて指示を出すのも、元請である私の大きな役割である。

M&Aの場合には、私はトータル・アドバイザーとして、主任弁護士の役割だけでなく、案件全体を任される場合が多い。その場合は、買収対象企業の価値評価に関しては、私はこれまで手掛けた多くのM&

A案件を通していくつかの評価の専門家グループとの関係を築いている。非常に大きい案件であれば、たとえばアーンスト・アンド・ヤング（Ernst & Young）といった世界的で巨大な会計事務所の評価部門を評価のために使う。また、ダフ・アンド・フェルプス（Duff & Phelps）のようなかなり大規模な評価専門会社を使うこともある。

案件によっては、グラント・ソーントン（Grant Thornton LLP）といった準大手の会計事務所の評価部門を使ったり、シトリン・クーパーマン・アンド・カンパニー（Citrin Cooperman & Company, LLP）といった中堅会計事務所を使うこともある。税務及び会計に関しても、前記のような会計事務所を使う場合もあれば、評価専門会社の税務部門を使うこともある。

訴訟の場合も、ほとんどの場合私は日本企業から訴訟を全面的に引受ける。その場合、訴訟の内容に即して、最適なアメリカの訴訟弁護士を選ぶ。

たとえば、私が多く手掛けた特許侵害訴訟であれば、特許侵害訴訟専門の弁護士を選ぶ。そのために、何人かの弁護士と関係を構築している。そして、実際に訴訟を一緒にやった際に、その弁護士の評価をしている。また著作権侵害訴訟であれば、著作権専門の訴訟弁護士を使うことになる。私は雇用関係の訴訟も行うが、その場合には雇用関係専門の訴訟弁護士を使う。

私自身は元請として日本のクライアントと日本語で徹底的に相談した上、私の方で関係する分野のアメリカの専門弁護士と別途英語で徹底的に議論し、訴訟を進める。日本語で徹底的に話し合うため、クライアントの十分な理解が得られやすい。また節目節目で日本のクライアントとアメリカの専門弁護士も交えた全体会議を開き、私が主導して議論をし、全員共通の理解を深めてもらう。

訴訟の和解については、最初から私が和解を担当し、アメリカの訴訟弁護士にはファイターとして徹底的に闘ってもらうのと並行して、私が訴訟の相手方当事者の社内弁護士や訴訟弁護士と和解の話を進める。自分のチームのアメリカの訴訟弁護士には訴訟に専念してもらう。このようなやり方をすると、私は弁護士でありながら、相手方当事者は私をビジネス弁護士として見てくれるか、時には私のクライアントの役員とほぼ同視してくれることが多い。

アメリカの訴訟は日本の訴訟とは非常に違っているため、最初にクライアントである日本の会社に対し、アメリカの訴訟のやり方や、ディスカバリー及び弁護士依頼者特権等について徹底的に説明しておかないと、後で取り返しのつかないことになる。

アメリカの訴訟弁護士は、アメリカの訴訟制度が日本の訴訟制度とまったく違っていることを十分認識していないため、日本の会社に対して普通に説明するだけで終わってしまい、それを十分に理解できないまま日本の会社が大きな過ちを犯してしまうことがよくある。

たとえば弁護士依頼者特権（「第3章　アメリカの特異な制度と実態」「2　弁護士依頼者特権の大切さ」参照）は、日本のビジネスマンにはまったく馴染みがないので、アメリカの訴訟弁護士が一通りの説明をしても、訴訟において具体的にどういう意味を持つのか十分理解できず、私が実例を挙げながらかみくだいて何回も日本語で説明しないと、日本の企業には十分に理解されない場合が多い。

また小さい案件でも、雇用関係等は細心の注意を要する。たとえば、アメリカの年齢差別を禁止する法律の厳しさは、日本人には簡単には理解できない。たとえ日本企業のアメリカの現地法人のトップが日本人であっても、そろそろ定年だから辞めてほしいというようなことを言えば、たちまち年齢差別を理由として訴訟を提起され、巨額の損害賠償金を支払わせられる。アメリカにおいて日本的なやり方をすることは、厳に慎まなければならない。したがって、私は雇用法の専門弁護士とは、絶えず深い関係を築いている。

日本企業であるクライアントや日本の弁護士は、最初に選んだアメリカの弁護士の訴訟のやり方に不満を持っている場合もよくあるが、そのまま何もできず、ずるずる訴訟を進めている例もよく目にする。しかし、不満に思っている弁護士を使い続けることは最悪で、私はいやな仕事ではあるが、何回か担当しているアメリカの弁護士を解任し、私が信頼する訴訟弁護士に切り替えたこともあった。

最も大切なことはその案件に最も適したアメリカ人の専門弁護士を選ぶことと、その専門弁護士を上手に使いこなすことである。日本企業の担当者及び多くの日本の弁護士にとっては、ごく一部の例外を除いては、特に日本にいたままでは、そのようなことをすることは極めて難しい。結局その案件に不適当なアメリカの弁護士を選んだり、あるいは担当するアメリカの弁護士にすべてを任せてしまい、失敗することが多いのが実情である。

アメリカの弁護士の仕事のやり方

日本とアメリカで弁護士の仕事のやり方が大きく違っている点の一つは、アメリカにおいては電話会議が多用されていることである。日本ではクライアントは弁護士に直接会って話をする傾向が非常に強く、電話で済む場合でも会うことを望む場合が多い。アメリカは、国が広くてなかなか会えないということもさることながら、効率を非常に重んじ、電話で済むことは電話で済ますという合理主義が徹底している。

そのため、私がニューヨークにいて、頻繁に行われる弁護士との電話会議に参加してクライアントの意向を伝えたり、アメリカの弁護士との議論に参加できるということは、時差の関係もあり、ニューヨークにいるからこそできることである。

またアメリカでは、大勢の弁護士が電話会議で議論するということも、広く行われている。特に類似訴訟が数多くある場合は、類似訴訟を担当する多くの弁護士（実際にはその弁護士が所属する法律事務所）の間で共同防御協定（Joint Defense Agreement）が結ばれ、大勢の弁護士（時には五〇名以上）の間で電話会議が設定され、いろいろな議論が頻繁に行われている。

3　一般の案件

合弁事業

日本で仕事をしているときから、合弁事業の案件は非常に多く扱っていたが、ニューヨークオフィス開設後も、特に日米間の合弁の案件を多く取扱った。

ニューヨークオフィスを開設した一九九二年には、日本にいるときから継続していた日本のクライアントT社とアメリカのR社との間の合弁の件を交渉し、契約を締結するに至った。この件では、クライアントからすべてを任された私が一人で、相手の会社の社長及び弁護士と交渉した。

また、同年六月には、日本のクライアントF社とAT&Tとの間の合弁の件をロージャーズ・アンド・ウェルズ法律事務所（Rogers & Wells）のクランチ弁護士（Laurence E. Cranch）等と一緒に交渉し、合弁契約及びその関連契約の締結に導いた。この合弁契約はAT&Tからスピンオフしたルーセント・テクノロジーズの光ファイバー部門に移され、約一〇年後にF社がルーセントから光ファイバー部門を買収する際、その合弁会社ごと合弁契約を買取ることになるとは、そのときは誰一人予想しなかった。

大きい案件としては、コンピュータによる国際的旅行予約システムを運営する日本の大手航空会社の日本の子会社にアメリカの大手航空会社が二五％出資して合弁会社とし、合弁会社とアメリカの大手航空会社との間及び合弁会社と日本の大手航空会社との間で重要なライセンス契約を締結した件で、一九九五年八月三日の日本経済新聞でも報じられた。この件では、アメリカの大手航空会社の本社をクライアントの担当者と共に何回か訪ねて交渉した。

当時日本の航空会社は自社内で国際的旅行予約システムを使ってビジネスを行っていた。そのビジネスを子会社に現物出資して分離するにあたって、当時は圧縮記帳という方法で非課税で現物出資を行うことができた。その場合、子会社の帳簿には親会社の簿価と同じ簿価で記帳された。その子会社にアメリカの大手航空会社が資本参加するにあたって、日本の航空会社は当初、子会社の価値を簿価で算出しようとしていた。サービス業は固定資産があまりないため、簿価は極めて低かった。

私はそれを知って驚き、アメリカで企業価値評価のために通常使われる収益還元法（Discounted Cash Flow Method）によって企業価値評価をするべきであるとアドバイスし、その方法で評価してもらった。収益還元法は、将来生み出すキャッシュ・フローの現在価値を企業の価値とするもので、通常かなり大きな価値となる。そのため、日本の航空会社はアメリカの航空会社からかなりの資金を取得することができた。収益還元法は、今でこそ日本でもM&Aにおける評価の方法として常識化しているが、当時は日本では必ずしも一般的には知れわたっていなかった。

合弁会社となった会社は、日本の親会社である航空会社とアメリカの航空会社との間でそれぞれコンピユータによる予約システムの使用に関する非常に複雑なライセンス契約を締結した。本件を担当した日本の航空会社のS部長は非常にコンピュータに詳しく、当時は今のようなインターネットの発展は予測されていなかったが、S部長のお陰で、将来をある程度予測するような条項を入れることができた。日進月歩の技術のライセンス契約は、将来状況が技術によりがらりと変わる可能性があるので、非常に難しいところがある。

一九九六年には、私が昔から親しくしていたポール・ワイス法律事務所（Paul, Weiss, Rifkind, Wharton & Garrison LLP）のマイヤソン弁護士（Toby S. Myerson）のお声がかりで、日本で行われるニューズ社とソフトバンクの間の通信衛星（CS）を使った衛星放送を行うためのJスカイBの合弁契約の仕事に携わった。一九九七年にはこの合弁にソニーとフジテレビジョンを新株主として迎え、それによる合弁契約の改訂にも関与した。

一九九七年五月一五日の日本経済新聞には、「ソフト結集　船出は順調」「JスカイB」「ソニー・フジ出資を発表」とのタイトルで、ソニー及びフジテレビジョンの出資を報じている。

二〇〇〇年五月には、私は日本の大手航空会社二社からの共同依頼で、世界最大のインターネット旅行会社であるアメリカのトラベロシティ・ドット・コム（Travelocity.com LP）と提携して、インターネットによる日本発着の国際線航空券の販売や、海外のホテルやレンタカーなども取扱う、日本における合弁事業の案件を取扱った。この合弁は、日本の大手航空会社二社が中心となって行い、アメリカやアジアその他の航空会社一四社も加わり、しかも航空会社連合だけの持株会社とトラベロシティ・ドット・コムが合弁会社を共同保有して運営するという二重構造で、極めて複雑であった。

二〇〇〇年八月一五日には、日本の大手航空会社二社がこのプロジェクトを新聞発表したため、翌一六日の日本経済新聞の朝刊をはじめ、多くの日刊紙にこのプロジェクトの記事が踊った。その時点では二〇〇〇年中に立ち上げるように報道されたが、非常に多くの大手企業が関係するため事は簡単には進まず、最終的に合弁契約書その他の関連契約書にサインしたのは、二〇〇二年三月になってからであった。それまでの間、私共のニューヨーク及び東京のオフィスにおいて、何回か交渉が持たれた。

この合弁事業については、二〇〇二年三月二一日の日経流通新聞に、「国際航空券のネット販売」「二六日に本格始動」とのタイトルの記事が出た。その後、二〇〇三年二月八日の日本経済新聞に、「格安航空券をネット販売」とのタイトルで、格安航空券もネット販売するという記事が掲載された。

この合弁事業は、設立当初は日本最大の航空券の予約サイトとして注目を集めたが、主力の海外航空券事業が当初見込みより伸びず、とうとう二〇〇五年八月三一日付で合弁会社を解散することになってしまい、その旨の記事が同日の日経流通新聞に掲載された。そのため、私は結局この合弁事業を揺りかごから墓場まで見届けることになった。合弁契約書に合弁解消の場合についても詳細に規定していたため、合弁会社の解散もスムーズに行われた。

クライアントである日本の会社とアメリカの会社の間でアメリカで合弁会社を作る仕事をやり、何回も交渉して合弁契約書も合意されながら、最後のところで破談になったケースもあった。また、日本企業とアメリカ企業のアメリカにおける合弁の再編の仕事をしたほか、やはり日本企業とアメリカ企業の既存の全世界合弁の再編にかかわる仕事にも携わった。全世界合弁は、世界中の合弁会社のストラクチャーを変更しようとするもので、アメリカの税務専門家も加えて大議論をしながら進めた。

合弁解消

一九九六年には、日本のクライアントF社がルクセンブルクの大手鉄鋼メーカー、アルベド社（ARBED）と折半出資しているアメリカの銅箔メーカーをアメリカの事業家の兄弟へ売却する仕事を手掛けた。合弁の相手であった巨大製鉄会社であったアルベド社のルクセンブルクにある、お城のように立派な本社を訪ねて交渉したこともあった。この件に関し、一九九六年一〇月一五日の日本経済新聞に、「F社米銅箔事業から撤退」「関連会社売却へ」「東南アに重点」とのタイトルの記事が出た。

余談だが、アルベド社は後に他のヨーロッパの鉄鋼会社と合併してアルセロール社（Arcelor）となり、二〇〇六年にはインドの世界最大の製鉄会社ミタル社（Mittal）に買収され、アルセロール・ミタル社（ArcelorMittal）となった。

ライセンス契約

前述の合弁事業で述べた案件では、いずれも合弁会社と合弁の一方または双方のパートナーとの間には、極めて詳細かつ複雑なライセンス契約が締結された。それ以外にも、日米の会社間のライセンス契約の交渉を、いくつも行った。中には、日本の設立後間もないベンチャー企業BO社が、アメリカの大手製薬会社B社から日本を含むアジアにおけるライセンスを受け、ベンチャー企業がライセンサーであるアメリカの製薬会社に生産を委託する案件もあり、何回かアメリカの会社で交渉をした。

日本企業F社がアメリカのW大学から特許侵害のクレームを受けた案件は、日本企業がその大学の研究プロジェクトに参加したため疑われたものだった。これについては日本企業がまったく独自に発明したことを、発明の過程の過去の資料を精査した上証明し、アメリカのW大学を納得させたこともあった。しかし、アメリカのW大学も同じような技術について特許を取得していたため、アメリカのW大学から特許のライセンスを受けたアメリカのベンチャー企業M社と交渉して、日本企業F社がM社とライセンス契約を締結するという案件も取扱った。

それ以外にも、アメリカの大学あるいはその付属機関とライセンス契約を締結する仕事も、いくつか取扱った。

その他の案件

契約関係では、米国企業から日本企業と締結するコンピュータ関係の契約書のレビューを頼まれることが多かった。米国企業の日本進出を手助けすることもあった。また、アメリカ及びカナダに非常に多くの金融関係の会社や保険会社を有する大変複雑で巨大な金融グループに関連して、日本の当時の証券取引法の下での大量保有報告書の相談を受けたり、あるいは別の件では金融商品取引法の相談を受けることもあった。

一九九八年一二月には、アメリカの化学会社G社がアメリカの独禁法上のリーニエンシー制度(Corporate Leniency Policy、アムネスティーの制度〈Amnesty Program〉とも言う。)を利用して、アメリカの独禁当局に自発的に独禁法違反を届け出た案件で、私はG社の日本の子会社の独禁法の問題の調査を依頼され、日本の子会社の調査を行った。

また日本企業の米国子会社がアメリカに大規模ターミナル（サイロ）を建設する案件は、二〇〇〇年七月五日の日本経済新聞でも報道されたが、アメリカの大学の教授でもあるコンサルタントを交えてアメリカの独禁法の検討を徹底的にやったこともあった。

日本の上場会社の会社分割等に伴い、アメリカにいる株主との関係で、アメリカの連邦の証券関連法ではなく、アメリカの各州の証券関連法（いわゆるブルー・スカイ〈Blue Sky〉法）の下での必要な手続を調査し、必要な届出をする案件もいくつか手掛けた。

さらに、日本の会社のアメリカの子会社の解散の件も、いくつか扱った。また、日本の会社からアメリカの独禁法の実務の調査依頼や、アメリカのその他の法律の調査、アメリカ企業の企業再生（いわゆるチャプター・イレブンの倒産〈Chapter 11 Bankruptcy〉）に関する相談もよく受けた。

二〇〇七年には、日本のプロ野球のH監督が中心となって日本の投資家から出資を募ってアメリカに会社を設立し、そのアメリカの会社がアメリカの大リーグ、コロラド・ロッキーズ傘下のマイナーリーグであるトライシティ・ダストデビルズに三三％資本参加する案件も一手に手掛けた。この案件はスポーツビジネスの人材育成を目的としており、二〇〇七年一〇月四日の日本経済新聞で、「米マイナー球団で実務体験」「スポーツビジネスの人材育成」「日本・アジアの若者募る」といったタイトルで紹介されたが、すべてが手作りで大変な作業であった。

雇用関係の案件

雇用はアメリカにおいては大変専門的な分野で、絶えずアメリカの雇用法専門の弁護士の意見を徴しながら、細心の注意を払って取扱うことが必要である。たとえば、雇用契約（Employment Agreement）一つをとっても、判例は変化していくし、雇用関連法も時々改正されているので、生兵法は大怪我のもとである。M＆Aに関連して、買収前のオーナーや経営者との間の買収後の雇用契約も多かった。

解雇案件

雇用関係で案外多かったのは、日本企業の米国子会社のトップを解雇するという案件であった。雇用法の専門弁護士と事前に綿密に打合せながら、いずれも何の問題も起こさずに解雇に成功した。

日本のN社の相談を受けた米国子会社の日本人社長の解雇の件は、アメリカの雇用法専門弁護士と綿密に打合わせた上、特にアメリカで非常に厳しい年齢差別の主張をされないように、事前に本人にどのように話すかについてリハーサルまでして注意深く実行したため、円満に解雇することができた。

それとは別に、日本のP社の米国子会社のある部門の社長を解雇する案件も依頼された。解雇される社長は非常に長い間米国子会社のために働いてきており、貢献もしてきたということであった。この場合は、今後の米国子会社の事業計画ではその社長のポジションは必要でなくなったということで解雇することにしたが、やはり事前にアメリカの雇用法専門弁護士と綿密に打合せ、その社長をどのように呼び出して、誰がどのように解雇を言い渡すかについても、極めて具体的なシナリオを作って、会社の人に実行してもらった。この解雇は場合によってはかなりもめるかもしれないと覚悟はしていたが、事前準備が万全であったためか、大過なく実行できたとのことであった。

逆に、日本のF社のケースでは、日本の親会社の社長が、事前に弁護士に相談することなく米国子会社の日本人の社長に解雇を言い渡したため、解雇された子会社元社長にアメリカで訴訟を起こされ、私は訴訟になってから依頼された。この件では、大変な訴訟費用がかかっただけでなく、高額の和解金を支払わざるを得なかった。アメリカで何かをする場合は、必ず事前に弁護士に相談することがいかに大切であるかは、解雇の案件の明暗を見ても明らかである。

労働組合員の解雇にあたって、最後の書面はアメリカの専門弁護士に頼まず、米国子会社でもできると考えて専門弁護士の関与なく作成したため、後に莫大な損害賠償を請求されたケースもあった。

4　訴訟案件

特許侵害訴訟

訴訟案件で非常に多く取扱ったのが、日本企業がアメリカで特許侵害訴訟で訴えられるケースであった。

日本ではいちいち報道されないが、非常に多くの日本企業が次から次へとアメリカで特許侵害訴訟を提起されている。アメリカにおける訴訟は日本の訴訟とはまったく違っているにもかかわらず、日本企業はそれをよく理解しておらず、またアメリカの訴訟弁護士の選任においても不適切な場合が多く、私が受任した後、それまで担当していたアメリカの訴訟弁護士を交代させたこともあった。

私のクライアントである日本企業T社及びT社へ技術を提供した日本企業N社が、他の日本企業P社にニュージャージー州連邦地方裁判所で特許侵害訴訟で訴えられた後、今度はイギリスでも訴えられ、最終的には日本でも訴えられるという、三カ国に及ぶ特許侵害訴訟も取扱った。

この件では、原告側は仮差止命令を求めていたため、ニュージャージー州の連邦地方裁判所で証人尋問がなされ、口頭弁論も行われたが、その後一年以上も仮差止請求に対する裁判所の判断が出されなかった。アメリカの裁判官は通常民事事件だけでなく刑事事件も同時に取扱っているため、どうしても身柄拘束を伴う刑事事件が優先され、複雑な技術が伴う特許侵害訴訟は後へ後へと回されるのではないかと想像された。しかし、あまりに時間がかかったため、結局、仮差止請求に対する裁判所の判断が出る前に、当事者間で和解で解決してしまった。

一九九五年六月には、以前から日本でクライアントであったS社及び以前S社が買収した米国子会社J社が、アメリカのG社に特許侵害訴訟で訴えられた訴訟を全面的に引受けた。この訴訟は、私が関与する前に、S社はよく理解できないまま特許出願等に強い法律事務所の特許弁護士に訴訟を依頼していたが、まだ訴訟は進行していなかったので、私は思い切って訴訟弁護士を変更し、ロジャーズ・アンド・ウェルズ法律事務所の大物特許訴訟弁護士であるキッド弁護士（John Kidd）を起用した。

私は訴訟の最初から原告G社の社内弁護士に申入れて、訴訟と並行して和解の交渉を始めた。一般的には和解の話合いを申入れると自分たちの立場が弱いと相手方に思われるので、なかなか和解の話合いの申入れができずに訴訟がかなり進行してしまう場合が多い。しかし、キッド弁護士とも相談したが、アメリカでは必ずしもそのようには思われないようで、むしろ最初から和解の話をして訴訟費用がかさまないうちに和解をした方がよい場合も多いようである。この案件も私が最初から和解の話合いを開始したことが功を奏し、かなり早い段階で和解することができた。

この訴訟に関連して、ニューヨークの私のオフィスで、日本から出張してきたクライアントの関係者数名とキッド弁護士等と一堂に会して打合せを行った。その際、私がキッド弁護士に、クライアント側の弁論を実演してもらうよう頼んだ。キッド弁護士は、非常に迫力のある太い声で、とうとうと当方側の主張を述べ、終わると同席した日本のクライアントの関係者から自然に大きな拍手がなされた。そして、当方側の主張は説得的であるので安心したとの声も漏れた。

そこで私はキッド弁護士に、今度は相手方の立場で弁論してもらうよう頼んだ。すると、キッド弁護士は、今度は相手方の立場に立って、やはり非常に迫力のある太い声でとうとうと相手方の主張を述べると、やはり説得的に聞こえ、日本のクライアントは黙ってしまった。

私の経験からすると、アメリカの訴訟弁護士は（日本でも同じであるが）強気な人が多く、自分の論法に酔ってしまう傾向がある。しかし、ファイターである訴訟弁護士は強気でなければ迫力がなくなるので、私はそれは良いことだと思っている。日本のクライアントは、アメリカの訴訟弁護士の強気の考えを額面通りに受取ってミスリードされていることが非常に多い。しかし、他に判断材料がなければ、そうなるのが自然の成行きである。

私はそのようにして、日本の企業がアメリカの訴訟弁護士の言うままに訴訟を進め、後で取返しのつかないことになってしまった例をいくつも見ている。「第3章　アメリカの特異な制度と実態」の「3　特許侵害訴訟で日本企業が陥る落し穴」で述べた第一審はまさにその典型的な例で、日本企業のために訴訟を担当したアメリカの特許弁護士は、技術的な論点を過信して強気の意見を出していたため、それを信じた日本企業は第一審でとんでもない損害賠償額の判決を受けることになった。

私はアメリカの特許訴訟弁護士を使って訴訟をする場合、その弁護士の性格ややり方を冷静に見据え、その弁護士の意見を割引いて、なるべく客観的な評価を日本企業に説明するようにしている。そして、絶えず相手方当事者の立場に立った見方も考慮に入れている。そのため、本当に重要な訴訟案件では、私はクライアント側で訴訟を担当する弁護士とは別の法律事務所の訴訟弁護士に、相手方当事者を代理した場合の分析をしてもらうことを勧めることもある。

この訴訟のもう一つの特徴は、S社が以前買収した(J社とは別の)アメリカのビジネスの製品が、アメリカのG社から特許侵害を主張された点にある。M&Aの際は法的デュー・ディリジェンスにより特許権等の知的財産権を調査する。しかし、その際第三者の特許権を侵害する可能性があるかどうかについては、時間の制限もあり、必ずしも十分に調査検討されない場合が多い。

しかし、ビジネスを買収した後に第三者から特許侵害訴訟を提起され、最悪の場合買収したビジネスを継続できなくなったり、莫大な損害賠償を支払わなければならなくなったのでは、買収の意味がないだけでなく、むしろ負の遺産を買収したことになってしまう。M&Aにおける法的デュー・ディリジェンスの際、少しでも疑いがあれば、第三者の特許を侵害するかどうかについて、少なくとも特許専門弁護士に一応の検討をしてもらう必要がある。

一九九五年八月、私は日本のF社から依頼を受け、アメリカのN社から日本のF社及びその米国子会社C社がコネティカットの連邦地方裁判所に特許侵害で訴えられた訴訟で防御することになった。私の方では早速ロジャーズ・アンド・ウェルズ法律事務所のキッド弁護士に相談したところ、この訴訟は同法律事務所のパートナーで特許侵害訴訟専門のダニエル弁護士（John E. Daniel）が担当することになった。

ダニエル弁護士と一緒に最初から最後までこの訴訟を進めることで、彼は優秀であるだけでなく、実務的で、しかもすべての局面で自分自身が責任を持ってやってくれ、私が望む大変信頼できる訴訟弁護士であると実感した。そのため、それ以降はいろいろな訴訟や仲裁でダニエル弁護士を起用し、彼とは公私共に大変親しくなった。

本件訴訟も、以前F社が買収したアメリカのC社の製品がN社の特許を侵害すると主張された。F社がC社を買収した頃は日本はバブル景気の真っ最中で、日本の銀行や証券会社が行け行けどんどんで日本企業に米国企業を買わせていたので、特許の調査などには目が向かなかった可能性がある。

また、この訴訟は、アメリカにおいて日本企業に対して訴訟が起こされる場合の典型的なやり方が行われており、日本企業一般に対して教訓を残すものである。アメリカで日本企業を被告として訴訟を起こす場合、日本に所在する日本企業に対するアメリカの裁判所の管轄権があることを主張、立証することが難しい場合が多い。このような場合、アメリカの原告側は、日本企業の米国子会社を被告に加え、米国子会社の法人格を否認することによって、日本の親会社が米国子会社を通してアメリカに所在するように構成して、日本の親会社に対する管轄権を確立する。管轄の根拠としての米国子会社の法人格否認は、比較的緩やかに認められる。

この場合の米国子会社の法人格否認の根拠は、一言で言えば、親会社が米国子会社のことをすべて決め、米国子会社は親会社の一部門のように運営されているというもので、さまざまな要素が総合的に考慮される。親会社と米国子会社で社名の重要部分が共通で、親会社の取締役や役員も兼ねている人がかなり多く、子会社では取締役会を開いておらず、重要なことはすべて親会社の指示を仰いでいるといったような点が考慮され、多くの日本企業の米国子会社はこれに該当する可能性がある。

特許侵害訴訟においては、被告は先行技術を提示して特許の無効を主張するのが通常である。裁判所で特許が無効と判示されると、その特許は無効になってしまう。裁判所での特許の有効性の審理とは別に、先行技術が明らかになった場合に、特許の有効性につき、特許商標庁(Patent and Trademark Office)による再度の審査を求める再審査(Reexamination)という手続がある。

再審査の請求は誰でもでき、通常は問題の特許を無効にしようとする者が請求する。しかし、通常の再審査は査定系手続(Ex Parte)で、特許権者と特許商標庁との間だけで行われ、特許権者以外の第三者は、再審査の請求は許されるが、実質的手続には参加できない。このため、再審査は特許権者に有利と言われる。なお、一九九九年に当事者系(Inter Partes)の再審査手続が導入され、それ以降に出願した特許については、第三者も再審査手続に参加することができるようになった。

本件の原告であるN社は、自らの特許の範囲を若干減縮することによって特許の有効性を強化することを狙って、訴訟中に特許権者自ら再審査請求をし、特許の有効性を強化した。裁判所は特許商標庁の判断には縛られないが、再審査の結果は事実上尊重するため、本件では原告である特許権者は、自己に有利になるような再審査手続の使い方をした。この訴訟でも、私は訴訟とは別にN社のビジネスの担当者と和解交渉をし、一九九八年九月和解で解決した。

二〇〇一年には、クライアントである別の日本企業F社が同じく日本企業であるS社に、デラウェア州の連邦地方裁判所で特許侵害訴訟を提起された。私は早速クレーマー・レビン法律事務所へ移籍していたダニエル弁護士を起用し、若手のデバリ弁護士と共に対応した。

この件では、ディスカバリーもかなり行われたが、裁判官が主導した和解の話合いも行われた。ある時点では、裁判官から両当事者にも電話による和解の話合いに参加してほしいと要請があったので、ニューヨークにいる私はF社の東京の本社とも電話でつないで、電話会議で裁判官が関与する和解交渉をした。

このように、日本企業同士が日本ではなくアメリカで特許侵害訴訟を起こすのは、アメリカの方が特許侵害訴訟を速く進めることができるほか、原告の権利をはるかに実現しやすいと考えているからである（この点については、「第4章　アメリカの制度や実務の日本への紹介」の「4　アメリカにおける日本企業同士の訴訟」参照）。

あるかもしれない特許侵害訴訟に対する事前の備え

私は、あるかもしれない特許侵害訴訟に対して、クライアントのために事前の備えをすることも多い。具体的には、クライアントから、米国特許の侵害の有無や特許が無効であるかどうかの判断について相談を受けた場合、先行技術等の関連書類をあらかじめ送ってもらい、技術のバックグラウンドがある特許訴訟専門弁護士であるデバリ弁護士に英語による説明書と関連書類を提供して、必要な分析をしてもらう。その後、クライアントにもニューヨークへ来てもらい、私のオフィスで、私共、クライアント及びデバリ弁護士でいろいろな議論をする。

デバリ弁護士には、その後分析の結果をメモランダムとして書いてもらい、クライアントへ送って正確に理解してもらう、その結果、たとえば特許が無効であるとの特許専門家の意見書が取れそうであれば、次の段階として別の中立的な特許専門弁護士に意見書の作成を依頼することになる。ここまでの相談は、クライアントと弁護士との間の法的助言に関するコミュニケーションであるので弁護士依頼者特権で十分守られ、訴訟になったときも相手方の手に渡ることはない。

しかし、中立的な第三者の特許専門弁護士に意見書作成を依頼する時点からは、将来訴訟でその意見書を防御に使う場合は、その弁護士との間の弁護士依頼者特権は放棄したと見なされるため、細心の注意を払って進めることになる。

特許侵害訴訟等についてよく相談する専門の弁護士とは別に、私は意見書を作成してもらうための複数の中立的な特許専門弁護士を確保してある。中立的な特許専門弁護士に対しては、クライアントと一緒か、私がクライアントのメッセンジャーとして直接訪問し、事前に準備したクライアントの考えを口頭で説明して、意見書作成の依頼を行う。中立的特許専門弁護士が作成した意見書は、直接クライアントへ送ってもらう。

中立的な特許専門弁護士から特許無効の意見書を入手することができれば、三倍賠償を請求される恐れのある故意侵害の故意がないことの立証に使える。

米国特許法特有の間接侵害の一つである誘引（Inducement）による特許侵害は、本来なら米国特許侵害となる製品をアメリカ国外で製造したため侵害とならない場合でも、たとえばその製品をアメリカ国外（たとえば日本）の他の完成品メーカーに供給し、完成品メーカーが完成品をアメリカへ輸出した場合に米国特許の侵害になる場合、その製品を完成品メーカーに売る際、完成品をアメリカへ持ち込めば米国特許の侵害になることを知っていたこと、すなわち故意であることが間接侵害の要件となる。しかし、特許が無効であるとの特許専門家の意見書があれば、故意がなかったことを立証することができ、間接侵害が成立しないようにできる。

このような特許専門家による意見書は、通常特許が無効であるとの意見書が多く、時々特許を侵害していないという意見書もある。しかし、私は、極めて例外的であるが、ある特許が不公正行為（Inequitable Conduct）のため、不公正な行為と関係ないクレームを含め、その特許の全クレームが強制力を失うという趣旨の意見書を勝ち取ったこともある。

不公正行為とは、特許出願に関連して出願者は知っている重要な先行技術等の情報を特許商標庁へ開示する義務を負うが、開示すべき重要な情報を意図的に開示しなかった場合は、不公正行為と見なされ、開示しなかった重要な先行技術が関連するクレームだけでなく、その特許の全クレームが強制力を失うという法理論である。

不公正行為は、開示義務を負う者の特許商標庁を欺く意図（Intent）を立証しなければならないため、裁判所においてはなかなか認められない。しかし、ある特許の出願の過程で、出願者が重要な先行技術を別の出願では開示しながら、こちらの出願では開示しなかったことが書類上明らかであったので、中立的な特許専門弁護士に不公正行為であるとの意見を出してもらうことができた。

著作権侵害訴訟の和解

私は、日本企業K社が、契約をしていたアメリカ人から著作権侵害訴訟をニューヨーク南部地区連邦地方裁判所で提起された件を取扱ったが、いつものように著作権侵害訴訟を専門とするアメリカの弁護士を起用して防御にあたった。アメリカでの訴訟の場合、訴訟活動はアメリカの訴訟弁護士を前面に出してやるが、和解は私が担当するようにしている。

訴訟がある程度進行した後、通常は補助裁判官（Magistrate Judge）が和解を担当することが多いが、この件では担当裁判官自らが入って和解の話をすることになった。裁判所の法廷で私から裁判官に対して、当事者間でそれまで行われた和解交渉の経緯を説明した後、裁判官は裁判官室にそれぞれの当事者を別々に招き入れ、交互に話を聞いた。

裁判官は予定した時間を超えて、昼食時間も犠牲にして真剣に和解の実現に努めてくれたが、原告側が突っ張っていたためか、昼食時間が終了しそうになっていた。最後に被告側日本企業の決定権者、被告側のアメリカの訴訟弁護士及び私が裁判官室に呼ばれた。その際裁判官から原告側訴訟弁護士の主張が説明されると、当方側のアメリカの訴訟弁護士は和解のために裁判官に残された時間がほとんどないことも考えずに、反射的にすぐ自分たちの法律上の立場をとうとうと主張し始めた。

当方側の訴訟弁護士の発言を許していたのではクライアントのためのせっかくの和解のチャンスがなくなり、訴訟を継続しなければならない状況であったので、私はあえて当方のアメリカの訴訟弁護士の発言を厳しく制止し、私と裁判官との間で和解の条件についてだけ話し合って、ぎりぎり時間内に和解の決着を図ることができた。クライアントは私の脇でそれらをすべて見ていたが、和解が無意味に決裂して非常に費用のかかる訴訟を続けなくて済んだことを大変評価していた。

このように、和解の話をする場合も、タイミングはいつでも大変重要である。ついでながら、その後当方側のアメリカの訴訟弁護士から私に電話があり、私が同弁護士の発言を制止して和解を成立させたことに対し、感謝すると伝えてきた。

大手法律事務所の訴訟担当不適格の命令

ユニークな訴訟であったのは、日本のある機関がアメリカのロサンジェルスにおいてA社などから名誉毀損で訴えられ、大変な訴訟になり、私が日本の機関のため訴訟を引受けた件がある。名誉毀損ということで、私はコロンビア・ロースクール時代に指導を受けたカーノカン教授（John Kernochan）に、ロサンジェルスにおけるその道の専門家であるH弁護士を推薦してもらい、訴訟に起用した。

私が当初起用したH弁護士は、ロサンジェルスの大手法律事務所ギブソン・ダン・アンド・クラッチャー（Gibson, Dunn & Crutcher）に属していた。訴訟がしばらく進行すると、原告側弁護士から、A社と共に原告になっていたアメリカ人の個人の相続に関し、ギブソン・ダン法律事務所の相続等を取扱う弁護士が数カ月以上前にちょっと相談に乗ったということを理由に利害抵触（Conflict of Interest）を主張して、本件訴訟の被告を代理することはできないと裁判所へ申立てた。紆余曲折があった後、裁判所は最終的に利害抵触を理由としてギブソン・ダン法律事務所は被告を代理する資格はないと判示し、訴訟から排除した。

原告から、被告のH弁護士は本件訴訟を担当する資格がないという主張と申立てが出た段階で、私はH弁護士と相談した上、もし彼が訴訟から排除される最悪の場合に備えてローブ・アンド・ローブ法律事務所（Loeb & Loeb）のマレル弁護士（Douglas E. Mirell）を起用する準備をし、マレル弁護士にもあらかじめ話をつけておいた。実際にH弁護士が利害抵触で本件訴訟を担当できないという裁判所の命令が出た際に、私は直ちにマレル弁護士へ被告の弁護士をスイッチした。

私が鮮やかに被告の訴訟弁護士を変更したので、被告であった日本の機関からは、私が最初からそうなることを知っていたのではないかと言われたが、そうではなく、何事も実際に問題が発生してから準備するのでは間に合わないので、あらかじめその可能性がある場合に備えて準備をしておいただけであった。しかしアメリカの裁判所における利害抵触の判断の厳しさを、身をもって体験した。

国際法上、国及びそれに準じる国家機関は主権があり、他国の裁判に服さないという主権免除が認められている。アメリカには、その原則を非常に具体的かつ詳細に規定した外国主権免除法（Foreign Sovereign Immunities Act）があり、判例も多数あった。一見クライアントが国家機関に該当すると考えるのはとても無理のようであったが、私とマレル弁護士が協力して多数の判例や日本の機関に関連する法律を徹底的に分析検討し、外国主権免除法による却下の申立てを出し、成功を収めた。日本的常識からすると、そのような日本の機関が外国の国家と同視されるというのは意外な感があるが、アメリカの外国主権免除法は非常に広く外国主権が及ぶ政府関連機関を認めている。このようにして、最終的にこの訴訟は手続的な理由で当方が全面的に勝訴した。

その他の訴訟

日本人O氏及び同氏が所有する米国会社U社が、M金融グループのせいで倒産したと主張し、倒産の原因は以前アメリカでの不動産投資案件でM金融グループの前身の銀行や証券会社が不法行為を行ったせいであるとし、二〇〇五年四月に、M金融グループの銀行や証券会社その他を米国イリノイ州クック郡の州裁判所に提訴した。私共はM金融グループの証券会社の依頼で、この訴訟の防御を引受けた。

私は、この訴訟のため、「第5章　世界中の弁護士とのネットワークの構築」の「2　ネットワーク構築の努力」で言及した、アメリカのいろいろな州の訴訟専門法律事務所のネットワーク（The Network of Trial Law Firms）の活動を通して親しくしていたシカゴのワイルドマン・ハロルド法律事務所（Wildman, Harrold, Allen & Dixon LLP）のハード弁護士（H. Roderic Heard）を起用した。ハード弁護士はやや若手のサイモン弁護士（David M. Simon）と組んで本件訴訟を担当した。

ハード弁護士の的確なアドバイス及びサイモン弁護士のスピーディーでリスポンシブな対応ぶりが素晴らしく、一緒にやっていてリズムがピッタリ合い、気持ちがよかった。余談であるが、最近もシカゴにおける別の訴訟をこのコンビに依頼したが、その件は訴訟が実質的に開始する前に、私がスピーディーに和解で解決してしまった。

M金融グループに対する訴訟は紆余曲折があったが、翌二〇〇六年には被告側が連邦裁判所へ移送した。最終的には、本訴訟は日本で行うべきであるとの我々被告側の主張が通り、二〇〇七年九月二七日に不便宜法廷地（forum non conveniens）を理由として、訴え却下の命令を勝ち取ることができた。原告はそれに対して抗告したが、第七巡回連邦控訴裁判所（United States Court of Appeals for the Seventh Circuit）は、二〇〇八年一〇月二八日、第一審の訴え却下の命令を認容して、我々被告側の勝訴に終わった。

日本企業がアメリカで訴訟を起こされた場合は、本案に入る前にできる限り手続上の理由で勝つことが非常に重要である。そうでないと、ディスカバリー合戦となり、泥沼にはまり込むことになる。

最近日本にいるアメリカ人が、すべてが日本で起こった案件で、アメリカで訴訟を起こした方が非常に大きな損害賠償を取れるということで、日本企業や機関及び多数の個人をアメリカで訴えた訴訟を数件取扱った。私共は被告の日本企業、機関及び個人すべてのためにアメリカの訴訟が行われている複数の州の訴訟弁護士を使っていろいろな手続上の主張で争い、最終的にこれら数件の訴訟はすべて我々被告側の勝訴に終わっている。

刑事事件

私は、日本人がアメリカで逮捕された刑事事件も取扱ったことがある。これは被疑者である日本人がニューヨーク州の田舎の都市で逮捕されたため、その町の刑事弁護士を探すのに苦労した。私は生まれて初めてアメリカの拘置所に被疑者となっている日本人に会いに行ったが、拘置所に入るためには弁護士であることを証明する写真入りのＩＤカードを事前に裁判所から取得する必要があった。

被疑者は拘置所の電話で料金先方払い（すなわち私共の負担）で弁護士である私たちに電話をかけることができたため、私共の電話を中継して毎日長時間国際電話で日本にいる奥さんと話をするのには、正直閉口した。

5 仲裁案件

国際商業会議所（ICC）の仲裁

私はすでに開始していた日本企業D社によるスウェーデンのA社に対する国際商業会議所（International Chamber of Commerce：ICC）の仲裁規則により行われていた仲裁に、クライアントであるD社の要請で参加した。それまでは、問題になっている契約書の準拠法がコロラド州法であったため、デンバーの弁護士が担当していた。しかし、D社がデンバーの弁護士の仕事ぶりに不安を抱き、もっと信頼できる弁護士に担当してもらいたいということであった。私は、私と共にD社の別件の特許問題でチームとして対応していたクレーマー・レビン法律事務所のダニエル弁護士及びデバリ弁護士とニューヨーク・チームを組み、デンバーの弁護士に代わって仲裁を進めることになった。

相手方のA社は、ニューヨークの巨大な法律事務所であるスキャデン・アープス法律事務所（Skadden, Arps, Slate, Meagher & Flom LLP）が代理していた。私共ニューヨーク・チームが本件仲裁に関与した頃には、すでにディスカバリーの手続に入っており、ディスカバリーの真っ最中である二〇〇二年一二月二五日に、正式に仲裁に関与することになった。

二〇〇三年五月一五日には、三人の仲裁人を交え、D社のニューヨーク・チームとA社側の弁護士がスキャデン・アープス法律事務所三八階の会議室に集まり、さまざまな問題についてそれぞれの主張を中立て、仲裁人の判断を仰いだ。仲裁は当初トロントで行われていたが、ヒヤリングの場所は合意の上ニューヨークに変更され、二〇〇三年一〇月一五日及び一六日と決定された。

この仲裁においては、どの書類が弁護士依頼者特権の対象になるかにつき、相手方の要求に基づいて作成した特権対象書類一覧表の各項目について、相手方の弁護士との間で激しい応酬がなされた。

仲裁においては、裁判と違って、仲裁を進めるにあたっての具体的な手続については仲裁開始の直後に当事者間で話し合われ、最終的には仲裁人によって決められる。仲裁の場合、その手続規則をどのように決めるかということは、特に日本企業にとっては決定的に重要である。特に重要なのは、ディスカバリーを行うか否か、行うとした場合にどの範囲まで行うか、提出する書類の翻訳はどちらがするかといった点である。

本件の仲裁では、私共は途中から参加したため、最初の仲裁手続を決める際にどのような議論がなされたか分からなかった。一般論で言えば、社内で文書を作成するのが企業文化となっている日本企業にとってはアメリカの訴訟手続のディスカバリーの制度は、非常に不利なことが多いので、できるだけディスカバリーを避けるか、ディスカバリーの範囲を制限することが望ましい。

仲裁人にアメリカの引退した裁判官やアメリカの弁護士が選ばれると、ディスカバリーを当然のことと思っているため、非常に広範囲のディスカバリーを仲裁においても認めてしまう傾向が強い。したがって、日本企業としては、なるべくアメリカのディスカバリーを自明のことと考えないヨーロッパの弁護士や、日本のことを非常に深く理解している仲裁人を選ぶことが肝要である。

本件仲裁の証人尋問及び口頭弁論は、二〇〇三年一〇月一五日及び一六日、スキャデン・アープス法律事務所の大会議室で行われた。D社からは、ダニエル弁護士はヒヤリングにおいて良い仕事をしたと評価された。口頭弁論の後、三人の仲裁人のうち首席仲裁人がその時点での印象を暗示するような発言をした。そこで、D社としては、仲裁の裁定を待つよりは和解で解決した方がよいという結論になり、急遽一一月一二日からスキャデン・アープス法律事務所の会議室で和解交渉が行われ、翌一三日に和解契約が締結された。

ダニエル弁護士の突然の死

私は、ダニエル弁護士が以前私が非常に親しくしていたロジャーズ・アンド・ウェルズ法律事務所にいるときから、特許侵害訴訟等を一緒に取扱っていた。その後、ロジャーズ・アンド・ウェルズ法律事務所がイギリスの巨大な国際的法律事務所クリフォード・チャンス（Clifford Chance）に事実上吸収合併された際、ダニエル弁護士はクレーマー・レビン法律事務所へ移った。

ダニエル弁護士は非常に有能な訴訟弁護士で、特許侵害訴訟も得意としているが、クライアントとの会議の事前準備が非常によいだけでなく、訴訟の最初から最後まですべて自分が責任を持ってあたってくれるので、私は大変評価をしていた。他にも特許侵害訴訟を得意とする大物弁護士とも何回か一緒に特許侵害訴訟をやったこともあるが、クライアントとの会議の際などには顔を出すが、後は若い弁護士に任せるので、私としてはその点が満足できなかった。

二〇〇一年に私の日本のクライアントであるF社が同じく日本企業のS社にアメリカで特許侵害訴訟を提起されたときから、ダニエル弁護士は、技術のバックグラウンドを持つ若手の特許訴訟弁護士であるデバリ弁護士とコンビで、私と共に特許侵害訴訟やその他の特許問題、一般訴訟や仲裁等をやった。デバリ弁護士も優秀であるだけでなく、非常に親切なナイスガイであったため、私との付き合いだけでなく、ニューヨークオフィスで働いた日本の若い弁護士は皆デバリ弁護士を兄のように慕っていた。

私よりちょっと歳下のダニエル弁護士とは非常に馬が合い、公私共に親しく付き合い、お互いのゴルフクラブで何回もゴルフを一緒にプレーした。ところが、次の週のゴルフを約束してピンピンしていたダニエル弁護士が、突然二〇〇七年四月二〇日朝、ベッドの中で意識不明となっていたため病院へ運び込まれ、私が病院を見舞った際も意識不明のままで、その後回復することもなく同月二五日に亡くなった。

私は親友を突然失い、大きなショックを受けた。故人の遺志により、香典の代りにダニエル弁護士の母校であるプリンストン大学へ寄付をしたところ、夫人からお礼の手紙が届き、ジョン（ダニエル弁護士）はあなたのことを大変気に入っていたようで、よくあなたのことを私に話していたと書かれていた。

私は郊外の自宅から車でマンハッタンのオフィスに通っているが、ハドソン川に面した故ダニエル弁護士のアパートの前を通るたびに、彼のことを想い出している。私は仕事上も最も信頼できるパートナーを失ってしまったが、彼の弟分であったデバリ弁護士が成長して立派なパートナーとなり、今はデバリ弁護士と、特許侵害訴訟や特許問題だけでなく、いろいろな案件で一緒に仕事をしている。

アメリカ仲裁協会（ＡＡＡ）による仲裁（一）

二〇〇七年一二月一一日に、アメリカのＶ社が私のクライアントである日本のＰ社及びその米国子会社に対し、両社間の供給契約違反の認定及び供給契約の下で供給の継続を命じる仮処分を求めて、アメリカ仲裁協会（American Arbitration Association：ＡＡＡ）の国際部門（International Centre for Dispute Resolution：ＩＣＤＲ）に仲裁を提起した。

問題の供給契約の仲裁条項では、仲裁は「お互いに受諾できる国際仲裁機関（International Arbitration Organization）の規則に従う」と規定されていた。この供給契約書の作成に私は係わっていなかったが、仲裁規則を特定せずに、仲裁につきこのような抽象的な規定の仕方をする例はあまり見たことがない。

ＡＡＡの担当者によれば、本件の仲裁条項は、仲裁はＡＡＡの国際部門によると具体的に規定していないため、ＡＡＡによる仲裁を行うという両当事者の新たな合意がなければ、仲裁は開始できないということだった。ＡＡＡの仲裁を行うと、アメリカ方式のディスカバリーが要求される可能性が強いため、私としては何とかしてＡＡＡの仲裁は避けたかった。

供給契約の準拠法は日本法であったが、日本の国際商事仲裁協会による仲裁を主張しても、相手方当事者が受けないだけでなく、当方が日本の国際商事仲裁協会による仲裁をするようにアメリカの裁判所に申立てても、認めてもらえないのではないかと判断した。そこで、本件で訴訟や仲裁のために起用したニクソン・ピーボディー法律事務所（Nixon Peabody）に対し、とりあえずＡＡＡにおける仲裁手続を停止する（Stay）仮差止命令を裁判所から入手し、双方にとって合理的と思われる第三国で、国際仲裁により適している国際商業会議所（ＩＣＣ）の規則で仲裁を行うことを申立てることをサジェストした。

本件の仲裁はニューヨーク市でＡＡＡに提起されたが、ニューヨーク市は仲裁を提起したＶ社の地元でもあり、何としてでもニューヨーク市におけるＡＡＡにおける仲裁を止めさせる必要があった。この件では、日本の裁判所に仲裁機関や仲裁地の指定を求める方法や、日本において反対仲裁を提起することも検討したが、結局ニューヨークの連邦地方裁判所に私がサジェストしたような申立てをするのが一番よいだろうということに落ち着いた。

仲裁の申立てに対して答弁書を提出する期間はＡＡＡが仲裁申立てを受領した日から三〇日であるので、その間にＡＡＡにおける仲裁の前提条件を満たしていないという根拠で、とりあえず仲裁の停止の申立てをすることになった。

日本の国際商事仲裁協会とＡＡＡとの間には一九五二年の日米商事仲裁協定があり、仲裁地が契約書で決められていない場合あるいは両当事者が仲裁地について合意できない場合は、仲裁を起こす当事者はまず自国の仲裁協会へ申立てることができる。そうすると両仲裁機関のメンバーによる合同仲裁委員会（Joint Arbitration Committee）が設けられ、そこで仲裁地が決定されることになっている。

もしＰ社が日本でＶ社に対し反対訴訟を提起した場合には、アメリカのＶ社はニューヨークの州裁判所へ駆け込んで、Ｖ社が製造を継続できるように供給契約の下でＰ社に供給義務がある製品を直ちにＶ社へ提供するように命じる仮処分命令を取得することが考えられた。そして、ニューヨークの州裁判所で判断された場合には、ニューヨークでＡＡＡの仲裁を行うように命令される可能性が高いと思われた。

しかし、いずれにしてもＶ社はＰ社の米国子会社を仲裁の相手方に巻き込むことにより、ニューヨークの州裁判所の管轄を得ているので、すぐにでもニューヨークの州裁判所へ訴えを提起し、Ｐ社に対し製品の供給を命じ、ニューヨークにおけるＡＡＡの仲裁を承認するよう求める仮処分命令類似の命令を取得することを考えていると思われた。

我々の対抗措置としては、直ちに東京で国際商業会議所（ＩＣＣ）による仲裁を申立て、それと同時にニューヨークの州裁判所ではなく連邦地方裁判所へ、ニューヨークにおけるＡＡＡの仲裁の停止及び日本におけるＩＣＣの仲裁の承認を求める仮処分類似の訴えを提起することも考えられた。Ｐ社の米国子会社を当事者に加えなければ、P社はニューヨークの連邦裁判所へ行くことができ、連邦裁判所の方が州裁判所に比べて国際的で優秀な裁判官が多いので、P社にとっては連邦裁判所の方がはるかにやりやすいと思われた。

このような検討や準備と並行して、実際に仲裁を行うと、両当事者とも多大な費用と時間がかかるので、どちらにとっても決して好ましいものではなく、直接会って話し合い、ビジネス的に解決する方が双方にとってずっとよいと、私は両当事者に対して強く働きかけた。その結果、紆余曲折を経て、結局二〇〇八年一月七日に、ニューヨークの私のオフィスにおいて両当事者で話し合いをすることになり、一月七日まではお互いに何もしないという休戦協定（Standstill Agreement）を締結した。

しかし、AAAの仲裁が開始されてから二〇日以内に停止の申立てをしないと、P社はAAAの仲裁の停止を求める権利を放棄したと主張される恐れがあった。そこで、その点をV社側の弁護士へ説明し、二〇〇八年一月二日頃ニューヨークの連邦地裁へP社の訴状を提出するが、これはP社が仲裁の停止を求める権利を放棄したと主張されないためであって、和解交渉をしている間はV社へは送達をしないでそのままにしておくと約束し、V社側弁護士の了解を得た。結局P社は、日本では正月中である一月二日に、ニューヨークの南部地区連邦地方裁判所に仲裁停止申請（Petition to Stay Arbitration）をした。

二〇〇八年一月七日、私のニューヨークオフィスにおいて、P社側四人及び私共日本の弁護士だけが参加し、V社側はビジネスマン三名が参加して、ビジネスによる解決を探る交渉が行われた。いつものことながら、この交渉においても、私は弁護士としてではなく、むしろビジネス的な和解の推進者として両方の会社を主導し、V社側の社長ほか二名のビジネスマンにも歓迎された。

交渉は主として私とV社の社長との間で行われた。当方では、一月七日のV社との交渉の前に内部的な打合せをして、私の方で英文の和解契約書のドラフトをあらかじめ作成しておいた。実際はV社もP社もかなり突っ張っていたが、私が両社を別々に説得することによって少しずつ歩み寄っていった。和解の交渉は細かいことも含め擦った揉んだした挙句、二〇〇八年二月一二日に合意に達した。

いつものことであるが、紛争がある場合にはそれぞれの当事者が意地を張る傾向があるため、ビジネス的に考えると不必要に法的手続に入り過ぎる傾向がある。本件は、私が双方のビジネスマンに仲裁をすることのマイナス面を強調し、早期にビジネス的に和解することを強く促したため、比較的短期間にすべてを決着することができた。紛争を続けることにより、ビジネスマンが多大な時間を浪費することなく、しかも費用的にも圧倒的に安く解決することができた。

アメリカ仲裁協会（AAA）による仲裁（二）

アメリカのH社が、大型物件の超長期供給契約に関連して、同契約の仲裁条項に基づいて、私共の日本のクライアントF社に対する二〇〇八年五月一九日付仲裁申立書（Demand for Arbitration）をAAAに提出した。

AAAによる仲裁と言っても、国際的紛争に関しては、一九九六年にAAAの中に紛争解決のための国際部門（ICDR）が設立された。AAAの国際仲裁規則一条一項によれば、当事者が国際仲裁規則の下での仲裁に書面で合意しているか、あるいは国内と国際のどちらの規則に従うかを指定しないで国際的紛争の仲裁を行う場合は、国際仲裁規則によると規定している。

この仲裁では、私は最初の段階から関与できたので、アメリカの裁判のような広範なディスカバリーを避けるために、仲裁人の選任が極めて重要なことを日本のF社に説明し、F社側の仲裁人の選任も私の方で一手に引受けて候補者を探すことになった。このような場合、アメリカの弁護士はディスカバリーが当然のことと思っているため私のような問題意識がまったくない。アメリカの弁護士のアドバイスにのみ乗った日本企業及び日本の弁護士がよく陥る失敗である。

ちょうど二〇〇八年五月八日に、AAAはICDRと共に国際的な商事仲裁におけるディスカバリーに関するガイドラインを発表した。それはコモンロー（Common Law）の国（典型的にはアメリカ）と大陸法の国（たとえば日本）との間のディスカバリーを巡る違いにより懸念が出ていたからであった。このガイドラインは、国際仲裁規則が次に改定されるときに規則に反映されることになっていた。しかしICDRのディスカバリーに関する新しいガイドラインは、二〇〇八年五月三一日以降に開始されたICDRの仲裁には適用されるが、その日以前に開始された仲裁には、両当事者の合意がある場合、あるいは仲裁裁判所の裁量によってのみ適用されることになっていた。そのため、タッチの差でF社に対する仲裁には、自動的には適用されなかった。このガイドラインは、簡単に言えばディスカバリーの範囲を制限するものであった。

当方が選任する仲裁人に適した大陸法系の法律家、あるいはアメリカの法律家でも大陸法系や日本法に精通した法律家について、私がよく知っているニューヨークの仲裁専門の弁護士にあたった。その結果、何人かの候補者の中から、最終的には私が昔からよく知っているユタ大学のY学長を、当方側の仲裁人として選任することにした。

Y学長であれば、日本企業のことも、また大陸法系である日本法のこともよく分かっているので、当方の立場も理解してくれると判断したためである。Y学長は一九七八年から一九九八年までの二〇年間はコロンビア・ロースクールの教授で、日本法も教えていた。したがって、日本や日本法についての造詣は大変深いものがあり、それらに関する著作もあり、また日本語も上手であった。Y学長は一九九八年から二〇〇四年まではジョージ・ワシントン大学ロースクールの法学部長（Dean）を務めた後、二〇〇四年八月からはユタ大学の学長に就任していた。私から直接Y学長へ電話を入れて概要を話したところ、要請されれば仲裁人を務めてもよいという感触を得た。

二〇〇八年六月三〇日には、F社側の答弁書及び反訴状が仲裁裁判所へ提出された。当方側の仲裁人を正式に選任してしまうと、中立性の問題からそれ以降はあまりその仲裁人と話ができなくなるので、意識的に当方側の仲裁人の選任を遅らせる戦術を採り、第三の仲裁人すなわち（裁判の場合の裁判長に相当する）首席仲裁人を誰にするかについて、Y学長と話し合った。

二〇〇八年七月一四日に、当方側からY学長を当方側の仲裁人として選任した旨を正式にAAAの事務局へ通知した。その結果、それぞれの当事者が選任した二人の仲裁人が首席仲裁人である第三の仲裁人を六〇日以内に選ぶことになった。

当方はアメリカ以外から首席仲裁人が選ばれることを要望していたが、相手方の弁護士は、もし二人の仲裁人が直ちに首席仲裁人について合意することができないのであれば、AAAが首席仲裁人を選任すること、そして当方が望むようにアメリカ人以外の仲裁人を選任するのではなく、アメリカ人の仲裁人で、しかも契約の準拠法に馴染みのある者を選ぶべきだと主張した。そうすれば首席仲裁人の旅費や時間も節約できると主張した。

しかし当方からは、七月二八日に、相手方が主張する州から首席仲裁人を選任すると、相手方の地元の人となり、当方のF社は日本の会社であるので、AAAがかつて商業規則一四条（Commercial Rule 14）

を制定して、国際的な仲裁の場合には首席仲裁人はどちらの国民でもない者を選ぶようにするという趣旨を損なうと主張した。そして中立性ということが首席仲裁人の移動時間や費用に関する心配よりもはるかに重要であり、首席仲裁人はアメリカ人でも日本人でもなく、第三国の者でアメリカに住んでいる者が望ましいと主張した。また仲裁申立てによる請求額が非常に大きいので、首席仲裁人の旅費等はそれと比べれば非常に小さい金額であり、それを理由として相手方の所在地に居住する仲裁人を選ぶのは反対であると主張した。

それに対し相手方は同日ＡＡＡに対して、規則一四条は当事者の一方は首席仲裁人がアメリカ国外から選ばれることを要請することを許しているだけで、強制するわけではないと主張した。相手方は、準拠法に馴染みのある首席仲裁人であれば公正、中立かつ効果的な解決に資すると主張した。そしてＡＡＡが首席仲裁人を選ばなければならない場合には、契約の準拠法に馴染みのあるアメリカ人の仲裁人を選ぶべきであると主張した。

ＡＡＡの商事仲裁規則（Commercial Arbitration Rules）一四条は、当事者の国籍が違う場合は、ＡＡＡは、当事者の一方の要請によるか自らの裁量により、当事者の国籍以外の国の者を仲裁人に選ぶことができると規定している。しかし、そうしなければならないという義務にまではなっていない。

その後二〇〇八年九月一二日に、当事者が選んだ二人の仲裁人は引退した連邦地方裁判所の元裁判官を首席仲裁人に選任したとＡＡＡが知らせてきた。しかし、アメリカの元裁判官はアメリカの裁判制度、特に強力かつ広範囲のディスカバリーを当然と思っているので、我々としては何とか避けたいと思っていたタイプの仲裁人であった。そこで、一方の当事者に首席仲裁人を忌避する権利があるかどうかが大議論になった。

当初ＡＡＡの事務局からは、首席仲裁人の選任に対しては、中立性の問題等がある場合にのみ当事者は異議を申立てられるとの立場を伝えてきた。しかし、当方側は、今回二人の仲裁人は、当事者が首席仲裁人につき異議を述べることができるという前提で選んだと主張した。規則一四条は必ずしも当方に有利ではなかったが、最終的には二人の仲裁人に、一四条にかかわらず、当事者に首席仲裁人の選任につき異議を申立てることができるという前提で首席仲裁人を選んだということを認めさせることに成功した。その上で、当方は二人の仲裁人が選んだ首席仲裁人につきＡＡＡに対し異議を申立てた。相手方はもちろんそれに対して強硬に反対した。

結局、当事者が選任した二人の仲裁人からＡＡＡ宛二〇〇八年九月二九日付の首席仲裁人選任と題する文書で、最終的に首席仲裁人にカリフォルニア大学バークレー校のＣ教授を選任したことを通知した。ＡＡＡも直ちにこの選任を受入れた。相手方は別の仲裁人を首席仲裁人に選任するよう強く主張していたので、当方が選任した仲裁人が大いに頑張って当方の望む人を首席仲裁人に選んでくれたことがひしひしと伝わってきた。

本件仲裁は、両当事者間の和解交渉が活発に行われるようになり、二〇〇八年一一月四日両当事者からＡＡＡに対して仲裁手続を六〇日間停止するよう申立て、認められた。その後も何回か停止手続を延長するよう申立て、結局、和解契約が締結されるまで仲裁は停止されたままであった。その間も大変な和解交渉が何回か行われたが、二〇〇九年三月六日ようやく和解が成立し、同年三月九日本件仲裁は和解により終了した。

6　その他の紛争案件

リコール

自動車の部品のリコールに関する大変な案件にも私は関与し、リコールの難しさを経験した。リコールの問題は新聞にどんどん書かれ、関係する部品を装着したいくつもの自動車メーカーからやんやと責められ、消費者からのクレームに対応するため自動車メーカーとも共同歩調を取らざるを得ないという状況であった。アメリカでは自動車関係のリコールは珍しくなく、アメリカの運輸省高速道路交通安全局（NHTSA）との問題だけを専門に扱う弁護士もかなりの数いることに驚かされた。

会社のお家騒動

一九九八年には、当時日本の新聞を賑わせていた日本のN社の創業者で会長兼社長のM氏と、N社の親会社であったイギリスのシービーグループとの間の半年に及ぶ日本における裁判による大変なお家騒動の決着を、私とアメリカのアーサー・ミッチェル弁護士（Arthur Mitchell）の二人で、ニューヨークでシービーグループの弁護士と交渉することにより、和解でまとめた。

交渉による多額の損害賠償獲得

二〇〇七年六月に、日本のある食品会社の製品に問題が発生し、日本においてリコールに発展した。そのため、食品会社の多くの取引先から損害賠償の請求が出され、損害額は二〇億円以上に上った。原因はその製品の原料に問題があり、日本の食品会社は原料を供給したアメリカの会社に損害賠償を請求することになった。

早速日本の会社の担当重役等と一緒に、二〇〇七年一二月、摂氏零下二五度という厳寒のシカゴへ行き、アメリカのサプライヤーの重役及び先方のアメリカの弁護士と直接交渉を行い、当方の要求をぶつけた。その後私とサプライヤーのアメリカの弁護士との間で交渉が始まった。

当方では、日本のある機関による検査によって問題の存在は分かっていたが、アメリカの訴訟に耐え得る世界的に権威のある中立的な国際的機関に鑑定を依頼し、強力な証拠を確保することを考えた。そのため、サプライヤーから送られてきて日本で保管していた同じ製品を日本の公証人の目の前で取り出し、国際的な機関へ送って検査してもらったが、時間の経過のためか、問題の存在を明確に確認することができなくなっていた。

そのような状況で、私は先方のアメリカの弁護士と電話で何回も交渉した。初めのうちは先方のアメリカの弁護士は、先方に責任がないようなことを言っていたが、当方の損害に関する膨大な書類も先方へ送り、何回も交渉を重ねた結果、二〇〇八年一二月に、非常に大きな損害賠償金を支払ってもらうことで決着をつけることができた。

もちろんその間にはいろいろな紆余曲折があったが、訴訟も提起せず、ほとんど電話だけの交渉で非常に大きな損害賠償を獲得することができたのは、当方にとって僥倖であった。

第8章　M&Aの案件

ニューヨークに法律事務所を開設した一九九二年の暮れに、アメリカの大きな製薬会社が日本の上場製薬会社に対してTOBをかけるという仕事に私は関与し、大変張り切って準備を進めていたが、途中でターゲットの日本の会社の株価が高くなりすぎて、その案件がぽしゃってしまった。結局その案件はフィーも全然取れず、事務所開設後の厳しさは続いた。

しかし、一九九五年以降は、総じてM&A案件に恵まれた。ごく一部の特に印象に残る案件については、第9章及び第11章で詳しく述べるが、典型的なものとしては、日本企業によるアメリカ企業の買収が数多くあった。それ以外のものとしては、クライアントであったアメリカの財務ソフト大手のI社が日本のミルキーウェイ社及びパソコン用会計ソフト会社の日本マイコン社を買収する案件も取扱い、後者は一九九七年一月三一日の日本経済新聞でも報道された。最後まで行かなかったが、日本企業によるドイツの会社の買収の件も複数あり、ドイツへ何回か出張した。ロシアの会社の買収の件にも関与し、モスクワへも出張したが、この件は中止になった。

M&Aも、三〇〇〇億円級の巨大なものから、十数億円ぐらいのものまで、大小さまざまなものがあった。事業分野も、光ファイバー事業、医薬品、自動車部品、内視鏡関連の医療機器事業、人材派遣事業、サプリメント事業、銅山、特殊煉瓦、水晶発振器、プリンター等と千差万別であった。買収の仕方も、株式取得、資産取得、子会社を使っての吸収合併、二段階買収、TOB等と、いろいろなやり方があった。

1　デュポンのケミカルプラントの一部の買収

ニューヨークへ移る前に東京でよく仕事をしていたクライアントである日本の上場化学会社N社がニューヨークにいる私へ連絡してきたのは、ニューヨークオフィスを開設してから一年半以上経った一九九三年九月頃であった。N社は、デュポンが競争入札により売却しようとしているヒューストンのラポルテ(LaPorte)工場の一部を購入することを望んでおり、入札したいということであった。早速日本からN社のI常務ほか何人かがニューヨークオフィスの私を訪れ、段取りの打合せをした。ニューヨークオフィスにはテレビ会議システムを入れていたので、一〇月二七日にはN社との間でテレビ会議を行った。

デュポンの本社はデラウェア州ウィルミントンにあり、N社は日本にいるため、極めてユニークな方法で交渉を行うことになった。デュポン社はウィルミントンの本社と日本支社との間をテレビ会議でつなぐことができたので、N社の関係者はデュポンの日本支社へ行き、私はニューヨークからウィルミントンのデュポンの本社へ行って、デュポンの本社と東京のデュポンの日本支社をつないだテレビ会議に参加して交渉するというものであった。テレビ会議は日本とアメリカの東海岸との間の一四時間の時差を考慮して、私共のいるアメリカの東海岸の夜の六時あるいは七時から開始したが、それは日本時間の翌日朝午前八時か九時であった。

当時はまだEメールは使われておらず、ファックスが通信手段であったので、N社と私の間ではファックス及び電話会議を事前に行い、その上で私がウィルミントンへ出張するという形を取った。ウィルミントンへはアムトラックという電車で行くことはできたが、テレビ会議が終了する時間が遅いため、電車で行くとウィルミントンに一泊せざるを得なかった。私としてはウィルミントンに泊まらずにニューヨークへ戻るために、行きはニューヨークからウィルミントンへ電車で行き、テレビ会議が終わった後、帰りはウィルミントンからニューヨークの自宅までリムジンで帰ることにした。

テレビ会議による交渉は数回行われたが、ウィルミントンのデュポンの本社では私一人とデュポンの関係者数人が参加し、東京ではデュポンの日本支社でN社の関係者数人とデュポンの日本支社の人が出席した。テレビ会議においては、差障りのない話については全員で話をするが、内部的な打合せが必要な場合には、一時的に私が別室へ行って日本のN社の関係者と電話で相談するというやり方をした。このように、非常にユニークな交渉のやり方であったが、話し合いは最初のうちは順調に進行した。

夜遅くウィルミントンからリムジンでニューヨークに帰る際、高速道路はデラウェア州の工業地帯のすぐ脇を通っており、あたかも日本の京浜工業地帯の脇を通っているように、大きな煙突の先端から炎が出ているのが見えたりして、普段あまり見ないアメリカの工場を外から見ることができた。

運転手にニューヨークの道が分かるかと尋ねたところ、地図を持っているから大丈夫という返事で安心していたが、いざニューヨークのマンハッタンの北を通って私の住むマンハッタンの真北にある郊外のウェストチェスター郡（Westchester County）の中へ入っていくと、運転手は道に自信がなくなってきたようであった。そこで私は車を停めて地図を見るように言ったが、運転手が持っていた地図は何と主要幹線道路しか出ていない極めて簡単なものに過ぎず、愕然とした。

特に郊外で高速道路から外れると外灯が極端に少なくなり、東京と違って木がたくさん生えている。住宅地に入ると真っ暗な中をまるで迷路のようなところを走ることになり、運転手は住宅街の中ですっかり迷ってしまった。そこで私は自宅にいる妻に電話をし、地図を広げてもらって、私の目についたストリートの名前を言って地図で捜してもらい、ようやく車がどこにいるかが分かるといった状況であった。そのためようやく自宅に辿り着いたときには午前二時をかなり過ぎていた。

ケミカルプラント全体を買収するのも非常に複雑であるが、この件は大きな化学工場の一部を買収するということで、その複雑さは並大抵のものではなかった。たとえば、水や蒸気その他工場で必要なものはパイプを通して供給してもらうということで、それぞれの供給に関する契約書を作成した。またデュポンの都合で一時工場の操業を停止したり、やむを得ない事情で工場の操業が停止された場合にどうするかといったことも、いちいち交渉して契約書に規定しなければならなかった。

このM&A案件で何と言っても大きな問題であったのは、環境の問題だった。私はまだ東京で仕事をしていた一九八〇年代に、M&A、特に国際的なM&Aのパイオニアとして、日本企業による海外企業買収の件に数多く携わった。またアメリカにおけるM&Aについても深く研究していたので、環境問題が非常に大きい問題であることは十分承知しており、私が日本にいるときは、セミナーなどで口を酸っぱくしてその重要性を説明していた。

通常のM&Aにおいては、買収時に専門の環境コンサルタントを使って環境調査を行うことによって、買収時の汚染の状況をできる限り明確にすることにより、買収後に環境問題が発生した場合に、売主の責任か買主の責任かがかなりはっきり分かるようにしてきた。しかし本件のような化学工場の一部を買収する場合には、たとえば工場の操業から発生する廃棄物（特に廃液）を共通の処理槽へ流し込むと、もし環境問題が発生した場合にどちらの責任かまったく分からなくなってしまう。

私は環境問題についてはよく研究していたつもりであったが、アメリカでは現実に雨水が一度工場の屋根に当たっただけで法的取扱いが変わり、そのような雨水はすべてピットと呼ばれる小さなプールのような受水槽に集めて、法規制に従った処理をしなければならないことを目の当たりに見て、厳しさを実感として味わった。

私は昔、ロースクールに留学後、一年間研修したニューヨークのサリバン・アンド・クロムウェル(Sullivan & Cromwell)法律事務所で親しくなった当時アソシエートのレビン弁護士(Richard C. Levin)が、ダラスで大手のエイキン・ガンプ法律事務所(Akin, Gump, Strauss, Hauer & Feld)のパートナーとして活躍していたので、法律関係では同法律事務所を使うことにした。また税務に関しては、大会計事務所であった当時のクーパーズ・アンド・ライブラント(Coopers & Lybrand)のポール・花木先生(M. Paul Hanaki)に相談した。

N社とデュポンの関係者が直接参加して行う交渉は、一九九四年一月一九日から二一日の三日間と、同年五月三日から六日までの四日間の二回だけで、いずれもニューヨークで行われた。デュポン社側は社内弁護士が同行しており、N社の方はN社の担当者のほかは私一人で対応した。

同年三月一〇日には基本合意に達し、翌三月一一日の日本経済新聞は、「デュポン工場買収合意」とのタイトルの記事で、N社は一〇日、米デュポン社がテキサス州に持つエチレン・ビニルアルコール共重合樹脂(EVOH)生産工場を買収することで基本合意した、と発表したと報じた。そして、N社が海外に生産拠点を持つのは初めてで、EVOHは腐敗防止、保香の効果がある包装材料で、ジュースの紙パックやマヨネーズ容器の最内層に使われているとその記事に書かれていた。

ニューヨークでの二回目の交渉は、四日間にわたる大変な交渉であった。中でも工場の操業によって出される廃棄物や廃液の処理等に関する環境の問題は激論になり、決着がつかなかった。その結果、私は、五月一七日の夜遅くに着く飛行機でデュポンの工場があるヒューストンへ行き、五月一八日朝早くからデュポンのラポルテ工場をエイキン・ガンプ法律事務所の環境法専門弁護士と共に訪問し、実際の操業を見学した上、どのように処理するかを議論した。

結論としては、N社が買収する工場の一部から排出される、特に廃液をデュポンの廃液の受水槽へ流すことは、責任が極めて不明確になり問題を起こすという判断から、固体の廃棄物だけでなく廃液も外部の専門の廃棄物処理業者に処理を委ねるということで決着することにした。私は同じ日の夕方ヒューストンを出発して、夜遅くニューヨークへ戻った。

本件の契約書は、中心となる資産買取契約書（Asset Purchase Agreement）や土地のリース契約（Ground Lease）のほか、非常に多くの付属契約書が締結されることになったが、契約の締結と取引のクロージングを同時に行うことにした。

契約の締結及びクロージングの準備は八月一一日及び一二日の二日間にわたって行われたが、N社からはO社長をはじめ数人が日本から参加した。そのときはウィルミントンに宿泊することになり、デュポンが所有しているデュポン・ホテルに宿泊することになった。最初はデュポン社のホテルということで大したホテルではなかろうと思っていたが、いざ実際に泊まってみると、中は古い彫刻でいっぱいであり、極めて重厚で立派な歴史的なホテルであるのに圧倒された。だいぶ後になって別件でもデュポン・ホテルに何回か宿泊したが、どうやらウィルミントンでは一番良いホテルの一つであるようであった。

しかし、現実は、契約書の準備やクロージングの準備に追われて徹夜せざるを得ず、ホテルでゆっくり休むことはできなかった。その際は、当時私のニューヨークオフィスで一緒に仕事をしていたシニア・アソシエートの平松剛実弁護士も同行していた。私は一晩徹夜しただけで済んだが、平松弁護士は準備のためとうとう二日連続で徹夜せざるを得ない状況であった。

八月一二日に契約締結とクロージングを同時に行い、その日の夕方私共は、N社のO社長ほか関係者一行と一緒に電車でニューヨークのマンハッタンに戻ったが、N社の方では是非お祝いの夕食会をしようということになった。平松弁護士は二日連続の徹夜で疲れているので最初は難色を示したが、日本食レストランでカラオケが始まると、急に元気を取り戻し、最後は歌いまくっていたのが印象的であった。

「第1章　アメリカへの逆上陸」「8　五〇代でのニューヨーク州弁護士試験挑戦」で試験を受ける前後に行っていたM&Aは実はこの件で、すべてを私共二人で一手に処理していたので大変な忙しさであった。毎晩夜中過ぎまで働かざるを得ず、一緒にやっていた若い平松弁護士は、一時体調を崩してしまった。しかもそのとき、私は日本の航空会社とアメリカの航空会社との間の大変な合弁会社の件の交渉もやっており、その他の案件も同時に進んでいたので、よくそれらを処理しながら弁護士試験の受験もできたものだと、今でも信じられないくらいである。

2　グラクソ・ウェルカムへの日本の事業の売却

一九九五年頃、世界有数の巨大製薬会社であるグラクソ（Glaxo、その少し後にウェルカム〈Wellcome〉と合併してグラクソ・ウェルカム〈Glaxo Wellcome〉となる）は、K氏の先代が日本におけるグラクソの事業を展開したので、当時日本においてはK氏のファミリー会社であるS社が所有する会社を日本グラクソとして事業展開をしていた。その後グラクソが日本グラクソの株式五〇%を取得して、グラクソとS社とが五〇%ずつ所有する合弁会社が日本グラクソとして事業を行っていた。

しかし、日本グラクソはS社のK社長が社長として経営していたので、グラクソとしては日本の事業を思い通りに展開するために、S社から日本グラクソの五〇%の株式を買取ることをS社のK社長に申入れていた。その話がいつから始まったかは私は正確には分からないが、M氏からS社のK社長に会ってほしいということで、一九九五年一月八日東京で初めてK社長及びM氏と会って、本件について話をした。

K社長によれば、当初は日本でM&Aに力を入れていたS銀行のM&A部門及び日本の国際弁護士の中でも大物であったH弁護士がS社のために本件を担当していたが、K社長としてはS銀行及びH弁護士のやり方ではうまくいかないということで、M氏が私のことを調べて、私に依頼したいと言ってきたとのことであった。

S社のK社長は以前からイギリスのグラクソ本体の取締役も務めており、グラクソのCEOであるサイクス卿（Sir Richard B. Sykes）をよく知っていた。またグラクソのCEOとしてサイクス卿の前任者であるG卿は、以前、日本グラクソを立ち上げ、経営してきたK社長の父親と長年一緒に事業をやってきた経緯もあり、K社長とも非常に親しかった。

一九九五年二月、私は日本グラクソの銀座のオフィスにおいて、K社長、M氏ほかと会議をしたほか、K社長とG卿と夕食を共にし、G卿とも会議をする機会があった。

二月二二日には、私はK社長と共にロンドンのグラクソの本社を訪問し、CEOのサイクス卿及び社内弁護士のストラッカー弁護士（Stracher）と会議を持った。またロンドンでは、K社長と共にG卿と夕食を共にする機会もあった。

この件は、日本にいるクライアントがニューヨークで仕事をしている私にイギリスの会社へ日本の会社を売却することを依頼してきた案件で、アメリカとは一切関係ないものであった。K社長とは、私が日本へ行ったときに会議をするほかは、国際電話で話をすることが多かった。私は毎日遅くまで働いて、家に帰って食事を始めるのは午後一一時頃であったが、ちょうどその頃K社長から電話が入ることが多かった。しかし、それにもかかわらず、K社長とは意思の疎通を十分に取ることができた。

イギリスのグラクソと日本グラクソとの間の契約書等を調査したところ、日本グラクソは五〇—五〇の合弁会社であるにもかかわらず、トップ同士の信頼関係でやってきたせいか、きちっとした契約書は入っておらず、グラクソと日本グラクソとの間の契約書は、グラクソが解約しようと思えばいつでも解約できるような条項になっていた。私としては、契約を楯にとって交渉することができなかったのでまずいと思っていたが、案の定グラクソのストラッカー弁護士から、日本グラクソとの契約はいつでも解約できるのでグラクソ側の言い値を受けるようにとプレッシャーをかけてきた。

私は交渉をする場合には、相手方の状況や相手方の心理状態を完全に相手方の立場になって考えることにしているが、この件はグラクソのサイクス卿が何としてでも日本グラクソを一〇〇%所有して自由に経営したいという強い意欲を持っていることがはっきりしているだけでなく、すでに決めているのではないかと推測し、強気に出ることにした。

そこでストラッカー弁護士に対しては、もしグラクソが日本グラクソとの間の契約を一方的に解約して日本市場に進出してくれれば、日本の製薬業界では総スカンを食って事業がうまくいかなくなることは目に見えていると強く反論し、契約上の立場は非常に弱いにもかかわらず、対等な立場に押し戻した。

本件で一番大きな問題は、何といっても買取価額であった。K社長は非常に大きい金額を希望しており、グラクソとしては非常に低い金額で買取ろうとしていたので、その差はあまりにも大きかった。

私はM&Aの中でも国際的なM&Aを主として取扱ってきたが、国際的M&Aを取扱う際は必ずと言ってよいほど、私が最も信頼し、親しかった当時のプライスウォーターハウス（Price Waterhouse）の税務の大専門家である小林三郎先生と相談することが多かった。この件も小林先生と相談して、何とか税金を抑えることによって両社間の大きな差を埋められないか検討した結果、日本グラクソが有償減資をすることによって株主であるS社へ対価を支払うことで、S社に税金がかからないでグラクソに日本グラクソを一〇〇％所有させる方法が編み出された。

交渉はなかなか進展しないまま推移していったが、一九九六年になると、グラクソ側はゴールドマン・サックス（Goldman Sachs）をフィナンシャル・アドバイザーとして起用した。同年七月二日にはニューヨークの私のオフィスで、私とイギリスのゴールドマン・サックスのシャープ氏（Richard Sharp）及び日本のゴールドマン・サックスの服部暢達氏とで交渉した。その後私は主としてシャープ氏と交渉を重ね、一九九六年九月一一日には、ゴールドマン・サックスのロンドンオフィスでシャープ氏及び服部氏と交渉し、ほぼ合意できるところまで来た。

同年九月二六日には、東京においてゴールドマン・サックスの服部氏及び西村法律事務所の草野耕一弁護士等と会議をして技術的なところを詰め、同年一〇月にはニューヨークにおいて、ゴールドマン・サックスのシャープ氏と二回にわたって話合いをした。

一九九六年一一月二二日の日本経済新聞では、「日本の合弁会社一〇〇％子会社に——英グラクソ」とのタイトルの記事で、世界最大の医薬品メーカー、英グラクソ・ウェルカムは二一日、日本の合弁会社である日本グラクソを一〇〇％子会社化すると発表した、と報じた。

その後はゴールドマン・サックスの諸氏及び草野弁護士と電話会議やテレビ会議で詰め、一九九六年一二月二五日には、M＆Aの契約では珍しい株式償却契約（Share Redemption Agreement）を締結し、同時にクロージングを行うことができた。

結局グラクソによる日本グラクソの五〇％の買取、S社に対する配当相当分一三・八億円を含む合計六七三・八億円をS社が受取った。一九九七年一月二三日のフィナンシャル・タイムズ紙（Financial Times）は、一九九六年における日本企業がからむM＆Aとしては最高金額であったと報じた。

いつものことであるが、この件も私は内部的には税務については税務専門家である小林先生と相談はしていたが、グラクソ側のフィナンシャル・アドバイザーであるゴールドマン・サックスとは、私一人ですべて対応した。

3　日本のA社によるルイビルフォージ社買収

二〇％資本参加

一九九五年一一月頃であったと思うが、日本の大手自動車メーカーの関連会社であるA社が、ケンタッキー州にある鍛造品製造会社のルイビルフォージ社（Louisville Forge and Gear Works, LLC）に二〇％資本参加するという案件に関与した。この件は最初から日本の大手証券会社のM&A専門会社N社及びそのアメリカの関連会社N社がフィナンシャル・アドバイザーとして入っており、私は両N社の担当者と一緒に案件に携わった。

ルイビルフォージ社はペイトン氏（James L. Peyton）がオーナー社長で、同氏はなかなか頑固者であった。ルイビルフォージ社側の法律事務所であったグリーンバウム法律事務所（Greenebaum, Dole & McDonald PLLC）の担当弁護士の一人であったイーリィ弁護士（Hiram Ely, III）もなかなか癖のある人で、電話でミーティングのアレンジ等について話をした際もかなり厳しい言い合いになるといった状況であった。

一九九五年一二月七日には、ケンタッキー州ルイビル（Louisville）へ出張し、A社の担当者、両N社の担当者と共に当時のルイビルに所在したルイビルフォージ社を訪問し、初めてペイトン社長に会った。

一九九六年三月八日には、A社の本社で当時のS取締役（後に常務となり、さらに社長となった。）ほか関係者多数と、両N社の二名と私とでいろいろな打合せをした。一九九六年四月九日には、A社のS取締役ほかと、両N社の担当者及び会計事務所のアーサー・アンダーセンと一日打合せをした。

一九九六年五月二二日にはシカゴへ出張し、翌二三日ルイビルフォージ社のペイトン社長、イーリィ弁護士、マッケンジー弁護士（Jeffrey A. McKenzie）のグループとA社の関係者、両N社の担当者及び私とで基本的条件について一日中交渉したが、なかなか埒が明かなかった。

同年六月五日に再度シカゴで交渉をして、ようやく歩み寄りができるようになった。その後、私は何度かルイビルに出張してペイトン社長側と交渉を重ね、さんざん手こずった上、一九九七年八月八日に、ようやくルイビルフォージ社とA社の米国子会社がそれぞれ八〇％及び二〇％出資するリミテッド・ライアビリティー・カンパニー（ＬＬＣ）を設立して、ルイビルフォージ社という合弁会社を発足させるための契約の締結とクロージングを行うことができた。

この合弁は、日本のいくつかの新聞で報道され、A社「米国に熱間鍛造の合弁」「月産四千トンと最大級」というタイトルや、「A社が北米進出」「トヨタへ鍛造品提供」「北米で本格事業展開」といったタイトルが踊った。

新聞発表は次のようであった。A社は自動車メーカーの海外生産シフトに対応した北米での鍛造品事業の本格展開を狙って、技術援助先のルイビルフォージ社と合弁で熱間鍛造品製造会社を設立する。合弁会社の社名は、ルイビルフォージ・アンド・ギアワークスＬＬＣで、アメリカにおいて新しい企業形態として急速に広まっているリミテッド・ライアビリティー・カンパニー（略称ＬＬＣ）の形態を採る。所在地は米国ケンタッキー州ジョージタウン市。出資者持分比率はエルエフジー社（LFG Inc.、現ルイビルフォージ社が社名変更）八〇％、A社の米国子会社二〇％で、前者が全ビジネス、資産、負債合計五六〇〇万ドル相当を現物出資し、後者が現金一〇〇〇万ドルと熱間鍛造技術四〇〇万ドル相当をそれぞれ出資する。社長にはジェームス・L・ペイトン氏（現ルイビル社社長）が就任する。

完全買収

その後何事もなく静かであったが、一九九九年八月のある日、社長に昇進していたA社のS社長からニューヨークの私に直接国際電話があり、ルイビルフォージ社の残りの八〇％の持分買収の仕事を、今回はフィナンシャル・アドバイザーの役も含め、すべてを私にやってほしいと依頼してきた。そして、A社の取締役が一回ルイビルフォージ社のオーナー社長であるペイトン社長と買取価額の交渉をしたがまったく埒が明かなかったので、買取価額の交渉も私に頼みたいと言ってこられた。私はS社長がまだ取締役や常務であったときに、A社によるルイビルフォージ社への二〇%資本参加の件でさんざん一緒に仕事をしたので、S社長に全面的に信頼していただいたようであった。

今回ペイトン社長がA社に、ペイトン社長所有のエルエフジー社（株式会社からLLCへ変更していた。）が所有するルイビルフォージ社の八〇%の持分の買収を打診してきた背景には、ペイトン社長がアメリカの同業他社であるU社から、ルイビルフォージ社の八〇%を直接買取るのではなく、それを保有するペイトン社長所有のエルエフジー社の全持分を五五〇〇万ドルで買取りたいというオファーを受けたことがある。

本件買収の圧倒的に大きな問題は、買取価額にあった。U社がペイトン社長が所有するエルエフジー社の全持分を五五〇〇万ドルで買取るとオファーしているため、ペイトン社長の方では執拗にルイビルフォージ社の八〇%は五五〇〇万ドル以下では売らないと言い張り、事前の交渉ではまったく埒が明かなかった。

ペイトン社長側は、以前A社がルイビルフォージ社の二〇%を買取った際のA社側のフィナンシャル・アドバイザーであった両N社の評価も、八〇%の評価は五五〇〇万ドルであったとも主張した。

A社側ではいろいろ検討した結果、四〇〇〇万ドルしか出せないというので、その差は一五〇〇万ドルもあった。ペイトン社長は、できれば一緒にやってきたA社に買取ってもらいたいと思っていたが、U社のオファーもあるので、A社の方との話は早急に決着をつける必要があった。

ペイトン社長がルイビルフォージ社の八〇%の持分そのものをU社に売るのであれば、ペイトン社長の会社エルエフジー社とA社の米国子会社の間で締結した合弁契約でもあったルイビルフォージ社の運営契約（Operating Agreement）で、エルエフジー社がルイビルフォージ社の持分を売却する場合にはA社の買取権が確保されていた。しかし、ペイトン社長がルイビルフォージ社ではなく、エルエフジー社の持分を売却する場合には、A社はそのような権利を有しなかった。

私は、ペイトン社長がルイビルフォージ社八〇％の持分をA社の提示する四〇〇〇万ドルで売却することはあり得ないと思っていたが、ペイトン社長は五五〇〇万ドルを頑として下げようとしなかった。

そこで、私とA社との間で徹底的に話し合い、A社が出せるギリギリの最高価額を検討してもらい、それ以上であれば買収はあきらめるというギリギリの金額を出してもらった。それが両者の主張する金額の中間である四七五〇万ドルであった。私は、その金額で一か八かの一本勝負をするほか決着をつける途はないと判断して、ペイトン社長と交渉するためルイビルフォージ社へ乗り込むことにした。

一九九九年九月一四日、私はアソシエート弁護士を伴って、ルイビルフォージ社の本社が移転していたケンタッキー州レキシントンへ出張し、ペイトン社長及びその弁護士であるマッケンジー弁護士と対峙した。買取価額の交渉は予想通り極めて厳しいものであった。しかし、私はペイトン社長がルイビルフォージ社を完全に売却して引退することを望んでいることは見抜いていたので、強気に出て勝負をかけることにし、四七五〇万ドルを提示し、それを呑まないのであればすぐニューヨークへ戻る旨を告げた。私は本気でそのように思っていたので、私の発言の迫力はペイトン社長に通じたと思った。

私の交渉のやり方は、まず相手方の立場に立って相手方の心理状況を見抜き、ずるずると少しずつ金額の幅を縮めるというやり方ではなく、肉を切らせて骨を断つというある意味では捨て身の戦法を採って大きな成功を収めてきた。今回もその方法を採らないとまとまらないと読んだので、思い切った方法を採った。

ペイトン社長はマッケンジー弁護士と共に別室に退いて協議していたが、思いの外長時間を費やした。相当時間が経ってからペイトン社長及びマッケンジー弁護士が戻ってくると、ペイトン社長は、私が提示した買取価額を受けると言って握手を求めてきた。その後同席したマッケンジー弁護士は、自分は反対でかなり説得したが、最後はペイトン社長が苦渋の決断をした旨を私に伝えた。

買収金額をブランクにしたレター・オブ・インテント（Letter of Intent）のドラフトは、あらかじめ私とマッケンジー弁護士との間で何回か交渉してかなりまとまっていたので、翌一五日にはレター・オブ・インテントにサインすることができた。

ペイトン社長が取引の早期完結を強く望んでいたので、デュー・ディィリジェンスは九月三〇日までに終了する合意をした。また、同年一〇月二〇日までは、売主側は第三者と交渉しない旨の約定（no shop clause）も勝ち取れた。

買取価額の合意ができたので、私の方では早速ルイビル所在のワイアット法律事務所（Wyatt, Tarrant & Combs）の私が非常によく知っているノーザン弁護士（Richard Northern）に話をし、同事務所のマッティングリー弁護士（Patrick W. Mattingly）を担当パートナーとし、私は主としてアソシエートのベアーズ弁護士（Kenneth T. Veirs）と一緒に仕事をすることになった。同法律事務所には、早速、法的デュー・ディィリジェンスを依頼した。また会計及び税務に関しては、プライスウォーターハウスクーパース（Pricewaterhouse Coopers）会計事務所を選任した。

私は若いベアーズ弁護士をあたかも自分の事務所のアソシエートのように使うことができたので、すべてを非常に効率よく進めることができた。買取契約書に関しては、アソシエートのベアーズ弁護士に最初のドラフトを作成してもらい、それを私の方で修正して相手方に提示して交渉した。売主側では引き続きグリーンバウム法律事務所のマッケンジー弁護士が主たる窓口となった。

私は何回も双方の法律事務所があるケンタッキー州ルイビルに出張して交渉を重ねた。A社の米国子会社はケンタッキー州のすぐ北のオハイオ州のシンシナティー空港から一〇分ぐらいのところにあり、レキシントンの近くにあるルイビルフォージ社はA社の米国子会社から車で五〇分ぐらい南にあった。法律事務所のあるルイビルは、A社の米国子会社の南西に車で約一時間半のところにあったので三カ所は三角形のようになっていた。

ルイビルへは飛行場から車で行く必要があり、行きはリムジンを使ったが、帰りはA社の米国子会社の現地駐在員に車で飛行場まで送ってもらっていた。またルイビルに出張した際に、A社の米国子会社の駐在員にトヨタのケンタッキー工場の前に連れて行ってもらったこともあった。

最後の大詰めの交渉の際に、ぎりぎりまで交渉していたため飛行機の時間に間に合うかどうか非常に厳しくなり、A社米国子会社の現地駐在員が飛行場に他の駐在員を電話で配置し、私を乗せて車でかなり飛ばしてくれ、空港に着くとすぐ待っていた別の駐在員が私の荷物を持って先導して搭乗口まで連れて行ってくれるというぎりぎりの離れ業をして、辛うじて間に合ったこともあった。

一九九九年一二月五日にA社が今回の買収について記者発表をしたので、翌六日の日本の新聞は、一斉にこの買収を報じた。たとえば、日経産業新聞は「米鍛造合弁を子会社化」「A社、五〇億円で取得」というタイトルで、合弁相手が所有する持分（出資比率八〇％）を一二月一五日付で約五〇億円で買取る旨を伝えた。

ルイビルフォージ社の八〇％の持分の買収は、私がワイアット法律事務所のアソシエートであるベアーズ弁護士を使ってどんどん進めたため、非常に効率よく進み、一九九九年一二月一五日に、買収のクロージングを無事に済ませることができた。この間A社の日本の本社からは誰も出張して来ず、私共とA社米国子会社の現地駐在員のみですべてを行った。

ルイビルは、大リーガーが使っているルイビル・スラッガー（Louisville Slugger）という野球のバットを製造していることで有名で、今回のM&Aの記念に、私はワイアット法律事務所から私の名前を刻んだ本物のルイビル・スラッガーのバットを贈られた。

4　アメリカのサプリメント会社の二段階買収

日本の食品会社K社によるアメリカのサプリメント会社（買収後社名をカントリーライフ社〈Country Life LLC〉とした。）の買収は、売主でありオーナーであったドレクスラー・ファミリー（Drexler Family）から、まず第一段階として二〇〇五年三月三〇日に全持分の四六・三％を四六七〇万ドル強で買収した。

この買収では、K社側のフィナンシャル・アドバイザーとしてプライス・ホーン社（PriceHorne LLC）が付いていたが、プライス・ホーン社はごく少人数のブティーク・フィナンシャル・アドバイザーで、プライス氏（John Price）及びホーン氏（Andrew Horne）共に日本語を話し、日本関係を専門としていた。

まず第一段階として、ドレクスラー・ファミリーから全体の四六・三％を取得することになった。私は以前からクレーマー・レビン法律事務所のマードック弁護士（Randal D. Murdock）を、同事務所の了解の下に、あたかも私の助手のように多くの案件で使っていたが、この件でも法的デュー・ディリジェンス及び契約書の最初のドラフト作成をマードック弁護士に頼んだ。この買収は二段階買収で、最初はK社は四六・三％しか取得しないため、売主であるドレクスラー・ファミリーとの間の契約書で合弁会社としてやっていく間の詳細な条件が定められ、また第二段階として、残りの持分を買取ることに関する詳細な条件等が規定された。

売主側に付いたのは、ニューヨークの一流法律事務所ではなく、これまでドレクスラー・ファミリーの仕事をしてきたファレル・フリッツ法律事務所（Farrell Fritz, P.C.）で、担当はキリーン弁護士（Thomas J. Killeen）であった。そのためM&Aについては私の方がはるかに専門家であり、私がすべてをリードし、キリーン弁護士には一目置いてもらった。

ドレクスラー・ファミリーは、事業会社、資産保有会社、企画会社等たくさんの会社を所有し、運営していたので、私が作成した合意の概要を定めるレター・オブ・インテントで多くの会社を整理して、きれいにまとまった形での買収とするストラクチャーを作り上げた。売主がファミリー所有の会社であったため、通常の会社とは違った配慮もせざるを得ず、プライス・ホーン社のプライス氏が微妙な問題を何回もオーナー社長のドレクスラー氏らと話し合った。

本件取引の契約は二本建てであった。九〇頁以上ある第一の合弁契約では、ドレクスラー・ファミリーの多くの会社を整理して再編成し、合弁会社とするもので、本体だけで七五頁であった。添付の関連契約その他を含めると非常に厚い契約書である第二の契約は、合弁会社であるカントリーライフ社の運営契約（Operating Agreement）で、カントリーライフ社の運営に関する詳細及びK社がドレクスラーの会社からカントリーライフ社の残りの持分を二〇〇六年と二〇〇七年の二回に分けて買取るオプション（Call Option）の行使条件の詳細や、ドレクスラー側の会社がK社にカントリーライフ社の持分を売付けるオプション（Put Option）の詳細な諸条件が定められた。

二〇〇五年四月一日の日本経済新聞に、K社「米で栄養補助食品」「現地大手と合弁設立」というタイトルの記事が掲載され、新設する合弁会社カントリーライフ社の四六・三％をK社が所有する旨報道された。

二〇〇六年になると、ドレクスラー・ファミリーからの要請で、契約の定めより繰り上げて、K社がドレクスラー側が所有する持分をすべて買取って、カントリーライフ社を一〇〇％所有することになった。そして交渉の上、二〇〇六年二月二四日には、私の方でシングルスペースで約六頁にわたるやや詳細なレター・オブ・インテントを作成し、関係当事者がサインした。そこでは、ドレクスラー側が所有するカントリーライフ社の五三・七％を五〇〇〇万ドルで買取ることが規定された。

二〇〇六年四月一四日には、カントリーライフ社の持分買取契約書（Membership Interest Purchase Agreement）がサインされ、同時にクロージングが行われた。関連契約書は買取の規模の割には非常に多く、関連書類も合わせると厚さ三〇～四〇センチに達した。

このようにして、当初の予定よりかなり早く、第一段階から約一年で第二段階の買収を完了し、K社はカントリーライフ社を完全子会社とすることができた。

5　チリの銅山を所有するカナダの会社のＴＯＢによる買収

以前からクライアントであった日本のＳ社から、二〇〇五年七月に、Ｓ社の子会社Ｐ社によるチリの銅山を所有するリガリト・コパー社（Regalito Copper Corp.）の買収の件を依頼された。この買収の案件は、実質的にはチリの銅山の買収という極めて興味深いものであり、また銅山を所有するリガリト・コパー社はカナダのトロント証券取引所及びアメリカのアメリカン証券取引所に上場されていたので、最終的にはＴＯＢで買収することになっていた。私の方では、チリのクラロ法律事務所（Claro & Cia., Abogados）を起用し、Ｐ社のチリの顧問弁護士がカバーしない法律問題や税務問題について相談した。

主としてカナダ、そしてアメリカでもＴＯＢを行うことになるので、カナダについては私の知っているバンクーバーのファリス法律事務所（Farris, Vaughan, Wills & Murphy）を起用した。アメリカのＴＯＢ規制については、当初ピルズベリー・ウィンスロップ法律事務所（Pillsbury Winthrop Shaw Pittman LLP）に法制度及び手続の調査のみを依頼した。そして、対象会社の大株主との相対取引について、両法律事務所に、カナダ及びアメリカにおけるＴＯＢ規制との関係を調査してもらった。また、ＴＯＢ終了後の非公開化に関する規則（Going Private Rules）についても調べてもらった。

二国間にまたがるＴＯＢについては、アメリカには特別の規則（Tier 1 Cross-border Rules）があり、アメリカにおける対象会社の普通株式の保有割合が一〇％以下の場合は、外国法人に対するＴＯＢについては、その外国法人の設立準拠法国における手続を順守すればよいということになっていた。それとは別に、カナダ法人についての特例である多国籍開示システム（Multijurisdictional Disclosure System〈MJDS〉）があり、米国居住株主の保有割合が四〇％以下である場合には、カナダ法に基づくTOB手続を認めている。

売主側のフィナンシャル・アドバイザーにはベア・スターンズ（Bear, Stearns & Co. Inc.）がつき、アセット・チリ（Asset Chile）という会社も、補助的なフィナンシャル・アドバイザーであった。またチリのサンティアゴとバンクーバーの双方で、対象会社の詳細な調査（デュー・ディリジェンス）を行ったが、法律関係及び税務の一部の調査は、カナダのファリス法律事務所及びサンティアゴのクラロ法律事務所が行い、会計及び税務はプライスウォーターハウスクーパースが担当した。

当初は私がP社のために対象会社のフィナンシャル・アドバイザーであるベア・スターンズと交渉したり、打合せたりしていた。実は一九八八年に、P社の当時の親会社であったN社がアメリカの上場会社であるグールド社（Gould Inc.）をTOBで買収した案件も、当時私はN社から依頼され、取扱ったことがあった。

二〇〇六年一月一六日には、ベア・スターンズから、対象会社がP社によるTOBを支持するにあたっての条件を詳細に規定したサポート契約書（Support Agreement）のドラフトを当方へ送ってきて、当方が提案するサポート契約書の修正版を作成するように求めてきた。

P社はTOBのためのフィナンシャル・アドバイザーとしてUBS証券カナダ社（UBS Securities Canada Inc.）を起用し、ニューヨークのUBS投資銀行（UBS Investment Bank）及び日本のUBS証券日本（UBS Securities Japan Ltd.）も関与した。アメリカでTOBに対応するために、私は長年非常によく知っているニューヨークのポール・ワイス法律事務所を起用し、連邦証券取引委員会（SEC）への手続を担当してもらった。

Ｐ社は、二〇〇六年三月一日に、私がドラフトを作成した正式な買取提案のレターをベア・スターンズへ送付した。それと共に、サポート契約書の当方提案の修正案及び対象会社の大株主との間で締結するロックアップ契約書（Lock-up Agreement）を送付した。

二〇〇六年三月一四日には、Ｐ社が対象会社に対し友好的ＴＯＢを開始することを新聞発表し、同日付でサポート契約も締結された。四月三日には、ＴＯＢの目論見書（Take-over Bid Circular）を含むＴＯＢ関連書類が対象会社の株主へ発送され、ＴＯＢが開始された。

二〇〇六年五月九日のＴＯＢ終了時点で、Ｐ社はすでに所有していた対象会社の株式以外の約九〇％を取得した。そして五月一五日には、ＴＯＢで提供されなかった株式を取得するため、強制買付通知を出した。

Ｍ＆Ａの大きな案件について報道するアメリカのザ・ディール・ドット・コム（The Deal.com）は、二〇〇六年三月一七日、Ｐ社が対象会社を一億三七〇〇万ドルで買収するだろうとの記事を出した。その記事では、対象会社の取締役会もＴＯＢに応じることを推奨しており、一株六ドルの買取価格は、アメリカン証券取引所の三月一五日の終値に約一七％のプレミアムを乗せた価格で、取引が成立しなかった場合には、対象会社はＰ社に対しブレイクアップ・フィー（break-up fee）として四七一万ドルを支払うことに合意したと報じた。

その記事は、今回の買収に携わった弁護士として、Ｐ社は桝田弁護士が率いるマスダ・アンド・エジリ法律事務所（Masuda & Ejiri）を起用し、カナダ法に関してはバンクーバーのファリス法律事務所、アメリカ法に関してはニューヨークのポール・ワイス法律事務所を使ったと報じた。

ビジネス法の最新のニュースを載せ、権威のある『レックスパート』(Lexpert) は、P社がトロント証券取引所及びアメリカン証券取引所に上場された対象会社の普通株式すべてに対するTOBを終了した旨報じた。そして、二〇〇六年五月九日のP社によるTOB終了までに、対象会社の発行株式の約九〇%が提供されたと伝えた。さらに、P社は、TOBに応じて提供されなかった株式を強制買取手続(Compulsory Acquisition Procedures) により買収する予定であり、対象会社にとってのこの取引の価値は一億五一〇〇万カナダドルであるとした。

『レックスパート』はさらに、P社はマスダ・アンド・エジリが代理し、カナダのファリス法律事務所及びアメリカに関してはポール・ワイス法律事務所がサポートしたと報じた。

第9章　超スピードによるアメリカの医療機器メーカーの買収

1　P社のアメリカにおけるM&A

私は日本の上場会社P社のために、アメリカにおけるM&Aをいくつか取扱った。二〇〇三年四月に最初に依頼された案件は、P社のアメリカ進出及びその後のアメリカでの事業展開に非常に功績のあった方から、その方が所有し運営しているM社を買ってほしいというものであった。過去の恩義のため、P社としても、無碍には断れないという雰囲気があった。

例によって私はM&Aのトータル・アドバイザーということで、P社のM専務その他の担当者と共にM社を訪問し、マネージメント・インタビュー及び工場見学を行った。

私はM社のオーナーであるO社長の説明を聞いて、これはビジネスとしてとても将来性がなく、M社の買収はP社にはとてもお勧めできないと考え、マネージメント・インタビューを分析したP社に対する報告書の中で、M社のビジネスのマイナス要因をいくつも挙げて、この買収は進めない方がよい旨アドバイスをした。

私がP社のアメリカにおけるM＆Aを取扱った最初の案件であったが、P社のためを思うと無理して進めても後で後悔するだけだと確信した。しかし、最初のM＆Aの案件でこのようなネガティブな報告書を提出すると、次のM＆Aの案件を頼んでもらえないかもしれないという可能性は感じていた。

P社には私の報告内容を十分理解していただき、結局このM＆Aはお断りすることになった。P社としては、過去お世話になった人からの話で断り難い点もあったと思われるが、私のアドバイスにより断る決心ができたのかもしれない。

二〇〇三年一一月には、P社からまた、日本人がやっているアメリカの医療関係のベンチャービジネスであるT社への出資の話が持ち込まれ、日本の有名な企業もいくつか出資しているので、P社も出資したいということであった。私はシニア・アソシエートの南繁樹弁護士と共に、同年一二月五日サンフランシスコのそばのシリコン・バレーにあるT社を訪問し、P社の担当者と一緒に、T社の日本人社長のS氏やその他の重役、弁護士から説明を聞いた。

T社の日本人社長であるS氏は若いにもかかわらず大変説明が上手で、そのため日本の多くの会社の社長も説得されたのではないかと想像された。私はいろいろな点で疑問点もあったため、P社に対してはそれらの疑問点を指摘し、資本参加にはやや否定的な報告書を提出した。しかし、P社の方では結局資本参加することにしたが、後になって聞くと、やはり私が心配した点が現実になったようであった。

P社からはさらに、韓国のN社の買収の話も持ち込まれたが、これはうさん臭いところがあり、私は買収はやめた方がよい旨アドバイスをし、結局この買収はやめたように聞いている。

二〇〇四年六月になると、世界的に巨大な投資銀行であるUBS銀行から内視鏡の付属品等を取扱っているバード社（C.R. Bard, Inc.）の競争入札への参加の誘いがP社にあり、私に相談が持ち込まれた。私は例によって案件全体を取り仕切るトータル・アドバイザーを務めることになった。法律面では、私とは三〇年ぐらい付き合いがありM&Aでは定評のあるニューヨークのフリード・フランク法律事務所（Fried, Frank, Harris, Shriver & Jacobson LLP）のシャイン弁護士（David N. Shine）を起用し、企業価値評価については、四大会計事務所の一つであるアーンスト・アンド・ヤング・コーポレート・ファイナンス（Ernst & Young Corporate Finance）の責任者で評価の専門家であるウルフ氏（James G. Wolf）及び彼のチームを起用した。

時間がなかったので、ウルフ氏に大至急バード社の企業価値評価を依頼した。また入札の条件として、UBS銀行から受取った買取契約書のドラフトにP社側の修正点を加えて入札書類と共に出す必要があったため、シャイン弁護士に至急買取契約書のドラフトの修正ドラフトを作成してもらい、私の方で修正ドラフトをレビューした。

入札期限が迫った二〇〇四年六月二九日及び三〇日には、私のニューヨークオフィスにP社のM専務、O常務、Y社長室長及びアーンスト・アンド・ヤングのウルフ氏、キャロル氏（Edward R. Carroll）及びソロット氏（Stephan Thollot）が集まり、アーンスト・アンド・ヤングの企業価値評価報告書に基づいて、入札する買取価額についてそれぞれの立場から検討した。

問題点が出揃ったところで、私から出席者一人一人に小さい紙を配り、いくらで入札するのが適当か一人一人に数字を書き込んでもらって、私に出してもらった。その結果、たとえバード社を買収できなくてもあまり高い買取価額で入札すべきではないという全員のおおよそのコンセンサスができ、最終的に入札額を決定した。そこで私の方で意向書（Letter of Indication）を作成し、当方の修正を入れた買取契約書のドラフトと共に、締切り直前にＵＢＳ銀行の担当者に提出した。

結局、バード社は他のアメリカの会社が買収することになった。もし私のチームに投資銀行がアドバイザーとしてついていたとすれば、成功報酬を取るために、かなり高い買取価額での入札を強く勧めたと思われる。しかし、無理して高い価額を支払う買収はなかなかうまくいかないというのが私の信条であるので、バード社を買収できなかったことはむしろよかったと考えた。

後日談であるが、その後だいぶ経ってからバード社を買収した会社からＰ社にアプローチがあり、バード社を買収したがうまくいかないので、Ｐ社に買取ってくれないかという話があったそうである。Ｐ社はもちろんそれを断ったそうであるが、Ｐ社側のバード社買収チームが冷静に判断をしたことが結果としてよかったことが証明された。

このように、私はＰ社のＭ＆Ａの案件では、やめた方がよいとアドバイスしたり、否定的な疑問点を提起したり、あまり高い買取価額を入札しない方がよいとアドバイスしたりして、内視鏡関連の分野で買収に積極的な意欲を持っていたＰ社にブレーキをかけ続けていたような形になってしまった。しかし、そのような過程を通して、私は逆にＰ社のトップマネージメントから全面的な信頼を勝ち取ることができ、次に述べるマイクロライン社の買収を成功に導くことができた。

二〇〇四年八月からは、Ｐ社の米国子会社がケイ社（Kay Elemetrics Corp.）を資産買収する件が始まった。ケイ社はニュージャージー州にあったので、私は長年親しくしており、何回か仕事を一緒にしたことがあるニュージャージー州のピットニー・ハーディン法律事務所（Pitney, Hardin, Kipp & Szuch LLP）のＭ＆Ａの専門弁護士であるゼレンティー弁護士（Michael W. Zelenty）を起用し、財務、会計及び企業価値評価についてはアーンスト・アンド・ヤングのウルフ氏を起用した。私は、この件では法律面を除いては受け身で相談に応じただけで、トータル・アドバイザー的な役割は果たさなかった。

この件は、次に述べるP社によるマイクロライン社の買収と同時進行になった。しかし、この件にはフィナンシャル・アドバイザーは関与せず、ケイ社のクランプ社長（John M. Crump）とP社の米国子会社のメディカル部門のW社長がお互いによく知っているということで、両社長の間で話が進められたため遅々として進まず、また理解に食い違いがあったりした。結局ケイ社買収の件はマイクロライン社買収の件にあっという間に追い抜かれてしまい、買収が完了するのに二〇〇五年三月までかかってしまった。M&Aにはやはり経験豊富なアドバイザーが売主側にも買主側にもつくことが極めて大切なことを思い知らされた案件であった。

2　マイクロライン社の超スピードによる買収

最初の経緯

内視鏡に使うハサミやクリップその他の製品を製造販売しているボストン郊外のベバリー（Beverly）にあるマイクロライン社（Microline, Inc.）のP社による買収は、私にとってもいろいろな意味で想い出深い買収の一つである。

マイクロライン社が競争入札（Auction）により売りに出されているという話がまず私へ持ち込まれ、

私がその案件をP社につないで成功したという意味で、私としても案件の紹介までやったM&Aは初めてであった。また競争入札の方は、すでにヨーロッパの会社とアメリカの会社がかなり先行しており、P社はぎりぎりのところで入札に参加したため、ものすごいスピードで案件を進めたということが、大きな特徴であった。

国際的なM&Aの世界では、日本の会社は意思決定に非常に時間がかかる上、デュー・ディリジェンスで対象企業を徹底的に調査しながら買収しないことも多く、そういう意味では売主からはあまり好まれていない。マイクロライン社のオーナーの一人で当時のトップ（CEO）も、別の日本企業との間でそのような経験があったため、P社が買収に興味があることを伝えても、日本の会社はあまり歓迎しないというのが最初の反応であった。

しかし、私はM&Aのときはほとんどいつでもそうであるように、P社のU社長、M専務及びO常務といったトップマネージメントと直接相談しながら本件を進め、早く決断しないと逃してしまうということでさんざんプッシュして急いでもらったため、日本の会社としては異例の超スピードで本件を進めることができた。これは、それ以前にもP社のM&Aをいくつか手掛けていたこともあり、P社のトップマネージメントとの間に全面的な信頼関係があったことも寄与した。

最初に本件が私のところに持ち込まれたのは、二〇〇四年九月二九日であり、その日にすぐにP社のトップマネージメントに話をつないだ。P社の内視鏡の分野で最大のライバルであった他の日本の会社が大変興味を示したが、六カ月間はM&Aを凍結するという方針を持っていたため、泣く泣くあきらめたという経緯があった。

マイクロライン社のフィナンシャル・アドバイザーであるブラック・ポイント・パートナーズ社

(Black Point Partners, Inc.) が作成した二〇〇四年八月付の会社概況書 (Confidential Descriptive Memorandum) を手に入れたのは、一〇月四日であった。一〇月七日には、P社のO常務から、興味ある案件なのでおよそいくらぐらいなのか教えてほしいとの要請が来た。

マイクロライン社は毎年三五%から四〇%の成長率を誇っており、二七%という非常に高いマージンの実績があった。今回大株主で社長兼CEOのラフォケード氏 (Hughes de Laforcade) と副社長 (Executive Vice President) のギルボン氏 (Henri de Guillebon) が引退するということで、マイクロライン社が売りに出されたそうである。二人の大株主は、いずれもフランス人であった。

早速、P社のM&A案件でこれまで使っていたアーンスト・アンド・ヤングのウルフ氏と相談したところ、企業価値評価の指標としてよく使われるEBITDA (Earnings Before Interest, Taxes, Depreciation and Amortization の頭文字で、税引前利益に、特別損益、支払利息及び減価償却費を加算した値で、企業価値評価の指標として広く利用される。) の一〇倍から一三倍であろうということであった。すなわち、おおよその評価としては、四二五〇万ドルから五〇〇〇万ドルの範囲だと思われた。

一〇月七日に私が先方の主任フィナンシャル・アドバイザーであるマニュエル氏 (Charles T. Manuel) と話したところでは、すでに二社が条件書 (Term Sheet) を提出しており、P社は相当出遅れているので、売主は恐らくこの二社のうちの一社を選ぶだろうということであった。そして、マイクロライン社の社長兼CEOのラフォケード氏は、日本の会社は迅速に動かないという点に懸念を持っており、P社は不利であろうということであった。また、翌週にはニューオーリンズで外科関連製品のショーが開かれるので、そこでマイクロライン社の製品を見ることができるということであった。

作業開始

先方のフィナンシャル・アドバイザーも、P社が真剣に興味を持ち、超スピードで本件を進めるということに確信が持てなければ、P社との話は進めないと言った。私からマニュエル氏に対しては、P社は遅れて入ってきたため、他社と同じタイミングでマイクロライン社の会社概況書を受領していなかったが、これから至急本件のデュー・ディリジェンスのための秘密保持契約を締結するべくアレンジをし、翌週の中頃までにはレター・オブ・インタレスト（Letter of Interest）を出し、その後にレター・オブ・インテントも提出すると伝えた。また私はP社のトップマネージメントと直接相談しながら進めるので、迅速に進めることができる旨も伝えた。

私は早速、いつものように私がP社のプロフェッショナル・チームのリーダーで窓口となるだけでなく、フィナンシャル・アドバイザーとしての役割も果たすことを伝えるレターのドラフトを作成し、P社へ送った。また、P社の要請に基づき、アーンスト・アンド・ヤングの企業価値評価部門に、至急企業価値評価をするよう依頼した。

P社の対応も早く、即日売主側に対し、私をプロフェッショナル・チームのリーダーかつ窓口とし、フィナンシャル・アドバイザーの役割もすることを伝えるレターにサインして、私に送ってきた。また翌日には、秘密保持契約書にサインしたものを、Eメールに添付して私に送ってきた。私から売主側へそれらを送ったのは、一〇月八日であった。さらにP社からは、P社の米国子会社のこの分野の担当社長を、翌週ニューオーリンズの外科関連製品のショーへ送ると言ってきた。

私からマニュエル氏に、一〇月二一日にマネージメント・プレゼンテーション（Management Presentation）及びマネージメント・インタビュー（Management Interview）を行うよう申入れたところ、同日早速オーケーしてきた。しかし、マニュエル氏から、その前にP社の方から拘束力がない前提で買取価額の幅を知らせるようにとの要請を受けた。

マイクロライン社はボストン郊外の会社であったので、一〇月一四日にレックス・ムンディのチェアマンもしていたことがあり、私が長年公私にわたって非常に親しくしていたボストンのフォーリー・ホアグ法律事務所（Foley Hoag LLP）のホワイト弁護士に連絡し、コンフリクトがないことを確認した。

売主側のフィナンシャル・アドバイザーから、買取価額の幅を早急に知らせるように強く要請されていたので、アーンスト・アンド・ヤングの評価部門を何回もプッシュして、一〇月一四日には四〇〇〇万ドルから五〇〇〇万ドルの間であるという数字を出してもらった。その過程で、アーンスト・アンド・ヤングの評価担当者からマイクロライン社のフィナンシャル・アドバイザーに対しいろいろ質問をしてもらい、追加の財務情報その他を入手してもらった。

こうして一〇月一四日には、私からマニュエル氏宛のレターの形式でレター・オブ・インタレストのドラフトを作成し、P社の承認を求めた。また今後このプロジェクトを進めるにあたってコードネームが必要であった。マイクロライン社は内視鏡に使うハサミ、留め金やクリップ等を製造販売しているので、私がこの案件を「Project Staples」とすることを双方へ提案し、またマイクロライン社を「Magnets」、P社を「Pencil」というコードネームで呼ぶことを提案し、いずれも受けてもらった。

余談であるが、私がM&Aを行う場合、私自身がプロジェクトや関係当事者のコードネームを考えて提案し、ほぼそのまま採用されることが多い。コードネームを考えるにあたっては、取引の特徴を表しながらも、第三者からはまったく分からないような名前を付け、当事者のコードネームも、社名のイニシャルを使って普通名詞や国名を使うことにしている。このようなコードネームを考えるのは、私の密かな楽しみでもあった。

翌一〇月一五日には、P社から、私が作成したレター・オブ・インタレストのドラフトを承認する旨のEメールが届いた。同じ日に、アーンスト・アンド・ヤングの評価部門が、他の二社は四五〇〇万ドルから五〇〇〇万ドルという買取価額の幅を出していることを知らせてきた。したがって、P社の買収価額の表明もこの範囲に入らなければ入札で負ける可能性が高いということであった。

一〇月一五日にすぐ売主側のフィナンシャル・アドバイザーに私がサインしたレター・オブ・インタレストを送付した。同じ日に売主側の別のフィナンシャル・アドバイザーであるアメリカ大和証券のヒルトン氏（Andre N. Hilton）から、P社は買取価額を現金で支払うことの確認を求めてきた。また提示した価額は、非公式であっても他の取締役たちと話し合ったかどうか、及び今後本件を進めるおおよそのタイミングを聞いてきた。

売主側のフィナンシャル・アドバイザーからは、P社が非常に早く本件を進め、適正な価額を提示できるのであれば、一〇月二二日には他の入札者に話す前にタームシートの交渉をする準備があると言ってきた。そしてそのためには、P社の入札価額は表明した価格の一番高い価額かそれよりちょっと上であることが必要であると言ってきた。

一〇月一五日には、私の要請にすぐ応えて、アーンスト・アンド・ヤングの評価部門が評価の根拠を説明するメールを送ってきた。売主側のフィナンシャル・アドバイザーたちは、私が非常に速いスピードで本件を進めるのを好感したようで、他の二社の入札者に先駆けてP社と交渉してもらえる可能性が出てきた。

マネージメント・プレゼンテーション以降

二〇〇四年一〇月二一日午後二時から、マイクロライン社の近くにある売主側のフィナンシャル・アドバイザーであるブラック・ポイント・パートナーズ社の会議室で、マネージメント・プレゼンテーション及びマネージメント・インタビューが行われた。売主側からは、大株主でマイクロライン社社長兼CEOのラフォケード氏及びやはり大株主で副社長のギルボン氏のほか、販売部門、研究開発部門及び財務総務部門の責任者がそれぞれ一人ずつ出席した。その他、売主側のフィナンシャル・アドバイザー四名も出席した。

当方からは、P社のO常務、S事業部長及びY社長室室長の三名、P社の米国子会社から四名、私の事務所から私を含めて二名、ボストンのフォーリー・ホアグ法律事務所から二名、アーンスト・アンド・ヤングの評価部門から三名が出席した。

マネージメント・プレゼンテーションでは、マイクロライン社の方から全員がそれぞれの立場で説明を行い、その後当方から多数の質問が出された。その後すぐに、私はP社の人々とマイクロライン社の工場やオフィス等を見学した。その後ボストンに戻り、ホワイト弁護士の事務所の会議室で本日行われたマネージメント・プレゼンテーション及びインタビューについて総括を行った。

その後アーンスト・アンド・ヤングの評価部門から相手方のフィナンシャル・アドバイザーに対していろいろな財務上の質問をして、追加の情報を入手し始めた。また同部門から依頼条件書（Engagement

Letter）に相当する株主資本の評価分析書（Valuation Analysis of Shareholders' Equity）と題するかなり長い条件書が提示され、その条件交渉だけでも何日もかかった。

やはりアーンスト・アンド・ヤングのような巨大な組織だと、担当者の意向にかかわらず官僚的なところがある。その交渉中も私がウルフ氏ほかに無理を言って、お互いの信頼関係をベースにアーンスト・アンド・ヤングから暫定的な評価を非公式に出してもらった。それでもアーンスト・アンド・ヤングとの間の依頼条件書にP社がサインしたのは、一〇月二九日になってしまった。

当方から一一月一日午後三時三〇分にボストン空港脇のホテルにある会議室で売主と買主で交渉を持つことを申入れ、合意された。これは、翌日O常務はアメリカの別の場所へ行くためボストンを発たねばならず、私も翌日ニューヨークから東京へ飛ばなければならなかったため、ぎりぎりの選択であった。また評価を頼んでいたアーンスト・アンド・ヤングに無理を言って、一〇月二七日には詳細な評価に関する報告書を出してもらった。その間ホワイト弁護士が所属するフォーリー・ホアグ法律事務所との間の依頼条件書も締結することができた。

一〇月二七日は、私の方で買取価額をブランクにしたレター・オブ・インテントのドラフトを作成し、P社側関係者へコメントを求めて送付した。急ぐためアーンスト・アンド・ヤングの担当者も相手方のフィナンシャル・アドバイザーにいろいろな質問をぶつけ、一緒に走りながらデュー・ディリジェンスの作業を進めた。一〇月二八日には、レター・オブ・インテントのドラフトを先方のフィナンシャル・アドバイザーへ送った。

一〇月二八日には、入札に参加していた他の二社のうち一社は条件書（Term Sheet）を完成し、他の一社は競争入札に負けたようであるとの情報が入った。また買取価額は四五〇〇万ドルから五〇〇〇万ドルの範囲と思われ、恐らく四八〇〇万ドルから四九〇〇万ドルであろうという情報が入った。

マイクロライン社は創業者である二人が株式の過半数を支配していたので、必ずしも全株を支配していなくても、全株式を買収できる買収子会社を使った現金合併（Cash Merger）の方法を採ることも想定していた。また一〇月二八日には、P社の要請により、私共で、レター・オブ・インテントの法的拘束力に関する調査報告書を作成して、P社へ送付した。

買収価額の交渉

一一月一日にボストン空港の脇にあるホテルで、売主側はマイクロライン社の大株主の二人及び先方のフィナンシャル・アドバイザー二名と、当方はP社のO常務、Y社長室室長及び私の三人で、買収の条件交渉が行われた。交渉においては、当方は四七〇〇万ドルを主張し、先方は四八〇〇万ドルを主張して平行線を辿った。そこで、最後に私とO常務とで相談し、クロージングにおいて現金で支払う買取価額は四七〇〇万ドルとするが、翌二〇〇五年七月三一日に終了する会計年度で、売主側が見積っているEBITDAの九〇％以上を達成した場合には、現金でさらに一〇〇万ドルを支払うということで交渉し、合意することができた。

M&Aの交渉においては、買主としては買収後の実績に応じて買取価額を決めるアーン・アウト（Earn-out）方式で交渉する場合もあるが、売主側はその方式に合意しないことが多い。しかし、交渉でどうしても買取価額の差を埋められない場合に、その差額についてのみ事業計画のたとえば九〇％の達成を条件として追加の買取価額を支払うという方式はなかなか有効なやり方で、このやり方であると売主の方もなかなか拒絶するのは難しくなる。

後日談であるが、引継ぎをスムーズに行うために社長兼CEO及び副社長の二人にはクロージング後半年間マイクロライン社に残ってもらったが、彼らは見積もったEBITDAの九〇％を達成するため多大な努力をし、業績を上げた。しかし、ほんの少しのところで九〇％に達せず、P社としては追加の買取価額を支払うことなく彼らに業績を上げてもらったことになった。

基本条件につき合意したので、私が持参したラップトップ・コンピュータでレター・オブ・インテントの最終版を作成し、ホテルのビジネスセンターでコピーを取ろうとした。しかし、時間が遅いためビジネス・センターにはよく分かる人がおらず、さんざん苦労してようやくレター・オブ・インテントのコピーをそろえることができた。そして、その場で二人の創業者である大株主及び（取締役会の承認を条件として）マイクロライン社にサインしてもらうことができた。その際、売主側は、クリスマスまでにクロージングを行いたいという強い希望を述べた。

本格的デュー・ディリジェンスと契約書作成等の開始

一一月一日の夜遅くニューヨークに戻った私は、早速ボストンのホワイト弁護士へ法的デュー・ディリジェンスの開始を要請すると共に、買取契約書の最初のドラフトの作成を指示した。またアーンスト・アンド・ヤングの評価部門も、財務及び税務の本格的な企業調査を開始することになった。

ボストンの法律事務所からは、一一月二日には売主側のフィナンシャル・アドバイザーに法的デュー・ディリジェンスのリクエスト・リストが送付された。売主側の弁護士は、ボストンの大手法律事務所であるヘール・アンド・ドール法律事務所（Hale & Dorr）のピーター・タール弁護士（Peter Tarr）であると伝えてきた。ヘール・アンド・ドール法律事務所はワシントンDCのウィルマー・カトラー・アンド・ピカリング法律事務所（Wilmer Kutler & Pickering）と合併して、ウィルマー・カトラー・ピカリング・ヘール・アンド・ドール法律事務所（Wilmer Kutler Pickering Hale & Dorr）になった直後であった。そして両社のボストンの弁護士間で話し合われ、単なる株式取得ではなく現金合併による方法の方がよいという方向に話がいった。

一一月三日には、マイクロライン社の朝の取締役会でレター・オブ・インテントを正式に承認した旨、私に伝えてきた。

P社は一一月二九日に臨時取締役会を開催するので、その前にデュー・ディリジェンスの中間報告書を受領したいと言ってきた。英語で作成されたデュー・ディリジェンス・レポートは私共のオフィスで日本語に変えなければならないので、ホワイト弁護士には一一月二三日までに中間的な報告書でよいので提出するように要請した。

P社はその間、マイクロライン社の中国及び台湾のサプライヤーを、本件の買収については一切触れない形で訪問して、事実上のデュー・ディリジェンスをやりたいと言ってきたので、その旨売主側のフィナンシャル・アドバイザーに申入れた。またP社のM専務がマイクロライン社を一二月一日頃訪問したいという要望を伝えてきた。

P社はまた、一二月七日頃にはプレスリリースを出したいという要望を伝えてきた。それに対し、マイクロライン社のアメリカの弁護士からは、クロージングが行われるまではP社はプレスリリースを出さないでほしいと言ってきた。

本件の買取価額は五〇〇〇万ドル未満であったため、アメリカの合併事前届出書であるハート・スコット・ロディノ法の下での届出は要求されないことが確認された。そのため、買取契約書の締結とクロージングとの間に三〇日以上の間隔を開ける必要はないことになった。

一一月一二日には、東京のP社の本社において、私はM専務、O常務、S部長、Y室長と本件について詳細な打合せをした。一一月一六日及び一七日にはM専務をはじめとするチームがマイクロラインの本社を訪問し、ビジネス上の調査を行うことになった。また、一一月二二日から二四日にかけて、P社の人間がマイクロライン社の台湾及び中国のサプライヤーを訪問することになった。

一一月一二日には、当方側のフォーリー・ホアグ法律事務所が作成した、P社の既存の米国子会社及びP社が買収のために設立する米国子会社ならびにマイクロライン社及びマイクロライン社の株主との間で締結される合併契約書（Agreement and Plan of Merger）の最初のドラフトが届いた。

私共は、日本における独禁法の下での届出・報告義務があるかどうかについて調査をし、事前の届出義務も事後の報告義務もないことを確認し、一一月一五日にP社にその点に関する詳しいメモランダムを提出した。私共はまた、東京証券取引所の適時開示規則に基づく開示義務の存否についても詳細に検討した一一月一八日付メモランダムを作成し、P社に提出した。

税務に関しては、一一月一八日アーンスト・アンド・ヤングの税務専門家の検討結果につき私が電話会議で話をし、その内容をP社へ伝えた。また合併契約書のドラフトについても、ホワイト弁護士たちと電話会議で議論をし、その結果を日本語の詳しいメールでP社へ伝えた。

本件買収における営業権（Goodwill）の償却についても検討された。アメリカの税務上は営業権は資産買収（Asset Acquisition）の場合には一五年の償却がなされるが、株式買収（Stock Acquisition）の場合には償却は認められない。P社の米国子会社がアメリカに新たに設立する買収子会社をマイクロライン社に吸収合併する方式は株式買収と見なされ、アメリカでは営業権の償却はできない。逆にマイクロライン社を買収子会社へ吸収合併すると、税務上は資産買収と見なされる。しかし資産買収の場合には売主の方に税務上の不利益が生じるので、売主はその方法を受けず、この段階で税務上の資産買収に変えることは事実上不可能であった。

合併契約書の簡単な要約を日本語で作成したものを一一月一九日にP社へ提出した。しかしP社での問題を解決する前にコメントを送るのはまずいということで、合併契約書のドラフトに対するコメントを売主側へ送るのは遅らせることにした。

マイクロライン社の社長兼CEO及び副社長の二人の大株主は、二〇〇五年七月三一日までマイクロライン社と雇用契約を結んでもらうことにし、P社がマイクロライン社をスムーズに引継げるようにした。

一一月二三日には、フォーリー・ホアグ法律事務所から法的デュー・ディリジェンスに関する詳細な報告書及び経営陣のための要約書（Executive Summary）が送られてきた。アーンスト・アンド・ヤングからは一一月二二日付税務及び財務デュー・ディリジェンスの追加報告書が届き、私共の事務所で日本語の要約を作成してP社へ送った。フォーリー・ホアグ法律事務所作成の法的デュー・ディリジェンス・レポートの経営者のための要約についても、私共の事務所で日本語による要約を作成し、一一月二四日にはP社へ送付した。

合併契約書締結と報道

一二月七日から九日にかけて、ボストンにおいて私も参加して合併契約書の交渉が行われた。一二月一四日には、P社の臨時取締役会においてマイクロライン社の買収及び合併契約書を承認し、同日日本時間午後五時、東京においてP社の社長及びマイクロライン社の副社長が合併契約書にサインをした。時差の関係でボストンの同日午前中にフォーリー・ホアグ法律事務所の大会議室でクロージングが行われ、買取価額が送金された。

日本時間一二月一五日午後三時には、東京証券取引所で本件買収に関する記者発表が行われ、引き続きP社の担当者とマイクロライン社の副社長とで日本の代理店への挨拶回りが行われた。

P社によるマイクロライン社の買収は、二〇〇四年一二月一六日の日本経済新聞で、「米内視鏡会社を完全子会社化」とのタイトルで報道されたほか、他の日刊紙でも、P社が「五〇億円で米社買収」「腹腔鏡処置具に進出」「医療事業を強化」とのタイトルで、やや詳しい記事が出た。翌二〇〇五年一月一六日のボストン・サンデー・グローブ紙（Boston Sunday Globe）には、P社のU社長、O常務の大きな写真と共に、本件買収に関する大きな記事が掲載された。

本件M&Aは一一月一日にレター・オブ・インテントがサインされてからちょうど一カ月半でクロージングに至るという、非常に速いスピードで行われた。このように速いスピードでM&Aをすることができたのは、私がP社のフィナンシャル・アドバイザー及びリーガル・アドバイザーを兼ねたトータル・アドバイザーとして相手方のフィナンシャル・アドバイザーと頻繁に話をしながら、P社のトップマネージメントとは日本語で直接どんどん話をすることができたからである。また、これまで何回も一緒にP社のためにチームとしてM&Aの仕事をしたアーンスト・アンド・ヤングやボストンのフォーリー・ホアグ法律事務所と、非常に迅速で効率的な進め方をすることができたことも挙げられる。

買収記念の夕食会

本件では私がフィナンシャル・アドバイザーの役割も務めたので、本件M&Aを記念するため、私の方で専門業者を使い、P社のカラーの赤を基調とした洒落た記念のディール・キューブを創った。一二月二二日にボストンのホテルで行われたP社主催の記念夕食会において、そのディール・キューブは記念品として出席者全員に配られた。その夕食会には、P社側の関係者とマイクロライン社の幹部を含む関係者が一堂に会した。P社のU社長が挨拶に立ち、今回のM&Aは桝田弁護士の多大なる尽力なくしてはあり得なかったと謝意を述べられ、大きな拍手をいただくことができた。

また挨拶に立ったフォーリー・ホアグ法律事務所のホワイト弁護士は、本件M&Aはすごいスピードで行われ、スピード違反かもしれないと冗談を言って笑わせた。ホワイト弁護士は出席者全員にボストンが本拠地でご自身が大変なファンであるボストン・レッドソックスの野球帽を贈ったが、ジュンジ（私のこと）は熱烈なヤンキースファンであるので、彼にだけはヤンキースの野球帽を用意したと言って、これまた笑わせていた。

国際的なM&A、そして特に競争入札によるM&Aにおいては、スピードが極めて大切である。日本企業は事を進めるのが遅い上、意思決定に非常に時間がかかるので、国際的なM&Aが成功しない例も多い。

私はP社とは何件か国際的なM&Aをやってきて P社のトップマネージメントとの間に完全な信頼関係がある上、普通のフィナンシャル・アドバイザーとは違って、何でもかんでもM&Aを成立させるというやり方ではなく、買収側の日本の会社にとって何がベストであるかを絶えず考えて動いてきたので、お互いに理解が早く、スピードを速くすることができたと思う。

後日談であるが、二〇〇九年一〇月七日、ホワイト弁護士はオバマ大統領によって駐ノルウェー大使に任命され、私と妻は一〇月二一日に行われたホワイト弁護士の宣誓式に出席した。ホワイト弁護士が駐日大使であれば、日米関係はもう少しうまくいったのではないかと、あらぬことを考えたりした。

3　その後のP社によるM&A

二〇〇六年二月には、P社が買収したマイクロライン社からの依頼で、フロリダ州ジャクソンビルのエンドックス社（Endox LLC）の事業部門を買収する件を依頼された。アメリカの弁護士としては、買収後もマイクロライン社の件を担当していたフォーリー・ホアグ法律事務所を起用した。この件で重要であったのはエンドックス社の有する特許であったので、同法律事務所の知的財産関係の専門家であるグランツ弁護士（Michael Glantz）が中心となって担当した。

私もフロリダのエンドックス社を訪問して、同社のデニス社長（William G. Dennis）から直接特許技術の話を聞いた。

結局、この買収は二〇〇六年五月に完結したが、費用との兼ね合いがあり、特許に関する徹底的な調査は行われなかった。

二〇〇六年一〇月には、P社がドイツのプリンターの会社M社を買収するという話が出てきた。対象会社はドイツ・ハンブルグから車で行ったところにあるということで、早速ハンブルグのリットスティーク弁護士（Andreas Rittstieg）を現地の弁護士として起用した。

リットスティーク弁護士は、若い頃アメリカ・カリフォルニア州の大手法律事務所で研修していた際、数カ月日本で研修をしたいということで、私が引き取って当時の桝田江尻法律事務所で研修してもらった。彼はドイツへ帰ってからハンブルグの大手法律事務所でM&A等に携わり、その法律事務所の中心的なパートナーにまでなったが、何年か前に独立してM&Aのブティーク法律事務所を運営していた。彼は人柄が非常に素晴らしいだけでなく、極めて優秀な弁護士であった。ドイツの会計事務所としては、ハンブルグのアルパース・アンド・ステンガー（Alpers & Stenger）を使うことにした。

また、対象会社はアメリカ・オハイオ州クリーブランド近郊でもビジネスをしていたので、私がよく知っているクリーブランドのカルフィー法律事務所（Calfee, Halter & Griswold LLP）のロス弁護士（Robert A. Ross）を起用した。ロス弁護士はやはりM&Aの経験が非常に豊富な弁護士で、以前別件のM&Aでも起用した。

また財務及び税務のデュー・ディリジェンス及び企業価値評価については、案件が非常に大きいものではなかったため、小回りが利くアメリカの準大手会計事務所であるグラント・ソーントン会計事務所（Grant Thornton）のクリーブランド・オフィスのフリーマン氏（Tom Freeman）のチームを使うことにした。

この件では、デュー・ディリジェンスが一通り行われた後、P社の社長、M専務、Y室長、私とシニア・アソシエートの茂木諭弁護士と共に、ハンブルグからかなり車で行ったところにあるM社の本社を真冬の二〇〇七年一月二三日から二五日にかけて訪問した。私はアメリカ国内の出張には必ずニューヨークオフィスのシニア・アソシエートを一緒に連れて行ったが、本件では当時ニューヨークオフィスで働いていた茂木弁護士を、アソシエートとしては初めてヨーロッパへ連れて行くことができた。

茂木弁護士はヨーロッパは初めてであった。しかし、ハンブルグ滞在中は、朝から夜遅くまで会議や夕食の予定が入ったため、ホテルとリッツスティーク弁護士のオフィスとの間を歩く際に街をちょっと見る程度であった。後で聞くと、茂木弁護士は、一月二六日朝早くホテルを出発して空港へ向かう前に、明け方に起きて街を散歩したということであった。

M社の買収もU社長としては進めたかったようであったが、今ひとつのところがあり、P社は結局M社を買収しないで終わった。

第10章　史上最大の証券クラスアクションに関与

1　ＩＴ関連企業の株式公開ラッシュ

一九九八年一月から二〇〇〇年一二月にかけて、四六〇社を超える情報技術（Information Technology、ＩＴ）関連の会社がアメリカにおいて株式公開（Initial Public Offering、ＩＰＯ）をした。当時ＩＴ関連の会社の株価は加熱しており、株式公開の際に引受証券会社から公開株の割当てを受けた機関投資家は、公開日にすでに公開価格の五〇％から一〇〇％以上も株価が値上がりしたので、ナスダック（ＮＡＳＤＡＱ）等の証券取引所で購入した株式を直ちに売却することにより、大きな利益を得ることができた。他方、引受証券会社は発行会社の手取金の七％をコミッションとして受取った。

ところが、二〇〇〇年一二月七日付のウォールストリート・ジャーナル紙の、加熱するＩＰＯで引受証券会社が過度のコミッションを受取ったとして調査が開始された旨を報じる記事が発端になって、史上最大の証券クラスアクションへつながっていった。

この記事によれば、ウォール街の証券会社は、加熱するIT関連企業のIPOの株式を投資家へ割当てるのと交換に、大投資家に対し異常に高い株式売買のコミッションを要求したかどうかを、連邦証券取引委員会（SEC）が連邦検察局と共に調査を始めたとのことだった。ウォールストリート・ジャーナル紙は、引受証券会社と大手投資家との間の取決めで、IPOにあたっての投資家の利益に引受証券会社のコミッションが連動するようになっていたと報じた。

最初の調査の対象になったのは、スイスのクレディ・スイス・グループ（Credit Suisse Group）の米国子会社であるクレディ・スイス・ファースト・ボストン（Credit Suisse First Boston）であった。IT関連企業のIPOにより、一九九八年半ばから二〇〇〇年末までに、合計一六五八億ドルが調達され、ウォール街の証券会社には合計八七億ドルの引受手数料が入ったと報道されている。

一九九八年中頃以降の一一〇三件のIPOのうち、三六三件のIPOでは、初日の取引で売出価格の五〇%以上の利益をあげており、一九九件のIPOでは、株価が二倍以上になったということである。

IPO株の多数はヘッジファンド、ミューチュアル・ファンド、年金基金等を含む機関投資家に割当てられたが、これらのファンドはウォール街の証券会社の最高の顧客であった。このようなIPOブームの最中に、IPOで利益をあげるために多くのヘッジファンドが創設されたと言われている。そして機関投資家のIPOによる利益を証券会社が取得するコミッションに反映させ、証券会社がキックバックを受けるような形になっていた。

関係者によると、時には証券ディーラーは投資家に対し、投資家のIPOによる利益の二五〜四〇%以上のコミッションを支払うように要求したということである。この過大なコミッションは、いくつかの取引を通してディーラーに支払われていたという。たとえば、ディーラーにコミッションを与えるためのみの目的で同じ数の同じ株式を売買するという方法も採られた。

ＳＥＣ及び連邦検察局は、ＩＰＯに連動したコミッションの支払は未開示のキックバックを禁止する証券法違反になるのではないかと調査をし、もし違反が意図的であれば刑事罰の対象にもなり得るが、意図的でなくても民事罰は科せられ得るとしていた。そのような支払は、ＩＰＯの投資家に提供される目論見書に関連する開示ルールに違反し得るともされた。またそのような支払は、未開示の追加引受手数料にもなり得るものであった。

クレディ・スイス・ファースト・ボストンは、ハイテク投資銀行のスターと言われたフランク・クアトローン氏（Frank Quattrone）が一九九八年中頃に入社してからＩＴ関連企業のＩＰＯの引受けでリーダーとなった。その他のＩＰＯブームのリーダーとしては、モルガン・スタンレー・ディーン・ウィッター及びゴールドマン・サックス・グループがある。

このような証券会社と大口顧客との間の抱き合せ契約により、ＩＰＯの引受証券会社は公開株の人為的な需要を作り出し、株価を引上げさせたと主張された。また引受証券会社は、顧客が得たＩＰＯ株の売却で得た利益の一部をコミッションとして払わせることによって、自らも金儲けをすることができたとされる。

2　証券クラスアクションの提起

これらのような新聞記事や政府の調査に駆り立てられて、二〇〇一年一月一二日から一二月六日までの間に、ニューヨーク南部地区連邦地方裁判所に三〇九件のＩＰＯに関連して一〇〇〇件以上のクラスアクションが提起された。原告が標的にしたのは、ＩＰＯの引受証券会社、ＩＰＯの発行会社及び発行会社の役員であった。訴えられたのは引受証券会社五五社、発行会社三〇九社及び何千人もの発行会社の役員であった。

これらの多数の訴訟を効率的に処理するため、ニューヨーク南部地区連邦地方裁判所の事件配転委員会（Assignment Committee）は、総合調整及び事実審理前の申立ての決定、ディスカバリー及び事実審理以外の関連事項については、すべて一つの法廷に配転するよう指示した。そして、二〇〇一年八月九日付で、これらの多くのクラスアクションは、「新規株式公開証券訴訟（In re Initial Public Offering Securities Litigation.）」と名付けられた。

原告になったのは、ＩＰＯ後にＩＴ関連の会社の株を高値で買わされて損をしたという当時の株主であり、多数のクラスアクションを起こしたのはいわゆるプレインティフ・ローヤーとして知られる法律事務所で、まさに証券業界を全部巻き込むような大訴訟となった。たまたま三〇九社の発行会社の中にナスダックで公開した日本企業も一社あったため私もこの件を依頼され、アメリカの証券業界を揺るがした非常に多くのクラスアクションを内側から見ることができた。

このような多数の証券クラスアクションを担当した裁判官は、ニューヨーク南部地区連邦地方裁判所のシーラ・シャインドリンという女性の裁判官であった。シャインドリン裁判官は、私が関係した別の案件でも訴訟を担当していたが、後に判決でイーディスカバリー（e-Discovery）に関して非常に有名なルールを作った訴訟の担当裁判官でもあり、名前はよく知られていた。

二〇〇二年四月には、原告、発行会社及びその保険会社との間のミディエーションが開始された。また原告は、二〇〇二年四月二〇日、改訂訴状（Amended Complaint）を提出した。改訂訴状では、①引受証券会社に対する請求、②発行会社に対する請求、及び③個人被告に対する請求に分けて、原告の主張が述べられた。

①引受証券会社に対する請求としては、まず第一に、IPOの際に、引受証券会社が投資家から受けていたコミッションを、有価証券届出書に記載していなかったことが、一九三三年証券法一一条違反とされ、損害賠償が請求された。

第二に、IPOの際に、引受証券会社が投資家から秘密裏にコミッションを受け、不当に利益を得ていたことが、操作的または詐欺的方法により証券等を販売した者等の責任を定める一九三四年証券取引法（証取法）一〇条（b）項違反とされ、損害賠償が請求された。

第三に、第三者を介して証券を販売した際、投資家から秘密裏にコミッションを受け、不当に利益を得ていたことが、第三者を利用して操作的または詐欺的方法により証券等を販売した者等の責任を定める証券法二〇条（a）項違反とされ、損害賠償を請求された。

②発行会社に対する請求としては、第一に、IPOの際に、引受証券会社が不法なコミッションを投資家から得ていたことを知りまたは知り得べきであったとして、証取法一〇条（b）項違反に基づく損害賠償が請求された。

第二に、IPOの際に、引受証券会社が投資家から受けていたコミッションを、有価証券届出書等に記載していなかったとして、無過失責任を定める証券法一一条違反として、損害賠償を請求された。

③個人被告に対する請求としては、第一に、IPOの際に、引受証券会社が投資家から受けていたコミッションを、有価証券届出書等に記載していなかったことが、無過失責任を定める証券法一一条違反とし

て、損害賠償を請求された。

第二に、IPOの際に、引受証券会社が投資家から受けていたコミッションを、有価証券届出書等に記載していなかったことが、個人被告が会社の支配者（Control Person）であったとして、証券法一五条により、証券法一一条に基づく責任等に関する発行会社の支配者として連帯責任を問われた。

定石通り、二〇〇二年七月には、被告となった引受証券会社、発行会社及び被告になったその役員が、それぞれ本件訴訟の却下を求める申立て（Motion to Dismiss）をした。

却下申立ての理由は二つあり、一つは、仮に原告の訴状における主張がすべて正しいと仮定しても、三〇九の訴状は連邦訴訟手続規則及び一九九五年私的証券訴訟改革法（Private Securities Litigation Reform Act of 1995）の準備書面記載の要件を満たしていないというものであった。もう一つは、仮に訴状に記載された事実が正しいと仮定しても、救済を求められている請求権を述べていないということを理由としていた。

二〇〇二年一一月一日午前一〇時から、引受証券会社及び発行会社等の訴え却下の申立てに対する口頭弁論がニューヨーク南部地区連邦地方裁判所で行われ、私も法廷で傍聴した。連邦地方裁判所は二六～二七階建ての近代的な高層ビルで、外側からはオフィスビルのように見え、裁判所のような雰囲気はなかった。

その二六階の大きな法廷で口頭弁論が行われたが、なにせ関係者が多いため、私が傍聴席に定刻に着いたときには、傍聴席や陪審員の席はすでに傍聴人でいっぱいであるだけでなく、その周りに大勢の人が立っており、かろうじて立って傍聴できるという状況であった。法廷の壁は重厚な木で作られて法廷らしさがあったが、法廷には珍しく窓がいくつもあり、外の景色が見えた。

裁判官と向き合うような形で原告の弁護士が一〇人ほど並び、その後ろの右側に引受証券会社側の弁護士が数人、そしてその左側に発行会社側の弁護士が数人並び、その他の座れない弁護士たちは傍聴席に座っていたようである。また傍聴人のほとんどは、恐らく関係者の弁護士と思われる人々で、その中には若い女性たちもいて、床に座って一生懸命メモを取っていた。

シャインドリン裁判官は中年の女性裁判官で、最初から最後まですべてをてきぱきと取り仕切り、絶えず発言をしていると言っても過言ではないくらいであった。裁判官はその日の段取りを説明した後、各問題点につき、自分が聞きたい論点をそれぞれの当事者の弁護士に弁論させるという方式で進めていったが、その発言内容から書類はきちんと読んだ上、極めてよく理解しており、非常に優秀な裁判官であるという印象であった。

私がたまたま若干関係していた別の事件で、シャインドリン裁判官はその日の前日まで二週間ほど証人尋問を連続して行っており、裁判官が前日までそちらの件にすべての時間を取られていたのを知っていただけに、本件のような難しい巨大証券クラスアクションの膨大な書類にすべて目を通して理解しているということは、驚嘆に値するものであった。

弁護士の方は論点ごとに立ち上がって自説を述べていたが、シャインドリン裁判官がてきぱきしているのに比べ、やや迫力に欠けるというのが私の率直な印象であった。裁判官は弁護士の弁論の途中でもどんどん質問をするし、また弁護士が弁論をしようとしても必要ないと判断した事項については必要ないのでそれ以上弁論を続けないようにとはっきり指示し、非常にめりはりの効いた訴訟指揮ぶりであった。

その後シャインドリン裁判官は、二〇〇三年二月一九日に、約二四〇頁の大部の意見及び命令書(Opinion and Order)を出し、引受証券会社及び発行会社等が主張する訴え却下の論点を詳細に論じた上、大部分の訴え却下の主張を退け、ほんの一部のみを認容した。

前にも述べたように、本件ではあまりにも数多くのクラスアクションがあるため、原告・被告間で同意の上、クラス認定及び事実関係について訴訟を進めるため、一六の訴訟をモデルケースとして選択した。そして、モデルケースについては、その後かなり多くのデポジションが行われた。

3　第一次和解の合意

二〇〇四年九月二二日には、原告と、被告発行会社及びその役員である個人被告との間だけで和解の合意ができたが、原告と真っ向から対立していた引受証券会社は、最初から和解の話合いから外されていたため、蚊帳の外であった。二〇〇四年一〇月一四日には、その和解に関してシャインドリン裁判官がクラス認定を認める命令を出した。それに対し、引受証券会社はクラス認定を争って、控訴審である第二巡回控訴裁判所（Court of Appeals for the Second Circuit）に控訴をした。

その間、また二〇〇五年二月一五日には、地裁が、原告と、被告発行会社及び個人被告との間の和解契約を承認する仮決定（Preliminary Order）を出した。また二〇〇五年九月一日には、地裁は和解手続にかかるクラスメンバーの確定や通知手続等についての仮決定を出した。二〇〇六年四月二四日には、地裁は和解の最終承認を求める申立てに基づいて、フェアネス・ヒヤリング（Fairness Hearing）を行うことを決定した。

ところが、二〇〇六年一二月五日に、控訴裁判所が地裁のクラス認定の承認を覆す命令を出し、地裁に差戻した。二〇〇四年一〇月一四日の地裁のクラス認定の決定においては、「第3章　アメリカの特異な制度と実態」の「4　クラスアクション」で説明したように、連邦民事訴訟規則二三条で定める各要件が満たされているかどうかにつき、ある程度の事実の認定（some showing）があれば十分であると判示していた。

しかし、控訴裁判所は規則二三条の各要件を満たしているかどうかを判断するのにある程度の事実の認定だけでは十分ではなく、各要件が満たされていると確定しなければクラス認定をしてはならないと判示した。そして、控訴された訴訟については、クラスの認定をしてはならないと命令した。

規則二三条の各要件を認定する証拠の基準については、地裁のシャインドリン裁判官は、規則二三条の各要件を、民事訴訟の通常の事実認定で要求される証拠の優越（Preponderance of Evidence、どちらの証拠の証明力が強いか）という基準で認定することは、本案の事実を認定することにもなってしまうので、被告に悪影響を与えると判断した。そこで同裁判官は、ある程度の認定という、より低い基準（"some showing" Standard）を採用した。

シャインドリン裁判官が承認した和解は、前述のように原告の多数のクラスと被告である発行会社及びその役員で、三一〇件の併合訴訟のうちの二九八件のクラスアクションの原告のクラスと発行会社とその役員が対象であった。その和解では、原告に一〇億ドル（約一〇〇〇億円）が支払われることが保証されていた（実際には被告の発行会社やその役員の保険会社が負担することになっていた）。

控訴裁判所が地裁のクラス認定に関する命令を取消して地裁へ差戻したので、二〇〇七年六月二日、地裁はその時点での原告クラス及び被告の発行会社及びその役員との間の和解を終結する命令を発した。それに対し、原告は、二〇〇七年八月一四日、第二改訂併合クラスアクション訴状（Second Amended

Consolidated Class Action Complaints）を裁判所へ提出し、控訴裁判所が設定したクラス認定についての基準に合わせて共通事項主張書面（Master Allegations）を修正した。

4　第二次和解の合意

このように、原告のクラス及び被告の発行会社及びその役員との間の和解がご破算になってしまったため、今度は原告のクラス、被告の発行会社及びその役員だけでなく、被告の引受証券会社も含めた和解交渉がミディエーターが間に入って何回も行われた。その結果、ようやく全当事者による和解が成立したので、二〇〇九年四月二日に全当事者が裁判所に和解合意書（Stipulation and Agreement of Settlement）を提出し、八年間にわたった三〇九件の併合クラスアクションを完結させることを求めた。

原告はさらに、①提出した訴訟上の合意書（Stipulation）を仮に承認し、②訴訟上の合意書に記載された和解目的のための和解クラス（Settlement Class）を認定し、③訴訟上の合意書に記載されたクラス構成員への通知の形式及びプログラムを承認し、④訴訟上の合意書に記載された和解が最終的に承認されるかどうかを決定するための裁判所におけるヒヤリングのスケジュールを求める命令を申立てた。

それに対し、二〇〇九年六月一〇日、地裁のシャインドリン裁判官は、原告の申立てを認容した。今回の和解においては、被告が合計五億八六〇〇万ドルを支払うというものであった。サブプライムローンの影響等でリーマン・ブラザーズが倒産したことを受けて、その分が除外された結果、金額が端数になっている。シャインドリン裁判官の二〇〇九年六月一〇日の意見及び命令書（Opinion and Order）においては、クラス認定について、次のように説明している。

アメリカ合衆国最高裁判所は、和解目的のクラスを明示的に承認しているが、同時に和解だけを目的とするクラスは、訴訟は事実審理によらないで終結するので、手続の管理能力（Manageability of the Proceedings）を考慮する必要がないという唯一の例外を除いては、規則二三条で定めるすべての要件を満たしている必要があるとした。そして、クラスの定義が十分に担保されていなかったり広すぎることを防ぐことによって参加していない者を保護するために規定されている規則二三条の要件が、緩くなるどころかむしろより厳密な考察が必要であるとしている。

和解目的のクラス認定は、馴合いや、原告の弁護士がクラス全体の利益を代表する能力があるかという問題を提起する。したがって、裁判所は和解の公平性、合理性そして和解に至った交渉の妥当性について、より明確な事実認定を要求している。

シャインドリン裁判官の意見及び命令書では、さらに今回の和解について、ミディエーターを務めた二人の引退した裁判官であるポリタン元裁判官（Politan）とワインスタイン元裁判官（Weinstein）の宣誓供述書（Affidavit）に言及している。すなわち、両ミディエーターとも、和解交渉は九カ月に及び、十分なミディエーション期日を七回持ち、数え切れないほどの電話会議や個別の当事者とのミーティングを行ったと述べ、今回の和解条件は、独立当事者間の交渉（Arm's Length Bargaining）の所産であると述べている。

シャインドリン裁判官の意見及び命令書では、なぜ最初の和解が一〇億ドルの保証であったのに対し、今回の和解が五億八六〇〇万ドルという非常に減額された金額になっているのかという点についても、合理的かどうかという観点から検討している。

当初の一〇億ドルの保証は、被告の引受証券会社に関する訴訟が完結するまでクラスのメンバーに分配されないことになっており、原告は和解の当事者となっていない引受証券会社に対する訴訟を継続する必要があった。したがって原告にとっては、陪審の評決（Verdict）が出るまで本件訴訟を継続することは、非常に費用がかかるだけでなく、不確実であった。そして、原告が引受証券会社から追加の損害金を取ることができなかった場合に限って、一〇億ドルの保証の権利が発生することになっていた。

また、シャインドリン裁判官の意見及び命令書では、今回の和解ではクラスの定義が相当程度狭められているので、パイは小さくなったかもしれないが、各権利者はより大きな分配を受けるとも述べている。さらに、現在の経済環境は状況を大きく変化させ、原告は景気がよかった時代に受取ることを期待した損害額をもはや期待することはできないとも述べている。しかも引受証券会社の一つであるリーマン・ブラザーズは破産しており、他の引受証券会社の多くも政府の関与により破産を免れているという状況であるとしている。

シャインドリン裁判官は、その意見及び命令書の最後で、和解の妥当性を審理するフェアネス・ヒヤリングを二〇〇九年九月一〇日に開くことを命じた。

5　第二次和解のフェアネス・ヒヤリング

和解契約についてのフェアネス・ヒヤリングが、二〇〇九年九月一〇日午後四時三〇分から六時三〇分まで、ニューヨーク南部地区連邦地方裁判所において行われた。原告のクラスメンバーのうち約一五〇名の異議が提出され、そのうち希望する者に口頭で発言する機会を与えるものである。手続の開始前に、裁判所の書記官が用紙を配り、和解に反対する原告及びその弁護士で発言をしたい人は記名するように求めていた。実際に発言したのは原告の弁護士と、クラスメンバー六名であった。

まず原告の弁護士から、二〇〇一年から九年に及んだ本件は、長期かつ前例を見ない案件であったとの発言があった。そして、三〇九のクラスアクションをまとめて審理し、五五の引受会社と三〇〇超の発行会社が当事者となり、被告側だけでも一〇〇を超える法律事務所が関与したと述べた。そして、原告の弁護士やスタッフたちが使った時間の累計は一〇〇万時間を超えたとも述べた。

原告の弁護士は、自分たちに対する弁護士報酬の支払の要求は申立て通り認められるべきで、申立てた金額は、ロードスター方式（Lodestar Method）の五〇%にしかならないと述べた。ロードスター方式とは、各弁護士の報酬の一時間当たりのレートに案件のために使用した時間数を掛けることによって算出する方式である。

さらに、原告の弁護士は次のように主張した。和解に対しては一四〇強の反対があるが、約七〇〇万人に及ぶクラス全体の大きさに比べれば割合は小さい。また、前日時点で、和解に基づく一〇万件の分配請求がなされており、和解が提案通り許可されることを望む原告はたくさんいる。したがって和解は認められるべきである。

それに対し、シャインドリン裁判官は、そうは言っても反対する原告が話したい限りは聞くつもりであり、今日もし終わらなかったときは明日も法廷を開くこともできる旨を付け加えた。これに対し、被告側の弁護士は特に発言しなかった。

続いて、原告のクラスメンバーの六名の反対者による発言があった。反対する原告のクラスメンバー本人が発言する者もいれば、その弁護士が発言する場合もあった。主な反対の理由と、それに対する他の当事者及び裁判官の発言内容は、以下の通りである。反対者の発言には、重複する内容や、必ずしも趣旨が明確でない発言も多かったが、裁判官が積極的に介入して議論を整理していたのが印象的であった。

反対者はその理由として、①クラスの定義が不明確であること、②クラス代表者（Class Representative）に与える支払の額が過大であること、③原告側の弁護士に対する弁護士報酬の額が過大であること、④和解金額が過小であること、及び⑤和解の分配を受けるのに一〇年以上前の書類を提出することを要求するのは不合理であること、を主張した。

反対理由③の原告側弁護士に対する弁護士報酬については、原告側弁護士は和解金額総額の三分の一の報酬を求めているが、これは高すぎる、二五％の報酬を認めなかった先例もある、ロードスターとの比較はあくまでチェックに用いるべきであって、ロードスターに相当する金額やその半分を確実に受取れると期待すべきものではないなどと反対者は主張した。

これに対して裁判官は、弁護士報酬の提案を認めるかどうかは裁判所が別途判断することで、和解自体を認めるかどうかとは別の議論であると指摘した。

6　第二次和解の承認

フェアネス・ヒヤリングから一カ月も経たない二〇〇九年一〇月五日に、シャインドリン裁判官は一二八頁に及ぶ意見及び命令書（Opinion and Order）を出し、和解を承認した。そして異議が出された事項につき、一つ一つ判断を示した。

シャインドリン裁判官のこの命令は、クラスアクションの和解を裁判所が検討して承認するにあたって考慮すべき事項をきちっと整理して、一つ一つの項目について検討の経緯及び結論を明確に述べているので、以下に項目ごとに簡単に説明をする。

シャインドリン裁判官はまず、裁判所はクラスのメンバーに対し、和解が「公正、合理的かつ妥当であること（Fair, Reasonable and Adequate）」を確認する義務を負っているとした。そのために裁判所は、次のような要素を検討しなければならないとした。これらの要素は、それらの要素を判示した判例の名前を取ってグリネル要素（Grinnell Factors）と呼ばれている。

①訴訟の複雑性、費用及び予測される期間
②和解に対するクラスの反応
③手続の進行状況及び完了した証拠開示の量
④責任を証明するにあたってのリスク
⑤損害賠償額を証明するにあたってのリスク
⑥正式事実審理を通してクラスを維持するリスク
⑦より大きな判決を出させないようにする被告の能力
⑧考えられる最も良い損害回復という観点から見た和解の合理性の範囲
⑨訴訟に伴うあらゆるリスクという観点から見た可能性のある損害回復に対する和解金の合理性の範囲

そして、クラスアクションの和解の承認は、最終的には事実審裁判所の裁量事項であるとした。しかし裁判所としては、特にクラスアクションにおいては、なるべく和解で解決するという強い司法上のポリシーには注意を払うとした。

シャインドリン裁判官は結論として、今回の和解は公正で、合理的でかつ妥当であるとした。シャインドリン裁判官の命令の後に早速六組の原告が控訴審に上訴し、そのため本件は控訴審で審理されることになった。

7 弁護士費用の検討

シャインドリン裁判官は、その意見及び命令書の中でいろいろな費用支払について詳細に検討したが、中でも異議申立てをした者のほとんどが批判した弁護士費用の要求額については、約三五頁も割いて詳細に検討している。

原告の執行委員会（Plaintiffs' Executive Committee、以下「原告委員会」と言う。）は、原告側のすべての弁護士がそれぞれ所属する法律事務所のために、報酬とは別の実費として五〇〇〇万ドル強を請求した。この金額は、和解金の総額の約八・六％であった。そして原告委員会は、原告委員会を構成する各法律事務所の実費集計報告書及びその他の法律事務所すべての実費の集計報告書を提出した。

これらの実費は、コピー、裁判所の費用、切手代及び送付費用、スタッフの超過勤務費用、電話代、出張旅費及び交通費等に関係する通常の費用である。原告の弁護士はさらに、原告団全体のために使用する実費にあてるため各法律事務所が拠出した一四〇〇万ドルを超える原告の訴訟ファンド（Plaintiffs' Litigation Fund）に発生し、あるいはそのファンドによって支払われた費用の償還を求めた。

弁護士費用の請求に対しては多くの異議が出されたが、実費の請求については異議は一つに過ぎなかった。この異議は、実費の請求を根拠づけるものが提出されていないこと、原告の訴訟ファンドに対する拠出金の支払請求については、個々の法律事務所の実費集計報告書の中にも請求されていること、そしてコンピュータによるリサーチの費用は認めるべきではないというものであった。シャインドリン裁判官はいろいろ検討した結果、四七〇〇万ドル弱の実費請求を承認した。

原告委員会は原告側すべての弁護士の弁護士報酬として、和解金額の総額の三分の一、すなわち一億九五〇〇万ドルを請求した。シャインドリン裁判官は、弁護士費用を認定するにあたっては、パーセンテージ方法（Percentage of the Fund Method）を使うが、ロードスター方式もしばしばチェックのために使われるとした。

原告委員会は、ロードスター方式による報酬総額は二億七八〇〇万ドルであると主張した。そして同委員会は、各弁護士、弁護士ではない法律的仕事の補助者であるパラリーガル及びスタッフメンバーが過去八年間以上にわたって本訴訟のために使用した時間及び一時間当たりの報酬額であるビリングレートの要約を提出した。

シャインドリン裁判官は、第一に、原告委員会が使用しているレートは現在のレートであって、二〇〇一年のレートよりずっと高い可能性が高いとした。第二に、法律事務所は、一方では高いビリングレートを保ちながら、しばしば依頼者に弁護士報酬のディスカウントを与えているのが実態であるとした。そして、裁判官は、一時間当たりのレートを減額することにし、原告委員会のロードスターを計算し直すとした。

たとえば、最もシニアなパートナーであるミルバーグ法律事務所（Milberg LLP）のアーサー・ミラー弁護士（Arthur Miller）は、一時間に九九五ドルをチャージしている。しかしこのレートは明らかに法外なものである。大きな法律事務所のシニア・パートナーは二〇〇七年にはそのようなレートをチャージしたかもしれないが、ほとんど一〇年前から依頼者がそのようなレートで支払っているとは信じられない。

裁判官は、パートナーのレートの上限を一時間五〇〇ドルとし、それを各法律事務所の最もシニアなパートナーにのみ適用するとした。シニア・アソシエートは一時間三〇〇ドルとした。そしてパートナーとアソシエートのレートは、経験年数によって下げられていくとした。そして裁判官は、このように調整したロードスターの総額は、約二億ドルだとした。

シャインドリン裁判官はさらに、本件で与えられる弁護士費用の合理的な額を決定するにあたって、次のような要素を考慮した。

①弁護士が使用した時間及び労働

原告委員会は、すでに合計六七万七〇〇〇時間以上を使い、今後さらに時間を使うとした。原告委員会のメンバー以外の法律事務所も、三五万時間以上を使ったと報告している。しかし、本件では訴訟は八年にもわたり、三〇〇〇万頁以上の書類を検討し、一四五のデポジションを取ったことを考慮すると、必ずしも驚くべきものではない。

②訴訟の大きさと複雑性

本訴訟は、アメリカにおいて最も長引いた広域証券訴訟であることは確かである。当初一〇〇〇以上の訴状が裁判所に提出された。訴訟は五五の引受証券会社、三〇〇以上の発行会社及び一〇〇〇人の発行会社の役員及び取締役に対して提起された。被告を代理した法律事務所は一一〇を超えており、その数には事実上訴訟に利害関係を持った保険会社を代理した法律事務所は含まれていない。

原告の弁護士は三〇〇以上の修正訴答（訴状、答弁書及び準備書面）を提出しており、数え切れないほどの却下の申立てに対して極めて激しく対立した三つのクラス認定の申立ての書面を作成し、口頭弁論をした。また原告側弁護士は、広範囲にわたるディスカバリーの努力もし、六〇〇人に及ぶ第三者に召喚状を送り、一二人の専門家を採用した。

③訴訟のリスク

原告側弁護士には、本件訴訟の過程で、弁護士報酬は一切支払われていない。原告側弁護士は何百万ドルの費用を前払いし、多くの時間を使った。訴訟のリスクは訴訟が開始されたときの時点で計らなければならないというのは確立した原則であるが、第二巡回連邦控訴裁判所のクラス認定に関する判決によって、原告側が敗訴するリスクが高まった。

すなわち控訴裁判所の判決により、クラスのサイズが非常に制限され、見積もられる損害賠償額の総額が減額されることにより、本件訴訟を継続するリスクは極端に増した。原告側弁護士はそこで、過去九カ月にわたって被告側と和解の交渉をした。過去三年間に行われた原告側弁護士による作業が何の成果も生まないという深刻なリスクがあった。

④弁護士活動の質

シャインドリン裁判官は本件訴訟を最初から担当しているが、中心的な原告側弁護士で構成される原告委員会の多くの弁護士のプロとしての活動には最大の尊敬を持っている。これらの法律事務所は、アメリカ国内の最も著名な法律事務所のいくつかである。

原告側弁護士は異常とも言えるねばり強さを発揮して控訴審の判決の再審理を連邦控訴裁判所に申請し、結果として一定の制限は受けながらも、本件訴訟を続けることから排除されない旨の判決を得た。そして、原告側弁護士は、被告側と公正な和解を交渉することができた。

原告側の弁護士はさらに、サリバン・アンド・クロムウェル法律事務所やモリソン・アンド・フォースター法律事務所（Morrison & Foerster LLP）を含む全国的に最も著名な一一〇の法律事務所に対抗した。しかし、第二巡回連邦控訴裁判所の判例では、弁護士活動の質は結果によって一番よく計られるとし、結果は損害を回復できる可能性と実際に判決あるいは和解によって得る金額を比べることによって計算されるとしている。本件では、原告側は見積損害賠償額の二%しか獲得できなかった。この点は弁護士報酬を減額する要素になり得る。

⑤和解に関連して要求された弁護士報酬

本件では回収額が小さいだけでなく、弁護士報酬請求と和解による各クラスメンバーの取り分との間には大変大きな開きがある。すなわち、弁護士報酬及び実費は和解金総額の約四三％にも達する。もしこの金額が弁護士報酬として与えられると、クラスメンバーは一ドルの損害に対し一セント以下しか回収しないことになる。この点は弁護士報酬の減額要因になる。

⑥公共政策上の考慮

シャインドリン裁判官は、どのような弁護士報酬が、原告側の弁護士が将来意味のある訴訟を提起し続けることを鼓舞するかということも考慮するとした。すなわち原告の弁護士報酬は合理的でなければならないが、将来同様の努力をすることを誘引するようなものでなければならないとした。異議申立者は本裁判所に対し、原告側弁護士は自分たちの報酬の支払を確保するために一ドルの損害のために一セントにも満たない和解をしたと主張した。

確かに原告側弁護士とクラスメンバーとの間には必然的な利害の抵触がある。フェアネス・ヒヤリングに際して、クラスメンバーの観点からすると、本件訴訟の回復金額はあまりにも小さいので、クラスメンバーにとっては本件が事実審理になってもリスクは小さく、和解に参加することを拒絶してもその損失は小さいとした。

それに対して、原告側弁護士は最も利害関係が大きい。したがって、原告側弁護士はたとえ獲得する損害額が期待した損害額のごく一部であったとしても和解をする強いインセンティブがある。

しかし被告側が和解に同意したという事実は、原告の請求がまったく根拠がないものではないということを示している。本件訴訟を事実審理にまで持って行くことは、誰にとっても得にならない。この和解を承認しないことは、将来のクラスアクションに極めて冷や水を浴びせる効果を有するだろう。

最後にシャインドリン裁判官は、次のように認定した。原告側弁護士が合理的な費用の償還に加えて、報酬としてさらに費用のパーセンテージを受取る理由はない。したがって、パーセンテージによる報酬は、和解金額の総額に対してではなく純和解金額によるべきである。そして原告側弁護士の報酬として、純和解金額の三分の一である約一億七〇〇〇万ドルを認定した。

第11章　人生最大の案件──ルーセントの光ファイバー部門買収

1　ルーセントの光ファイバー部門売却

二〇〇一年二月のある日、二十数年以上仕事をさせていただいていたF社の法務部からEメールが届いた。ルーセント・テクノロジーズ（Lucent Technologies）の光ファイバー部門の買収の件で、三月一五日及び一六日の二日間ルーセント側の法律事務所であるニューヨークのクラバス・スウェイン法律事務所（Cravath, Swaine & Moore LLP）の中に準備されたデータルームでデュー・ディリジェンス（Due Diligence）が行われるので、至急M&Aに強い法律事務所を選んでデュー・ディリジェンスの準備をしてほしいとのことだった。

私は、その時点では、その案件が非常に巨大で世界中の注目を集める入札方式のM&Aに発展するとは夢にも思っていなかった。早速よく知っているニューヨークのM&Aに強い法律事務所をいくつか当たったが、ルーセントとコンフリクトがあるところが多く、依頼することができなかった。一番あてにしていた法律事務所も、何と同じようにルーセントの光ファイバー部門買収を目指しているアメリカの会社を代理しているということで、コンフリクトがあって依頼することができなかった。

F社からは至急アメリカの法律事務所を選任することを頼まれていたが、とうとう週末になってしまった。そこで最後に、M&Aではアメリカで一、二を争う高名なワクテル・リプトン法律事務所（Wachtel, Lipton, Rosen & Katz）のM&Aの責任者で、私が知っていたシニア・パートナーのネフ弁護士（Daniel Neff）の自宅に電話をした。週末であるにもかかわらずネフ弁護士に至急コンフリクトをチェックしてもらい、コンフリクトがないということで、ようやくワクテル・リプトン法律事務所へ依頼することになった。

私が直接依頼をしたネフ弁護士は別件で非常に忙しく、この件を中心になって担当することはできないということで、パートナーのロビンソン弁護士（Eric Robinson）及びカープ弁護士（David Karp）を指名してきたので、三月一二日に両弁護士と初めて打合せの会議を持った。

三月一四日には、私とF社の法務課長と内部的な打合せをした。その後、巨大な国際的投資銀行で、多くの大型国際案件を取扱っているX社がF社のM&Aのフィナンシャル・アドバイザーを務めることを知った。

ニューヨークのミッドタウンのパーク・アベニューにあるX社のニューヨークオフィスの大会議室において、私は、X社のニューヨークオフィス及び東京オフィスの担当者多数、F社の関係者多数、ワクテル・リプトン法律事務所の弁護士たち及び会計事務所のアーサー・アンダーセン（Arthur Andersen）のCPAの人たちと最初の全体会議を持った。その際配られた関係者のコンタクト・インフォメーションを記載した一〇頁以上のリストの中には、私の名前は入っていなかった。X社は私の存在すら認識していなかったのである。

ルーセントは、アメリカで圧倒的に大きかった電話会社であるＡＴ＆Ｔから一九九六年九月三〇日に分割されて生まれた通信機器、光ファイバー等の大手製造会社で、ＡＴ＆Ｔの技術の宝庫であったベル研究所（Bell Laboratory）を引継いで、多くの非常に重要な特許その他の知的財産権を有していた。分割の大きな理由の一つは、他の電気通信事業者が、自らの競争者であるＡＴ＆Ｔが持っている会社から通信機器を買うことに抵抗感を持っていたので切離すことにしたということである。

しかし、ルーセントの業績は思わしくなく、競争入札により光ファイバー部門が売りに出されていた。そのため、ルーセントの有する素晴らしい技術や光ファイバーの商権を狙って、文字通り世界中の巨大通信機器メーカー等が買収を目指していた。そのため、ルーセント側がそれぞれの入札希望者に割当てるデュー・ディリジェンスの時間は二日間に限られていた。

二〇〇一年三月二日のウォールストリート・ジャーナルは、ルーセントの光ファイバー部門が売却されるかもしれないということで、すでに買収を望む数社が入札に対し強い意欲を示しており、買収価額は八〇億ドルから一〇〇億ドル（当時の為替レートで一兆円前後）になるだろうと報道した。

そして、競争入札はまだ開始していないにもかかわらず、フランスのアルカテル（Alcatel SA）、イタリアのピレリ（Pirelli SpA）、アメリカのコーニング（Corning Inc.）、ＪＤＳユニフェイズ（JDS Uniphase Corp.）などが非公式に買収の意欲を表明していると報じた。同記事によれば、ＪＤＳユニフェイズの最大の株主であるＦ社や他の日本の会社も、買収に名乗り出る可能性があるとしていた。

同記事はさらに、ルーセントの光ファイバー部門の売却は、通信業界が軟化しているにもかかわらず、過熱した競争入札になるだろうと報じている。しかし価額は売上げの四倍である八〇億ドルくらいであろ

う と言うアナリストもいれば、通信業界がスローダウンしていることを考えると五〇億ドルから六〇億ドルは超えないだろうと言う入札者の声もあった。

三月一四日には、ルーセントが、光ファイバー部門を売却するか合弁会社を設立するかを検討している旨を発表した。

2 買収事前調査

デュー・ディリジェンス

三月一五日及び一六日の二日間にわたって、クラバス・スウェイン法律事務所内に設置されたデータルームにおいて、売主側に用意された書類をチェックするデュー・ディリジェンスが行われた。ワクテル・リプトン法律事務所は、シニア・アソシエートと思われる弁護士がリーダーとなって若手弁護士を数人引き連れてチームを組み、最初にチーム内で打合せをした後、デュー・ディリジェンスを開始した。

ワクテル・リプトン法律事務所のデュー・ディリジェンス・チームの打合せを脇で聞いていると、さすがにM&Aにおいて全米の一、二を争うだけあって、このようなデュー・ディリジェンスには極めて熟達しているという印象を受けた。実際、その後で作成されたワクテル・リプトン法律事務所の法的デュー・ディリジェンスのリポートは非常に分厚いものであったが、よく整理されていて感心した。

私は、F社からあらかじめ今回の買収の一番の目的を聞いていたので、ワクテル・リプトン法律事務所のデュー・ディリジェンス・チームとは別に、その点に焦点を当てた調査をし、後でF社の担当者に正確に説明した。

マネージメント・プレゼンテーション

三月一六日には、ルーセント側の投資銀行ソロモン・ブラザーズ（Salomon Brothers）のダウンタウンにある巨大な会議室において、ルーセントの光ファイバー部門の各担当役員による説明会（マネージメント・プレゼンテーション）が行われた。それは、光ファイバー部門のグノー社長（Denys Gounot）をはじめ、各担当重役が自分の担当部門について説明をし、質疑応答をするというものであった。私もマネージメント・プレゼンテーションにおいてはいくつかの質問をしたほか、F社の担当者から頼まれた質問もした。その後皆でX社のオフィスへ戻り、マネージメント・プレゼンテーションにおける注目点等について整理をするまとめの打合せをした。

各分野の専門事務所

三月一九日には、人事、雇用、労働関係を専門とするエプスタイン・ベッカー法律事務所（Epstein Becker & Green, P.C.）に行って、その関係の仕事を依頼した。F社は本来プライスウォーターハウスクーパース（Pricewaterhouse Coopers）が自らの会計事務所であったが、ルーセントが同事務所を使っていたため、やむを得ず私の紹介でアーサー・アンダーセンを使うことになった。

ワクテル・リプトン法律事務所

ワクテル・リプトン法律事務所では、まだ若い弁護士たちが本件で活躍した。そのうちの一人はゴットリーブ弁護士（Brian Gottlieb）で、坊やのような顔をしているが、声は太くてよく通り、若いのに大勢の人々を取り仕切っていたのが印象的であった。

やはり若いカツォウィッツ弁護士（Roy Katzovicz）は超早口で、ルーセントの社内弁護士にも超早口な弁護士がいて、二人で電話会議をしているとまるで機関銃の撃合いのようであった。

カツォウィッツ弁護士は敬虔なユダヤ教の信者で、連日長時間猛烈に働いていたが、毎週金曜日の夕方になると、どんなに重要な大会議が行われていても、ユダヤ教の教えに忠実で、自分は失礼すると言って一人席を立って出ていくのが印象的であった。ワクテル・リプトン法律事務所のパートナーも、それに対しては一切何も言わず、日本と違ってそれぞれの宗教を尊重していることがよく分かった。

ワクテル・リプトン法律事務所の大会議の設備はよく整っていた。各人の前にはマイクがあり、ラップトップの電源やインターネットにつなぐジャックも装置されていた。

国際電話で全員一緒に会議をする場合、電話の声は天井のあちこちに埋め込まれたスピーカーから流れ、どこに座っていても同じようなボリュームで聞こえた。もちろん会議室の出席者が発言すれば、その声は目の前のマイクを通して会議室全体に聞こえるだけでなく、電話会議の相手方にもよく聞こえているようであった。こういうところにも、巨大な案件を多く取扱っている片鱗が見られた。

もう一つ印象に残ったのは、夏であるにもかかわらずワクテル・リプトン法律事務所の大会議室の温度がいつも非常に低く保たれていたことである。そのため、私だけでなく、F社の多くの担当者も、背広の上着を着ていても寒くてたまらず、少し温度を上げてほしいと申入れたことがある。

しかし、事務所の方針として低い温度に保たれているので、上げることはできないと言われたのには驚いた。夏でも眠くならないために低い温度に保っているということであったが、日本人とアメリカ人の皮膚感覚に大きな差があるのも事実である。

特許侵害訴訟の勃発

余談であるが、まったく同じ時期に、F社が日本のライバル企業であるS社から、デラウェアの連邦地方裁判所で特許侵害訴訟を提起された。私は、F社から、この特許侵害訴訟も全面的に依頼され、私がこれまでアメリカの特許侵害訴訟でよく一緒にチームを組んで仕事をしてきたクレーマー・レビン法律事務所のダニエル弁護士とデバリ弁護士とチームを組んで、この訴訟に当たることにした。

F社内のこの特許侵害訴訟の責任者は、技術の専門家でもあるO専務取締役（そのときは常務取締役）で、O専務はほどなくルーセントの光ファイバー部門買収の責任者にもなった。それからは、O専務と私のコンビで、ルーセントの光ファイバー部門の買収と、特許侵害訴訟を同時並行で進めることになり、私が人生で最も長時間働く数カ月が始まった。

ルーセントの光ファイバー部門のマネージメント・プレゼンテーションの四、五日後の三月二〇日及び二一日には、ダニエル弁護士たちも交え、F社の担当者と丸二日間にわたって、私のオフィスで特許侵害訴訟の打合せをした。

買収のストラクチャー等の打合せ

四月一二日及び一三日には、F社の本社において、ルーセントの光ファイバー部門の買収にあたって知的財産権を考慮して本件をどのようなストラクチャーで行うかについて私がいろいろな提案をし、全員で協議をした。その後X社の担当者も加わって協議し、さらにF社とだけの打合せが続いた。

私はこれまで非常に多くの合弁事業やM&Aの仕事をしてきたが、昔からビジネス上、法律上の諸々の必要性を考慮して、白紙からストラクチャーを作り上げることが好きである。また、企業にとってもストラクチャーは、案件が成立した後の成否がかかっており、極めて重要だ。

ルーセントの光ファイバー部門の買収案件は知的財産権、特に特許権が非常に重要な要素を占めていたが、ワクテル・リプトン法律事務所は知的財産権関係は専門ではないということで、その分野の権威であるミルグリム弁護士（Roger Milgrim）を起用することになり、それに伴ってミルグリム弁護士が所属するポール・ヘイスティングス法律事務所（Paul, Hastings, Janofsky & Walker LLP）がF社の買収チームに参加することとなった。

ミルグリム弁護士は営業秘密（Trade Secrets）に関して九センチぐらいの厚さのルーズリーフ式の本を四巻出している、知的財産権の大権威者であった。

3　世界の大手企業の入札参加

ルーセントの光ファイバー部門の買収の件は最初から競争入札（Bidding）であったので、欧米の大手通信会社がこぞって参加し、最初から連日ウォールストリート・ジャーナルやニューヨーク・タイムズを賑わしていた。最初の頃は、買収価額は日本円にして一兆円ぐらいではないかとまで言われていた。その後金額は下がっていったが、欧米の大手通信会社は相当大きな金額を提示していたようである。

私が知る限りでは、F社が提示した金額である三〇〇〇億円弱は一番低い方ではないかと思われる。F社に関しては、私の方で隠密裡に大きなハードルとなるY社との関係をいち早くまとめた。他社はF社の提示額よりずっと大きな金額を提示していたと思われるが、Y社との関係がネックになって、最終的にはルーセントに売却先に指定されなかったと思われる。

ルーセントの光ファイバー部門買収に名乗りを上げていた欧米の大手通信機器メーカーの中には、フランスのアルカテルやイタリアのピレリ等もあった。

アルカテルは、ルーセントの光ファイバー部門だけでなく、ルーセント全体を買収しようとしてパリの古城で交渉を行っていたが、最後まで取締役の人数でルーセントが半数を主張して譲らなかったため、土壇場で合意に至らなかったという経緯が新聞で報道されていた。このように、ルーセントの争奪戦は、まるでドラマを見るように展開した。

タイヤで有名であるが、通信機器や光ファイバーのメーカーでもあるイタリアのピレリとは、私は密命を帯びて接触したことがある。ピレリは、いざとなればY社と訴訟してもよいという構えでやっていたようで、欧米の企業は狩猟民族的であるとの印象を強く持った。一方、F社は私を通してねばり強くY社と交渉して合意を取りつけ、農耕民族的アプローチをした。この戦いにおいては農耕民族的アプローチが狩猟民族的アプローチに勝ったと言える。

二〇〇一年四月二六日には、アルカテルが、ルーセントの光ファイバー部門買収の第一次入札をしたとダウ・ジョーンズが伝えている。また四月二七日のダウ・ジョーンズ・ニュースサービスでは、ウォールストリート・ジャーナルがルーセントがアルカテルと合併の話もしていると報じたと報道している。

五月一八日のニューヨーク・タイムズは、アルカテルがルーセントの株式を四〇〇億ドル強で買取る話が進んでいる旨を報じた。しかしルーセントの経営陣は対等の合併を望んでいるとも報じた。

五月一九日には、日本経済新聞も、「米ルーセント買収へ協議」「仏アルカテル四兆九〇〇〇億円提示」「欧米メディア報道」とのタイトルで同じことを報道した。五月二九日のダウ・ジョーンズ・ニュースサービスでは、ルーセントとアルカテルの間の協議は、真に対等合併であるかどうかにつき暗礁に乗り上げていると報じた。

五月三〇日の日本経済新聞は、「仏アルカテルのルーセント買収」「きょうにも正式発表」とのタイトルで、欧米の複数メディアが五月二九日、三〇日にもアルカテルによるルーセント買収を正式に発表する見通しと伝えたとの記事を出した。同記事は、五月二九日付のニューヨーク・タイムズが、アルカテルが最終提案としてルーセントの時価総額に匹敵する約三二〇億ドル（約三兆九〇〇〇億円）を提示したと伝えたと報じた。

翌五月三一日の日本経済新聞は、「アルカテルのルーセント買収破談」とのタイトルで、「通信機器市場で史上最大といわれたアルカテルによるルーセントの買収交渉が破談に終わった。破談の直接の引き金は『対等の企業統合』にこだわるルーセントと、主導権をはっきりさせたいアルカテルの間で取締役の数の配分などをめぐって調整がつかなかったこと（後略）」と報じた。

同紙ではさらに、「ルーセントはアルカテルと売上高がほぼ同じで、傘下にはノーベル賞研究者を輩出したベル研究所も持つ。『誇り高いルーセントが被買収企業の立場にすんなり甘んじるのか』という疑問が、交渉が表面化した直後からささやかれた。」とも報じられた。

六月一日のダウ・ジョーンズ・ニュースサービスは、ピレリとアルカテルは、それぞれルーセントの光ファイバー部門買収に対し四〇億ドルの入札をしたと報じた。しかし、ピレリは正式の入札をしたことを否定したとも報じられた。

六月七日のダウ・ジョーンズ・ニュースサービスによれば、ピレリは四〇億ドルという価格は高すぎて非現実的であると述べた。

4　コムスコープ社の参加

六月には、アメリカの上場会社であるコムスコープ社（CommScope, Inc.）が単独でルーセントの光ファイバー部門を買収することをあきらめ、F社による買収に参加することになった。六月一五日には、専務に昇進していたO専務と共に、コムスコープ社のドゥレンデル会長（Frank Drendel）と会議を持った。ドゥレンデル会長は、コムスコープ社のオーナー会長のようで、圧倒的な権力を持っているようであった。コムスコープ社が買収に参加したため、私共は、表ではルーセントと交渉しながら、裏ではコムスコープ社と交渉をしていろいろな取決めをしなければならず、極めて厳しい状況になってきた。

コムスコープ社との交渉にはO専務と私が当たり、法律上の問題はほとんど私の方で処理していたため、時間的に大変厳しい状況が続いていた。F社では、買収担当チームの十何名かがアメリカに常駐し、そのうちの主たるグループは毎日のように私のオフィスに来て会議室で作業するという具合であった。六月末には、ルーセントの労働組合と交渉を始めるため、エプスタイン・ベッカー法律事務所に労働組合との交渉も担当させることにした。

5　私の交渉

隠密交渉

ルーセントはY社と非常に重要な契約をしていた。私は当初から、Y社の同意を得なければこの買収はうまくいかないと強調してきていたが、O専務も私と同じ考えを持っていたので、私の方でY社の担当者にコンタクトをして、隠密交渉を続けていた。

Y社の担当者は、アフリカ系アメリカ人のビジネスマンで、最初のうちはつっけんどんで、あまり取り付く島がなかった。しかし、私がねばり強く交渉していくうちに信頼関係が生まれ、この案件が終わる頃にはすっかり親しくなっていた。この案件が終了して間もなく私のニューヨーク進出一〇周年記念パーティーをした際も、彼は駆け付けてくれた。

ルーセントとの直接交渉

当初は交渉のチャンネルはX社の担当者とルーセントの社内弁護士のA氏であったが、ルーセントの交渉窓口がルーセントの法務担当副社長で社内弁護士であるマッキーバー弁護士（Edward McKeever）に替わると共に、F社側の交渉窓口も私になり、それからはすべての事項が私とマッキーバー弁護士との間で交渉された。

五月末頃からX社の担当者の姿が見えなくなっていたが、X社は知的財産権を十分理解せず、通常のM&Aのように進めようとしたので、F社はすべての交渉を知的財産権のことも深く理解している私の方へ切替えたものと想像している。

マスダ方式

本体部分だけで百頁近くある本件の買取契約書（Purchase Agreement）の文言の交渉は、F社側のワクテル・リプトン法律事務所とルーセント側のクラバス・スウェイン法律事務所との間で行われていたが、いっこうに進展がないにもかかわらず、入札の締切り日が近づいてきた。アメリカの超一流法律事務所でも、契約交渉に際しては突っ張り合いが多く、双方とも面子にかけて譲ろうとしないため、なかなか進展しないものである。

とうとう私は業を煮やして、ワクテル・リプトン法律事務所の大会議室において、クライアントであるF社の関係者多数が見守る前で、同事務所の担当弁護士数人とが向い合って座り対峙した。ワクテル・リプトン法律事務所の弁護士に合意に至らない問題点を一〇いくつかに整理してもらい、その一つ一つの問題点につき、私とワクテル・リプトン法律事務所の弁護士との間でディベートを行った。

まず私から、ワクテル・リプトン法律事務所の弁護士に対し、それぞれの問題について、なぜ譲れないのかについて理由を質した。その上で、私から、その問題点を譲った場合に、具体的にF社にどのようなデメリットがあるかを議論し、譲れるものは譲れるのではないかと反論した。

大変な議論をした結果、一部の問題点を除いては、譲っても現実的には大きな問題にはならないことが判明した。この議論をすぐ脇で聞いていたF社の関係者も、問題点がどのような影響を与えるかについて深く理解することができ、有益であったと思う。

そこで、どうしても譲り難い一部の問題につき、ギリギリまで譲歩した場合の案を作った。その上で、F社側で徹底的に検討したぎりぎりの譲歩案のパッケージであるので、それ以上は譲れない旨の条件を付けてルーセント側にぶつけた。その結果、契約交渉は急転直下決着し、入札締切りギリギリで買取契約書に合意することができた。ワクテル・リプトン法律事務所の弁護士たちも、私のようなやり方は初めてだということで非常に感心し、「マスダ方式」と名付けられた。

余談であるが、契約交渉も所詮はイソップ物語のようで、欲張って何でも獲得しようとすれば何も得られないことになる。私の交渉のやり方は、譲っても大したことがないような点はさっさと譲った上、ビジネス上及び法律上どうしても譲れない一部の問題点についてのみどうしても譲れない旨を相手方に伝える。

そうすると、相手方はこちらを信用して結構受けてくれるものであるという経験をたくさんしてきている。私はそれを、「譲り上手は獲得上手」と称している。

またM&Aで私がよく使う手は、どうしても合意できない問題点いくつかを一つ一つ交渉する代りに、まとめてバスケットに入れてシャッフルし、ギリギリ譲れるものは譲り、譲れないものはあくまで譲らない最終提案のパッケージを作る。そのパッケージを相手側に提示し、あとは相手方にそのパッケージを受けるかどうかだけ決めさせるという方法をとって、これまでよく成功した。私は、このようなやり方を、勝手に「バスケット方式」と呼んでいる。

私は、依頼者に対しては、「肉を切らせて骨を切る」といったギリギリの交渉をしないと、大きなものは勝ち取れないとよく説明する。

6 買収契約締結

七月二三日のウォールストリート・ジャーナルでは、F社がルーセントの光ファイバー部門のほとんどを二五億二五〇〇万ドルで買取り、コーニングが同部門の中国におけるビジネスを二億二五〇〇万ドルで買取る交渉が終結しつつあると報じた。同記事はさらに、この時点ではF社が明らかに先頭に立っており、F社はコムスコープ社との間で、ファイバーケーブルのビジネスのための会社とファイバーの会社の二つの合弁会社を作ると報じた。

同紙はまた、コムスコープ社は同軸ケーブルのトップメーカーで、二つの合弁会社に六億ドルから七億ドルを投資するだろうと報じている。そして、F社はルーセントと契約をするのは初めてではなく、通信ケーブルを作るアメリカの合弁会社をすでに両社で作っていると報じた。

それを追いかけるように、七月二四日の日本経済新聞は、「ルーセントの光ファイバー部門」「F社が買収交渉」「三〇〇〇億円以上」とのタイトルで報道した。その記事では、「F社がルーセントの光ファイバー部門を買収する方向で交渉に入ったことが二三日明らかになり、実現すれば買収額は二五億―三〇億ドル（約三〇〇〇億円―三六〇〇億円）にのぼる見通し」と報じられ、欧州メーカーとも交渉を進めているためF社が買収できるかどうかは流動的だとも書かれている。

また、「F社は技術競争を勝ち抜くためルーセントからの事業買収に全力を挙げる構えだ」とも報道されている。さらに、「F社はルーセントと一九九二年七月に光ファイバーケーブル製造の合弁会社（ジョージア州）を共同出資で設立するなど協力関係にあった」とも書かれている。実はこの合弁会社は、一九九二年一月に私がニューヨークオフィスを開設した数カ月後の同年六月に最終交渉が行われ、その時も私はどっぷり関与して、明け方までルーセントの前身であるＡＴ＆Ｔと交渉した案件であった（「第7章　取扱った案件と仕事のやり方」「3　一般の案件」「合弁事業」参照）。

ルーセントとの買取契約書の締結は七月二四日に行われた。後で分かったことだが、もう一週間契約の締結が遅れていたら、ドイツの会社が買収することになったということである。特に入札による場合、契約締結のタイミングがいかに大切かをよく示している。

七月二四日のインターネットでは、「F社が米ルーセント社の光ファイバー部門を買収」との表題で、F社が七月二四日、ルーセントの光ファイバー部門を買収することで合意したこと、買収金額は二七億五〇〇〇万ドル（約三三〇〇億円）、二四日夜にF社社長が本社で発表会見をしたことが報道された。

日本企業による米国企業の買収としては、一九八八年にブリヂストンがファイアストン社を約三三〇〇億円で買収したのを上回り、JTの米RJRナビスコの海外たばこ事業買収などに次ぐ大型買収となると報道された。

そして、「外国資本による日本企業の買収は少なくないが、日本企業による外国企業の大型買収は最近では珍しい。今回の買収によりF社の光ファイバーの世界市場でのシェアは七%から二六%に上がり、世界第四位から米コーニング社に次ぐ世界第二位の光ファイバーメーカーとなる。」と報道されている。

七月二五日の日本経済新聞には、「光関連事業に集中」「F社、米ルーセント部門買収」「光ファイバー需要拡大で強化」「豊富な手持ち資金活用」とのタイトルで非常に大きな記事が出された。この記事の中で、「光ファイバーの基本特許の大半をコーニングとルーセントが所有しており、F社など日本メーカーはこれまで生産・販売面で制約を受けていた。今回の買収でF社は光ファイバーの世界市場で主導的な地位を確保できることになる。」と報道された。

同じ記事に隣接して、「S社、国内でもF社を提訴」「光技術特許侵害で」と題する小さな記事があり、「S社が二四日、F社が製造・販売している光通信用部品がS社の特許に抵触しているとして、特許侵害をやめるよう求める訴訟を東京地裁に起こした。S社は今年二月、同じ技術の特許侵害で米国でF社を提訴していた。」と報道されている。ここで報道されているアメリカでの特許侵害訴訟が、私がルーセントの光ファイバー部門買収の件と同時並行で、F社から引受けていた特許侵害訴訟である。

七月二六日の日本経済新聞の記事によれば、「F社株」「買収好感ストップ高」とのタイトルで、「七月二五日の東京株式市場ではF社株に買い注文が殺到、ストップ高水準の九九二円で比例配分となり、一五〇〇万株強の買い注文を残した。前日発表した米ルーセント・テクノロジーズの光ファイバー部門買収を素直に好感した。」「株価の値上がり率は一一％と、この日の東証一部トップ。」と報道された。

このように、Ｆ社がルーセントの光ファイバー部門買収を発表した当時は、株式市場からもメディアからも大変高く評価された。

7　買収契約締結後のできごと

コムスコープ社とルーセントの主力工場訪問

Ｆ社がルーセントとの買取契約書にサインした後、七月二八日にはコムスコープ社のコーポレット・ジェット（社用ジェット機）で、初めてノースキャロライナ州ヒッコリー（Hickory）にあるコムスコープ社の本社を訪問した。その後コムスコープ社のドゥレンデル会長の自宅にも招かれたが、巨大なガレージに非常に多くの見たこともないスポーツカーが並んでいるのには驚いた。

七月三一日には、やはりコーポレット・ジェットでルーセントの主要な工場及びオフィスがあるジョージア州のノークロス（Norcross）工場を訪問した。ノークロス工場はＡＴ＆Ｔ時代に作られたもののようで、巨大であるだけでなく、オフィスもいろいろな先端的機器が取り付けられており、非常に贅沢なものであった。

ノークロス工場では、フィールドにおけるデュー・ディリジェンスが行われ、クロージングに向けての準備が始まった。また、F社とコムスコープ社との間の諸契約も、交渉が続けられた。

ニューヨーク・ロージャーナルの記事

二〇〇一年八月九日の『ニューヨーク・ロージャーナル』(New York Law Journal)の、「巨大案件を取扱う弁護士たち」の記事は、「クラバス、マスダ、シャーマン」「光ファイバー会社の売却を手伝う」(“Cravath, Masuda, Shearman” “Aid Sale of Optical Fiber Firm”)という見出しで、ルーセントの光ファイバー部門売却に関与した弁護士について記載している。

ニューヨークの超一流の名門法律事務所であるクラバス・スウェイン法律事務所とシャーマン・スターリング法律事務所(Shearman & Sterling LLP)の間に「マスダ」の名前を入れたことから、本件における私の役割を評価してくれたことが窺え大変名誉なことであった。私はニューヨーク・ロージャーナルのインタビューを受けたわけではないので、関与していた他のアメリカの法律事務所の弁護士が私のことを述べたと思われる。

同時多発テロの勃発

九月一一日に同時多発テロが勃発し、ニューヨークのワールド・トレード・センターの二棟が完全に崩壊したほか、ワシントンDCではペンタゴンが襲われ、また航空機もいくつかハイジャックされた。

コムスコープ社のドゥレンデル会長は、ワールド・トレード・センターに旅客機が突っ込む時、コムスコープ社のコーポレット・ジェットで私共と会議をするためマンハッタンの近くまで飛んで来ていたところで、空からワールド・トレード・センターが攻撃されるところを間近で見たということである。私もその日の朝、ワールド・トレード・センターの北側のビルが航空機に体当たりされて煙を上げているところを直接見た。

同時多発テロはアメリカに劇的な影響を与えたが、本件取引にも大きな影響を与えることになった。コムスコープ社は当初あてにしていたファイナンスが同時多発テロのために受けられなくなり、ルーセントの光ファイバー部門買収に参加する比率を大きく下げるようにF社へ要請してきた。そのため、F社とコムスコープ社の間の諸契約も変更を余儀なくされたほか、ルーセントの光ファイバー部門買収のクロージングの準備も遅れることになった。

九月二一日の日本経済新聞には、「米社の光回線部門の買収」「F社、一カ月延期」「米同時テロで」と題する記事で、「F社は二〇日、米ルーセント・テクノロジーズの光ファイバー部門買収の完了時期を当初予定の九月末から最大一カ月延期すると発表した。米同時テロの影響で航空便が乱れ、事務調整が一時的にできなくなったためとしている。」と報道された。

値下げ交渉

事情が変わったので、F社の指示で、私はルーセント側のマッキーバー弁護士と約二〇〇億円の値下げ交渉をし、F社の社長及びO専務の指示通り二〇〇億円の値下げ交渉に成功した。しかし、もっと値下げさせられそうであったので、私の判断で交渉を続け、追加でさらに五〇億円ぐらい値下げさせることに成功した。

一〇月二四日の日本経済新聞の記事は、「F社」「買収部門の人員削減」「米ルーセントの光ファイバー取得額下げも探る」とのタイトルで、「F社は米ルーセント・テクノロジーズから買収する光ファイバー部門の人員数を当初予定から二五％削減し四七〇〇人とすることを決めた。ここ数年の過剰な通信投資の反動と米同時テロの影響で光ファイバーの世界需要が急速に冷え込んだことに対応する。テロという不測の事態が事業環境を急変させたとして、買収額（二七億五〇〇〇万ドル）の引き下げを要求できるかも探る。」と報道されている。

一〇月二七日の日本経済新聞の記事では、「共同買収先から負担減額の要請」「F社」とのタイトルで、「F社は二六日、米ルーセント・テクノロジーズの光ファイバー部門を共同で買収する米コムスコープから、負担額を減額したいとの要請があったと発表した。買収額二七億五〇〇〇万ドルのうち、コムスコープは六億五〇〇〇万ドルを負担するはずだったが、資金調達に失敗した。減額幅は明らかにしていない。」と報道された。

世界中の弁護士のネットワークを駆使

ルーセントは世界中でビジネスを行っており、本件は株式の買取りではなく資産買取であったので、世界の多くの国において受け皿となる会社を設立して、その国のビジネスを移転する必要があった。それに伴い、世界の多くの国において独禁法上の合併事前届出書の作業も必要となった。

私が長年築き上げた世界中の法律事務所及び弁護士とのネットワークを駆使して、直ちに各国の弁護士を選任して、スムーズに世界各国で受皿会社を設立して資産を移転し、各国の独禁法上の手続を済ませることができた。

クロージング

本件のクロージングは同時多発テロのため遅れたが、結局一一月一六日にワクテル・リプトン法律事務所のオフィスで行われた。クロージングの前夜は、予想通り完全な徹夜であった。翌一七日には、コムスコープ社のコーポレット・ジェットで、O専務等と一緒にアトランタへ向かい、一八日にはアトランタでお祝いのセレブレーション・ディナーがあった。

ルーセントの光ファイバー部門は Optical Fiber Solutions（OFS）部門と呼ばれていたため、買収する会社名をOFSと名付けていたが、OFSのCEOになるアメリカの経営者との雇用契約も間に合わなかったため、ディナーの直前に私が手書きで雇用契約の骨子を書いて合意するというような状況であった。

一一月一七日の日本経済新聞の記事によれば、「F社のルーセント部門買収」「二八〇〇億円で最終合意」とのタイトルで、「F社と米ケーブル大手のコムスコープは一六日、米ルーセント・テクノロジーズの光ファイバー部門を二三億ドル（約二八〇〇億円）で買収することで最終合意したと発表した。」と報道された。

初日の挨拶

一一月一九日にはノークロス工場でOFSの初日のお祝い（Day One Celebration）が行われた。大きな会場に従業員が全員集められ、まずF社の社長が大きなスクリーンに映し出され、メッセージが映像で伝えられた。それに続いて、O専務が意識的に背広ではなくワイシャツ姿で壇上から英語で挨拶をした。

O専務による英語の挨拶は、私がこれまで見てきた日本の経営者の中でも傑出したもので、堂々として実に見事であった。日本にもこういう重役が出てきたのかという印象を強くした。

フィナンシャル・アドバイザーの役割

本件は巨大で非常に複雑な案件であったが、私は関与する全弁護士を総括して指示を出す主任弁護士（Lead Counsel）の役割だけでなく、最初の一時期を除きフィナンシャル・アドバイザーの役割も務めたので、通常フィナンシャル・アドバイザーがやるべきことも私がやることになった。

大きなM&Aの場合、フィナンシャル・アドバイザーが、ディールを記念して透明の小さな本のようなキューブの表にディールの内容や当事者をカラーで書き、そのディールを象徴するものを中に入れたりするディール・キューブを作って、ディールに携わった人々に配るのが慣行であった。

本件では、私の方でそのようなディール・キューブを作る業者を探し、ディールを象徴するものとして、上の方だけ皮をむいた光ファイバー・ケーブルを入れたものを作った（これ以降の別の案件でも、私はフィナンシャル・アドバイザーの役割を兼ねていたため、ディールを記念するディール・キューブを作っている)。

また、一二月一三日には、ニューヨークの日本クラブのダイニング・ルームを借切って、F社の社長、O専務その他F社の主な関係者が出席して、本件に携わった多くのアメリカの弁護士や会計士たちへのF社主催のお礼のディナーを行ったが、それもすべて私の方でアレンジし、招待者を決めて招待状を出した。

驚異的稼働時間数

私共のような国際関係の弁護士は、毎日の作業と使った時間を克明に記録するタイムシートというものをつけている。私は三〇代の初めに、外国会社の東京証券取引所上場第一号及び日本での公募の第一号をほぼ一人で手掛けたとき、月三〇〇時間を超える時間をつけていたことがある。しかし、そのときは、もう二度と三〇〇時間は超えないだろうと思っていた。

しかし、二〇〇一年三月から一一月まで軒なみ月三〇〇時間を超えただけでなく、七月及び一〇月は四〇〇時間を超え、六月から一一月にかけては、それ以外の月でも四〇〇時間近かった。私は、土曜、日曜もなく、毎日朝早くから夜中の二時、三時まで働くという生活がずっと続いていたので、肉体的には非常にきつかったが、責任の重さで気力が充実していたため乗切ることができた。

しかし、毎日夜中の二時、三時に帰ってきて夕食を摂り、朝また早く出て行くという生活を何カ月も繰返していたため、それに付き合わされた妻の方が完全に体調を崩してしまい、その後かなり長い間にわたって妻を遠くの医者へ連れて行く生活が待っていた。

『ディール』の記事

二〇〇二年五月二〇日、『ディール』（The Deal）というアメリカのM＆Aのディール（案件）を載せる権威のある雑誌のインターネットの記事で、写真入りで私のことが取り上げられた。

その記事では、私がF社を代理してルーセントの光ファイバー部門の買収をワクテル・リプトン法律事務所と共同して手掛けたことと共に、一九七七年、桝田江尻法律事務所を創設し、日本で大規模な法律事務所に育て、一九九二年にはニューヨークにオフィスを開設し、現在（その時点）では（桝田江尻法律事務所から事務所名を変更した）あさひ法律事務所は、日本の五大法律事務所の一つに発展したこと、私が国際的案件を専門に取扱っていることなどを紹介した。

電気通信市場の低迷

F社によるルーセントの光ファイバー部門の買収については、買収時には新聞各紙が非常に高く評価して絶賛していた。しかし、買収後通信市場のバブルが弾けて極度の不振に陥ってしまい、その後長い間OFSがF社の足を引っ張ることになった。

そうなると新聞や雑誌は、F社は高値で買いすぎたと書いていたが、実際は私が知る限りではF社が提示した金額は入札した多くの会社の中では一番低い方ではないかと思っている。そういう意味では、後付で批判するのは楽なものだと思ったが、経営は結果論であるという現実の厳しさも身に染みた。

私はF社の要請で、ＯＦＳの取締役としてその後何年かＯＦＳの取締役会に出席するためノークロス工場へ定期的に通ったが、通信市場の低迷でずっと苦しい時代が続いた。

アルカテルとルーセントの合併

後日談であるが、フランスの通信機器大手アルカテルとルーセントは、二〇〇六年四月二日合併することで合意したと発表した。しかし、紆余曲折を経て二〇〇六年末にようやく合併し、社名をアルカテル・ルーセント（Alcatel-Lucent）に変更した。

これで、二〇〇一年に合意寸前まで行って破談となった両者の合併が五年後にようやく実現することになった。両社の合併により、年間売上高約三兆円の巨大通信機器企業が誕生した。本社はパリに置くが、合併後の経営トップ（ＣＥＯ）にはルーセントの女性のＣＥＯであるパトリシア・ルソー（Patricia F. Russo）が就いた。

第12章　第二次世界大戦中の日本企業による強制労働の賃金請求訴訟

1　発端と背景

すべての発端は、一九九九年七月二八日カリフォルニア州で発効し、同州の民事訴訟法に追加された三五四・六条から始まった。その法案のタイトルは、「SB一二四五補償（Compensation）—第二次世界大戦奴隷的及び強制労働」であった。この改正法は、カリフォルニア州内に居住する約五万六〇〇〇人のホロコースト生存者及びアメリカをはじめとする連合国の戦争捕虜に第二次世界大戦中の奴隷的労働及び強制労働に対し私法上の救済を与えることを主な目的としていた。

提案者の一人であるヘイデン州上院議員の名前を取って、「ヘイデン法」とも呼ばれるこの法律は、第二次世界大戦中の奴隷的労働の被害者及び強制労働の被害者ならびにそれらの相続人が、二〇一〇年一二月三一日まで、カリフォルニア州の上位裁判所（Superior Court、上位と名付けられているが、第一審裁判所のことである。）でそのような労働の提供を受けた機関、企業及びその承継者（Successor-in-

Interest）に対して補償を求める訴訟を起こす権利を与えた。

これは、当時五五年以上前に行われた労働に対する対価を請求するもので、通常であれば労働を提供した後一定期間経過後は、出訴期限法（Statute of Limitations）により出訴できなくなったものである。日本の時効は、出訴期限を制限するという手続的な側面だけでなく、権利が消滅するという実体法の要素も兼ね備えている。しかし、日本の時効と似たアメリカの制度である出訴期限法は、出訴をすることができる期間を制限するという手続的な側面のみを有し、日本のような実体法的側面を有していない。

そのため、州は時に、問題が起こってからかなり年数が経った後でも、特に出訴ができるような法律を制定し、一定期間出訴を可能とすることがある（出訴期間の窓を開けると言う）。今回のカリフォルニア州法も、一九九九年七月二八日に発効してから約一〇年後の二〇一〇年一二月三一日まで出訴可能の窓を開けたものである。

問題の三五四・六条（b）においては、「第二次世界大戦の奴隷的労働の被害者」及びその相続人ならびに「第二次世界大戦の強制労働の被害者」及びその相続人は、第二次世界大戦の奴隷的労働の被害者あるいは強制労働の被害者として行った労働の補償を求める訴訟を、労働を提供した企業その他の組織あるいはその承継者から直接、あるいはそれらの子会社あるいは関係会社を通して請求する訴訟を、カリフォルニア州上位裁判所で提起することができると規定している。

「第二次世界大戦の奴隷的労働の被害者（Second World War Slave Labor Victims）」とは、ナチ体制（Nazis Regime）、その同盟国（Allies）及び支持者（Sympathizers）により、あるいはナチ体制またはその同盟国や支持者に占領され、あるいは支配下にあった地域において事業を行っていた企業により、一九二九年から一九四五年の間に強制収容所（Concentration Camp）またはユダヤ人地区（Ghetto）から連行された者、または強制収容所へあるいはユダヤ人地区から搬送中に振り向けられた者で、賃金の支払なく労働を行った者を意味する、と定義されている（三五四・六条（a）（1））。

「第二次世界大戦の強制労働の被害者（Second World War Forced Labor Victims）」とは、ナチ体制、その同盟国あるいは支持者によって征服された一般市民、あるいはナチ体制、その同盟国あるいはその支持者の戦争捕虜（Prisoner-of-war）で、ナチ体制、その同盟国及び支持者により、あるいはそれらに占領され、あるいは支配下にあった地域で事業を行っていた企業により、一九二九年から一九四五年の間に賃金の支払なく労働の提供を強制された者を意味する、と定義されている（三五四・六条（a）（2））。

「補償（Compensation）」とは、個人が支払われたであろう賃金及び手当あるいは労働を行うことに関連して被った障害の損害賠償額の現在価値を意味する、と定義されている（三五四・六条（a）（3））。

ここで「現在価値（Present Value）」とは、労働が提供された時点の労務の時間に基づいて計算された賃金等の現在価値で、通貨の切下げ等がなされない満額の支払につき現在まで複利で計算した金利を付したものを意味する、と定義されている（三五四・六条（a）（3））。したがって、賃金の額もさることながら、二〇〇〇年当時で五〇～六〇年も経過しているので、その複利計算による金利は極めて大きい額になると思われる。

このような法律はその後カリフォルニア州以外の州にも飛び火し、いくつかの州では類似の法律を制定した。また一九九九年一一月には、連邦議会にも同様の法案が提出され大きな問題となった。

この法律の制定の背景には、日本の戦争責任を追及する一連の動きがあった。一九九七年一一月には、アイリス・チャン著の『レイプ・オブ・ナンキン』（南京虐殺）が出版され、ベストセラーとなった。そしてチャン氏は、日本政府からの謝罪と補償を求める活動を展開した。

一九九八年八月には、スイス銀行が所有していたユダヤ人ホロコースト犠牲者の預金の返還に関するアメリカでの訴訟で、銀行側が約一三〇〇億円支払うことで和解が成立した。また一九九八年九月には、ドイツ企業に対し強制労働等にかかる補償を求める訴訟がアメリカで多発した。

ドイツ政府はすでに六〇〇億ドルをホロコースト関係の犯罪に対して支払っていたが、奴隷的労働や強制労働をした者の多くはこれでカバーされておらず、また産業界も一切補償を支払っていなかった。一九九九年一二月には、ドイツ政府とドイツ企業側は、犠牲者に約五三〇〇億円を支払うことで決着した。

ドイツ政府及びドイツ企業に対し巨額な賠償基金を拠出させることに成功したアメリカのプレインティフ・ローヤーが、次にドイツの同盟国として経済的に豊かな日本を標的にしてきたことは想像に難くない。

一九九九年三月には、カリフォルニア州のユダヤ人団体が、日本の謝罪と補償を求める決議を採択した。同年七月にカリフォルニア州において、戦時中の強制労働について利益を得た日本企業の責任を追及できる前述の法律が成立すると、同年八月には、カリフォルニア州議会が、日系三世のマイク・ホンダ議員の提案により、日本の謝罪と補償を求める決議を採択した。

2　日本企業に対するクラスアクション

当初のクラスアクション

カリフォルニア州民事訴訟法改正をきっかけに日本企業に対して提起された第二次世界大戦中の強制労働賃金支払請求のクラスアクションは、一九九九年末までに、多くの日本企業に対し少なくとも一八件は提起された。

当初は元米兵らの戦争捕虜（Prisoner of War、アメリカでは一般にＰＯＷと言われている。）あるいはその遺族が訴えを提起するものが多かった。それに加えてイギリス人、オーストラリア人、オランダ人、ニュージーランド人の戦争捕虜によるものや、コリアン、フィリピン人や中国人の民間人によるクラスアクションも出てきた。

標的となった主な被告企業には歴史の古い財閥系の企業が多く、代表的な企業としては新日本製鉄、三菱重工、三菱商事、三井物産、三井鉱山、住友商事、住友重工、川崎重工、石川島播磨重工、日本車輌等があった。

二〇〇〇年二月二四日の日本経済新聞朝刊は、「戦時強制労働」「元米兵ら日本企業提訴」「カリフォルニア州法改正契機に」「数十億ドル求める」とのタイトルの記事を掲載した。

日本の外務省の見解と対応

当時の日本の外務省の見解は、次の通りであった。日本の戦後処理（戦時賠償等）についてはサンフランシスコ平和条約で完全かつ確定的に処理されている。現在及び今後戦時賠償に対応しなければならない理由は何もない。また外交条約での取決めを司法が覆すことはない。

問題のカリフォルニア州民事訴訟法改正法については、ナチ体制、その同盟国（Nazi Regime, Its Allies）の適用について日本とドイツが同一視されるのは法律の仕組みを無視した主張である。戦後処理について日本はサンフランシスコ平和条約により法的に整備しているが、ドイツは平和条約を締結しておらず、戦後処理の問題が法律的に整備されていないと言える。したがって、日本には問題のカリフォルニア州改正法を適用できないはずである。また本法案の提出時点では本法を日本に適用することは想定されていなかったと聞いている。

外務省では、同様のクラスアクションを提起された多くの日本企業を集めていろいろ打合せをしていた。しかし、外務省はアメリカの裁判制度を理解しておらず、弁護士が指導しているわけでもないのに、訴訟の当事者である日本企業と外務省の職員だけがミーティングを開いて話し合っていた。

しかし、そこで話し合われたことはアメリカの訴訟においては弁護士依頼者特権で保護されないため、原告側がディスカバリーの要求をしてその内容の提出を求めれば、それらはすべて原告側の手に渡ってしまうことをまったく理解していないようであった。そのことを理解してもらうため、私が元大使を通じて外務省の役人と接触しようとしたが、外務省の役人は弁護士である私に会おうとしなかった。

日本の外務省が、たとえアメリカの裁判に関係することであっても、アメリカの訴訟の専門家に相談することなく、独自の判断で事を進めることに、私は危うさを強く感じた。たとえ同じような状況で被告にされている日本企業の間で話し合う場合も、それぞれの弁護士の間で共同防御契約（Joint Defense Agreement）を締結して弁護士経由で話をしないと、やはり弁護士依頼者特権の適用を受けないため、話し合ったことはディスカバリーによりすべて相手方に知られるリスクがあるだけでなく、関係するそれ以外の事項に対する特権も壊される可能性が出てくる。

3　ジョング訴訟

私が最初に受任したジョング訴訟

この件でクライアントである日本企業T社のアメリカの子会社の社長から私に第一報が入ったのは、一九九九年一〇月一五日のことであった。すでにそのときには日本の多くの会社に対し強制労働クラスアクションが提起されており、外務省では日本企業に対する訴訟一覧表を作成していた。日本の親会社に対してはヘーグ条約の下での外交ルート経由の送達がなされるため時間がかかるが、アメリカの子会社に対してはすでに訴状等の送達がなされていた。

T社の米国子会社の社長等は東京本社と相談した結果、一九九九年一一月二日に、本件訴訟を私に依頼することを私に正式に伝え、アメリカの訴訟弁護士を指揮監督して防戦してほしいと言ってきた。

長年にわたって非常に親しいアメリカの訴訟弁護士であるビンガム・デーナ・ムラセ法律事務所（Bingham Dana Murase）ロサンジェルス事務所のディグビー弁護士（Matthew Digby）がすでに一連の強制労働クラスアクションでいくつかの日本企業を代理して訴訟活動を進めていたので、私は彼からすぐに現在の他の類似訴訟に関する詳細な情報を入手することができた。

私が最初に引受けたクラスアクションは、大戦中日本の（T社の前身の一つである）O社が日本占領下の朝鮮半島でコリアンであったジョング氏（Jae Won Jeong）を強制労働させたと主張して、戦後アメリカに帰化して現在アメリカ国籍を有する原告ジョング氏一人がカリフォルニア州ロサンジェルス郡上位裁判所（Superior Court of State of California for the County of Los Angeles）へクラスアクションを提起したものである（以下この訴訟を「ジョング訴訟」と言う）。

本件については、早速、連邦地方裁判所への移送（Removal：州裁判所から別の系統の裁判所である連邦裁判所へ事件を移す場合は「移管」と言うこともあるが、以下「移送」と言う。）を検討した。先行している日本企業は連邦裁判所に移送をし、それに対し原告側が州裁判所に差戻す（Remand）よう主張して争ったが、結局ほとんどの訴訟は連邦裁判所に係属することになった。

被告が連邦裁判所への移送を申立てると、訴訟は自動的に連邦裁判所へ移り、原告の申立てにより、あるいは裁判所の職権で、連邦裁判所の裁判官が州裁判所へ差戻す決定をしない限り、訴訟は連邦裁判所に係属する。

私が編成した弁護士チーム

私はまずディグビー弁護士を起用し、類似案件の経験と他の多くの類似訴訟に関する情報や成果を最大限活用した。

戦争中は日本企業は政府の命令により軍需工場に指定され、軍事政権の指示の下に操業していたと思われるので、私は、アメリカの外国主権免除法（「第7章　取扱った案件と仕事のやり方」「4　訴訟案件」「大手法律事務所の訴訟担当不適格の命令」の項参照）に基づき、訴え却下の主張をすることを考えていた。国際法上、国家は原則として他国の裁判所の管轄に服することを免除されており、その原則をアメリカの国内法として制定したのが外国主権免除法である。

私は、少し前に日本のある機関に対してロサンジェルスで提起された別の大きな訴訟で、ロサンジェルスのローブ・アンド・ローブ法律事務所のマレル弁護士を起用して、外国主権免除法の主張を前面に出して戦い、勝訴したことがあった。そこで、しばらくして、憲法の専門家でもあるマレル弁護士をチームに加えた。

共同防御弁護士グループ及び共同防御契約

日本企業を被告とする第二次世界大戦中の強制労働を理由とする一連の賃金請求訴訟においては、それまでアメリカ人戦争捕虜が提起した訴訟については、それらの訴訟を担当しているアメリカの弁護士の間で行う電話会議の都度、口頭で共同防御契約を確認し合いながら情報交換をしてきたようであった。

その後、コリアン（及び元コリアン）が原告となって、日本企業及びその米国子会社を訴えたケースである新日鉄及び三菱重工等を被告とするチョー（Choe）訴訟や、石川島播磨重工及び住友重工等を被告とするキム（Kim）訴訟が、カリフォルニア州裁判所に提起された。

コリアンを原告とし、戦争中の強制労働賃金の補償を請求するという点で共通の法律問題や訴訟戦略が多々あるため、被告である日本企業を代理する多数の弁護士間で正式に共同防御契約を締結し、緊密に情報交換をすると共に、調査の成果を利用し合うということが、口頭でほぼ合意に達していた。

クラスアクションを提起された日本企業は、それぞれが使っているアメリカの法律事務所を使って今回のクラスアクションに対応したので、アメリカの多くの名だたる法律事務所が多数の日本企業を代理して強制労働賃金請求のクラスアクションに関与することになった。それら多くの法律事務所が共同防御契約を結び、お互いに話し合った内容を弁護士依頼者特権で原告側の開示要求から守れるようにした。

共同防御弁護士グループでは、各事務所から複数の弁護士が参加して、本件継続中ずっと毎週金曜日に定例の電話会議を続けた。電話会議には恐らく四〇～五〇名以上の弁護士が参加していたと思われる。私ももちろん電話会議に参加していたが、私と一緒に仕事をしていた日本の若いアソシエート弁護士にも、電話会議の際は必ず私と共にスピーカーフォンで議論を聞いてもらった。

電話会議に参加する弁護士で日本の弁護士は私ただ一人であったので、アメリカの特に若い弁護士は猛烈な早口で喋りまくり、外国人が参加していることは一切想定していない本当の生きた英語の議論が続き、日本の若い弁護士には大変よいヒヤリングの訓練になった。私ももちろん電話会議では発言したが、喋っている人の話が完全に終わるちょっと前に話し始めないと、なかなか割り込み難いものがあった。

アメリカの裁判所

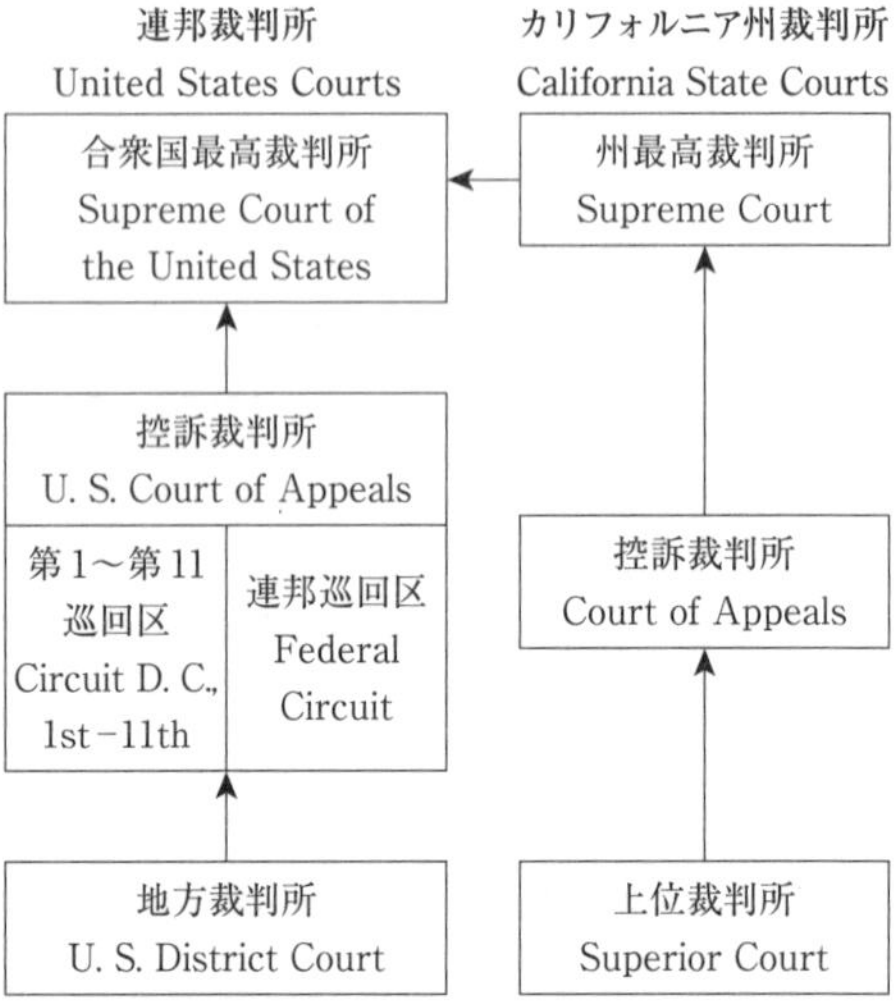

連邦裁判所と州裁判所

日本では訴訟が提起されても手続的なことが問題になることはあまり多くない。それは日本が単一法の国家だからである。しかしアメリカは連邦制を採っており、訴訟が連邦裁判所に係属するか州の裁判所に係属するかによって大きく違ってくる。

州の裁判所の裁判官は通常選挙で選ばれるため、州に密着した裁判官が多く、州民の人気を得る必要があるので、州民にえこ贔屓《ひいき》する傾向があった。そのため州の裁判所には連邦的な考え方や国際的考え方をなかなかできない裁判官が多い。

これに対し、連邦裁判所は連邦政府に任命される裁判官で構成されており、連邦裁判所の裁判官は通常非常に優秀で、アメリカの国家的観点から事案を見たり、国際的感覚も有している場合が多い。日本企業のような外国企業にとっては、連邦裁判所で審理してもらう方がずっとよい。

実は私もそのことは昔からよく承知していたが、後で述べる通り、この強制労働賃金請求のクラスアクションを州裁判所と連邦裁判所のそれぞれで同じ問題点について審理を受ける経験を経て、現実の問題としてその感を非常に強く持った。

そのような事情があるため、被告となった日本企業は、いずれも州裁判所に提起された訴訟を連邦裁判所へ移送して、連邦裁判所で審理してもらうことを強く望んだ。

ジョング訴訟は、カリフォルニア中部地区連邦地方裁判所に移送されたが、事件を担当したキング裁判官（George H. King）が中国からアメリカに渡って帰化した裁判官であったことも影響したのかどうかは分からないが、非常に厳しい判断を示した。キング裁判官は、最初から自分で裁判することを避けているようにも見え、結局原告の差戻しの申立てが通って、訴訟は州裁判所へ差戻されてしまった。

後に述べる私が担当した中国人によるチャンチャオ訴訟も、カリフォルニア中部地区連邦地方裁判所に移送されたが、担当したのがキング裁判官であったため、州裁判所へ差戻されてしまった。ところが私が担当した他の何件かの類似訴訟は、いずれも連邦裁判所への移送が成功し、多くの類似案件と一緒に連邦裁判所の裁判官に判断してもらうことになった。

そういうわけで、私は、同じような訴訟で同じ法律的な論点を有する訴訟を、一方は州裁判所で戦い、他方は連邦裁判所で戦うという経験をしたため、連邦裁判所と州裁判所の違いを痛いほど感じた。多くの日本企業の間でも、多数の企業は連邦への移送に成功したが、いくつかの企業は州裁判所で審理を行わざるを得なかった。

連邦裁判所の管轄権

アメリカでは、裁判所の管轄は原則としてすべて州の裁判所にある。連邦裁判所の管轄が認められるのは、連邦法に関するものや連邦問題（Federal Question）が審理される場合と、州籍の相違（Diversity of

Citizenship）の要件を満たし、紛争の金額が七万五〇〇〇ドル超である場合に限られている。州籍の相違は、原告の所在州と被告の所在州が異なる場合を言うが、複数の原告や複数の被告がからんでくると複雑なルールがあり、州籍の相違のハードルが高くなって、連邦裁判所へ行くのが難しくなっている。

ジョング訴訟の連邦裁判所への移送に関する攻防

ジョング訴訟の被告日本企業側の最大の根拠は、一九五一年締結の日本とアメリカをはじめとする連合国との間のサンフランシスコ平和条約及び一九六五年の日韓協定を理由とする請求権の封じ込めであった。このような条約は連邦が完全に専占《せんせん》している（Preempt）連邦の専権事項であるので、「専占の法理（Doctrine of Preemption）」により、連邦裁判所の管轄権が認められる。

連邦憲法における「専占の法理」とは、一定の事項について、連邦法が州法を排除し、優先するという連邦最高裁判所判例によって採用された法理で、州は連邦法と抵触する法律を制定することができない。「専占」には、制定法上明示的に専占としているものと、制定法はまだなく、解釈上連邦の専権事項とされる専占とがある。

原告の反論としては、次のようなものがあった。

①本件は日本国に対する訴訟ではなく、日本の国民（すなわち企業）に対する訴訟である。

②サンフランシスコ平和条約の下でのアメリカによる日本国に対する請求権放棄（Waiver of Claims）は「戦争の遂行（the Prosecution of the War）」から発生したもののみに及ぶので、原告に労働の対価を支払わないこと及び安全な労働環境を提供しなかったことは「戦争の遂行のための行為」に該当しな

い。

③元外務省法規部部長伊藤哲夫氏は、日本法上及び国際法上、サンフランシスコ平和条約は米国国民による日本の国民に対する請求権は放棄していないし、放棄できないとの見解を出している。

④米国憲法の下でも、連邦政府の条約作成締結権が、外国政府に対するものでなく、外国の国民に対する米国国民の請求権の放棄を許すことまでの権限を与えていることを被告側は示していない。

⑤国民対国民の請求権放棄は、補償なしで行われる場合は米国憲法の修正第五条で禁止された「収用」になる。アメリカは米国憲法に反する条約・協定を結ぶことはできない。

日本企業T社の米国子会社による連邦裁判所への移送に対し、当然のことながら原告の弁護士から州裁判所への差戻しの申立て（Motion to Remand）がなされた。それに対し、一九九九年一一月二三日に、キング裁判官から被告日本企業側に対し、州裁判所へ差戻してはならないという理由を述べるようにとの命令（Order to Show Cause Why This Case Should Not Be Remanded to State Court）が出された。

キング裁判官は、命令の中で、次のように述べた。被告の移送の申立ての根拠は、一九五一年のサンフランシスコ平和条約である連邦法が、原告の州法上の請求原因に完全に取って代わっているというものである。しかし、完全な専占の法論（Complete Preemption Doctrine）が適用されるのは、連邦法が極めて高度の専占権限（Extraordinary Preemptive Power）を有する場合に限られる。

連邦への移送を正当化するためには、問題の連邦法が州法上の請求権を専占（Preempt）するだけでなく、連邦法上の請求権が州法上の請求権に取って代わる（Supplant）ことが必要である。もし原告が訴状中の州法に基づく主張を根拠として連邦法上の請求をすることができず、それゆえ最初から連邦裁判所に訴えを提起することができなかった場合には、連邦裁判所への移送の根拠は存在しない。

キング裁判官は続けて、次のように述べた。日本との間の平和条約の下で原告が連邦法上の請求をすることができることを、被告は移送申立書で示していない。平和条約は原告の州法上の請求の抗弁になるかもしれないが、平和条約は原告の州法上の請求に取って代わるものではない。防御的な専占（Defensive Preemption）は移送の根拠にはならない。

私共は、被告日本企業のために、その他の根拠の一つとして、外国主権免除法に基づく訴え却下の主張をした。私共の主張は次のようなものであった。

原告自身が、その訴状の中で、原告は日本政府によって奴隷的労働の作業場へ送られ、その作業場はT社の前身であるO社が日本の国家権力の影響下で操業していたと述べている。日本政府が戦争遂行の促進のため、一九四三年一二月制定の軍需会社法に基づいて、一九四四年四月二五日にO社を軍需工場に指定し、O社を有効に支配したので、外国主権免除法上O社は当時日本政府の機関（Organ）または代行機関（Instrumentality）であった。

私共は、上記に関連して、軍需会社法のコピー及び英訳、一九四四年四月二五日にO社を軍需会社に指定する「指定命令書」及びその英訳その他を、移送通知書に添付して裁判所へ提出した。

私は、当時の東京事務所であるあさひ法律事務所の若い弁護士何人かと協力して、O社の戦争中の非常に古い資料をはじめ、国会図書館や当時の朝鮮半島関係の資料を保存しているところを徹底的に調査した。その結果発見することができた非常に古い関係資料を英訳と共に裁判所へ提出したが、あまりにも古い話であったので、作業は極めて厳しいものであった。

キング裁判官は、二〇〇〇年五月一七日付命令を出し、ジョング訴訟の原告側の主張を認め、訴訟を州の裁判所へ差戻した。

キング裁判官の命令書は、シングルスペースでびっしり打って一八頁もあり、単に訴訟を州裁判所へ差戻す命令としては異例に長く、各論点について詳しく論じているところからも（たとえば外国主権免除法に関する論点だけで八頁も費やしている。）、キング裁判官は自らがジョング訴訟を担当することを何としてでも避けたかったのではないかというのが、私の弁護士チームのアメリカの弁護士のコメントであった。

キング裁判官の差戻し命令では、私共被告日本企業側の主張一つ一つに判断を示しているが、被告側の外国主権免除法に基づく主張に対しては、次のように判示した。

移送を主張する被告は、外国の代理機関（Agency）または代行機関であることを証明する責任を負う。しかし、被告は外国主権免除法が適用されることを証明できなかった。

キング裁判官は、軍需会社法の規定に服する企業は、十分日本政府の機関と見なすことができ、外国主権免除法は「機関」及び「代理機関または代行機関」の用語に広い意味を与えたと述べた。実際に私がマレル弁護士と共に取扱った別件の訴訟で外国主権免除法を深く検討した際、日本で考えている「外国主権」よりもアメリカの外国主権免除法の下でははるかに広く外国の「代理機関または代行機関」を認め、それに関する判例が非常に多くあるのに驚かされた。

興味深いのは、キング裁判官は、差戻し命令のその個所で、その根拠として、その少し前に私とマレル弁護士が取扱った訴訟の第九巡回連邦控訴裁判所の一九九九年の外国主権免除法に関する判例に言及し、その内容を説明したことである。キング裁判官は、まさかその訴訟を私とマレル弁護士が取扱ったとは夢にも思わなかったと思われる。

キング裁判官は続けて、軍需会社に指定された企業は、少なくともその「軍事産業（Munitions Business）」に関する限り、政府支配の特徴を持っていたと述べた。しかし、被告は、ジョングに強制労働をさせたとされるときに、Ｏ社が軍需会社法に服していたことを証明できなかったとした。

前にも述べたが、私は東京事務所であったあさひ法律事務所の何人かの若い弁護士と協力して、五十数年前の第二次世界大戦中の非常に古い資料を必死で探し、あと一歩のところまでの資料を探し出した。

しかし、ジョング氏がＯ社の作業場で働いていた時点が訴状中で明確にされていなかったため、その時点でＯ社が軍需会社に指定されていたというずばりの書類がなかった。そのために、連邦裁判所で外国主権免除法の根拠だけでも勝訴できたところを、キング裁判官の命令で州裁判所へ差戻され、その後州の裁判所で苦難の道を歩むことになったことが、何としても悔しかった。

こうして、ジョング訴訟はキング裁判官の差戻し命令によって、当初ジョング氏によって訴訟を提起されたカリフォルニア州ロサンジェルス郡の州の上位裁判所で再度継続することになった。

4　ティザリントン訴訟

二〇〇〇年二月二四日、カリフォルニア州オレンジ郡のカリフォルニア州上位裁判所に、私のクライアントである日本のＪ社及びその米国子会社に対し、イギリス人で戦争捕虜であったアーサー・ティザリントン氏（Arthur Titherington）、ヘンリー・ジョージ・ブラッカム氏（Henry George Blackham）及びファーガス・マッギー氏（Fergus D.S. McGhie）を代表原告とする、第二次世界大戦中の強制労働賃金支払請求のクラスアクションが提起された（以下この訴訟を「ティザリントン訴訟」と言う）。Ｊ社の米国子会社には、同年三月二七日に訴状等が送達された。

原告ティザリントン氏は、シンガポールで負傷のため入院している際、一九四二年二月日本軍に捕らえられ、一九四二年一〇月二五日に古い貨物船を兵士運搬船に改造したイングランド丸に乗船させられ、台湾に送られた。そして最終的には金爪石の銅山で強制労働をさせられたと主張した。

私の方では、すでに先行するジョング訴訟で弁護士チームを編成して対応していたので、同じ弁護士チームでティザリントン訴訟にも対応した。

州裁判所においては、答弁書の提出期間は送達後三〇日間で、答弁書の内容も簡単に書くことが許されたが、連邦裁判所では答弁書の提出期間は二〇日で、答弁書の中でかなり具体的な反論を書く必要があった。

J社の米国子会社二社による答弁書は、簡単に済ませるために、意識的に連邦裁判所に移送する前の四月二四日に州裁判所に提出した。そして、その翌日の四月二五日に、連邦裁判所への移送通知書（Notice of Removal）を提出した。その結果、本件はカリフォルニア中部地区連邦地方裁判所に係属した。

二〇〇〇年五月三〇日には、東京のJ社本社に訴状等が送達された。連邦地方裁判所で本件を担当したリュー裁判官（Ronald Sing Wai Leu）は中国系アメリカ人で、本件から逃げようとしているかのようにも見えた。六月五日には、ティザリントン訴訟はまだ含まれていないが、類似の日本企業に対するクラスアクションが広域係属訴訟司法委員会（Judicial Panel on Multidistrict Litigation）の審理の結果、まとめてカリフォルニア北部地区連邦地方裁判所のウォーカー裁判官（Vaughn R. Walker）のところへ移送されることが命令された。

アメリカでは連邦の立法によって、一九六八年に広域係属訴訟（Multidistrict Litigation）の制度（広域統一法廷審理前手続とも言う。）が設けられた。それは、少なくとも一つの（通例は複雑な）事実問題を共通にする複数の民事手続が連邦地方裁判所のいくつかの裁判区（District）にわたって係属するとき、それらの訴訟を一つの裁判所に集めて、一人の裁判官の指揮の下に統一的な事実審理前手続（Pretrial Proceeding）を行うという制度である。

六月一九日に、広域係属訴訟司法委員会から私共へ六月一五日付レターが届き、ティザリントン訴訟は、六月五日付で移送が決定されたいくつかの類似事件と共に、サンフランシスコに所在するカリフォルニア北部地区連邦地方裁判所のウォーカー裁判官に移送されたと知らせてきた。

アメリカでは、このような訴訟については、どの裁判官が担当するかによって結論が逆になる可能性が大いにあり、日本と違って手続的な攻防が非常に大きな意味を持っている。

ティザリントン訴訟の新しい担当裁判官となったウォーカー裁判官は、六月二六日付第一次命令（Order No.1）及び六月二七日付第二次命令（Order No.2）を出した。両命令が発令された日には、J社の移送に対する異議期間が経過していなかったので、両命令はまだJ社には送達されていなかった。しかし、七月になってティザリントン訴訟がウォーカー裁判官の下で併合されることが確定された段階で、両命令の内容はティザリントン訴訟にも適用され、第一次命令の第五項にもその旨が書かれていた。

ティザリントン訴訟の原告側弁護士は、大きくミルバーグ・ワイス法律事務所グループと、ハーマン・ミドルトン法律事務所（Herman Middleton）グループの二つに分かれ、内部で訴訟における主導権争いを行っていた。そのため原告側は統一した書類を裁判所に提出することができず、二種類の書類を提出するという始末であった。

二〇〇〇年七月二五日に、ティザリントン訴訟が正式にウォーカー裁判官の下に併合されたことを示す書面がようやく届いた。被告日本企業側は、すでに先行している新日鉄に対するキング（King）訴訟及び日本車輌に対するレベンバーグ（Levenberg）訴訟でもともと担当裁判官だったウォーカー裁判官が二〇〇〇年三月に行った審理に従って、訴え却下申立てに対する判断を下して訴訟を却下することを求めた。原告側は、併合審理を契機に多くの訴訟を四つ程度にまとめて、改めて①アメリカ人の戦争捕虜、②その他連合国の戦争捕虜、③中国及びコリアンの民間人、④その他連合国の民間人などと、原告の属性に応じて訴状を提出し直したい旨を求めた。

原告側はそれと同時に、裁判所の判断が下される前に条約関係の十分なディスカバリーが必要であること、特にサンフランシスコ平和条約の交渉過程における書類及び同条約締結後日本国と連合国各国が個々に締結した二国間条約の調査などが不十分であるとして、これを優先するように求めた。サンフランシスコ平和条約第二六条には最恵国待遇条項があり、日本に対し民間請求を放棄しなかった国があったはずなので、原告側は、アメリカとの関係でもそれを適用できると主張していた。

原告側はまた、そもそも各訴訟の連邦裁判所への移送が正しいかどうかも再検討するように求めた。原告側はさらに、原告側の組織系統について提案をしたが、その席で一部の原告側弁護士の中からその案に反対する意見が表明されるなど、中での主導権争いがまだ続いていることが窺われる一幕もあった。

その後、アメリカ司法省が、被告日本企業側の主張を支持する旨のアメリカ合衆国の意見表明書（Statement of Interest of the United States of America）を裁判所に提出したことが分かった。日本政府も、八月八日、元米国戦争捕虜等による日本企業に対する訴訟に関する日本国政府の見解を、在米日本大使館より米国国務省宛の口上書を持って提出した。

これに対し、カリフォルニア州の司法長官（Attorney General）も「裁判所の友（アミカス・キュリィ、amicus curiae）」の意見書を裁判所へ提出して、カリフォルニア州としての意見を述べた。

「アミカス・キュリィ」とは、「裁判所の友」とか「法廷助言者」と言われ、裁判所に係属する事件について裁判所に情報または意見を提出する第三者を意味する。アメリカの連邦裁判所では、連邦政府やその機関は当然アミカス・キュリィとなれる。

5 フィリピン人、コリアン及び中国人による新たなクラスアクション

二〇〇〇年五月二三日、ジョング訴訟の被告でもあるT社の米国子会社から私に連絡があり、五月一七日付新聞の夕刊によると、T社その他を被告とする新たな強制労働クラスアクションが提起されたと伝えてきた。五月一六日、フィリピンと韓国の民間人らが日本企業に対し、損害賠償を求めるクラスアクションをカリフォルニア州オレンジ郡上位裁判所に提起したということであった。

元戦争捕虜や民間人によるカリフォルニア州での日本企業に対する強制労働クラスアクションはこれで二八件になり、被告企業はフィリピン関係だけでも三井物産、三菱商事、三菱重工、三菱マテリアル、住友商事、住友重工等の旧財閥系企業を含む二七社に膨れあがった。

原告側で訴訟を手掛けるウェルマン弁護士（Scott Wellman）及びロバート・スウィフト弁護士（Robert Swift）によると、フィリピン人の代表原告は二人で、日米開戦の一九四一年一二月から一九四五年二月までの間、フィリピンの民家農園や鉱山などで強制労働をさせられたと主張している。コリアンの代表原告は三人で、北海道のほか、満州などで働かされたと主張している。

これらのクラスアクションで原告側で中心的役割を果たしていた弁護士の一人であるウェルマン弁護士

は、ホロコースト被害者たちがナチスドイツへの協力企業を訴えた裁判で巨額の和解金を勝ち取った弁護士チームの一員であった。そして、日本企業に対しても同じ方式の解決法が一つの選択肢だと主張していた。

この時点までに提訴された計二八件は、原告側はウェルマン弁護士らのチームを含む四つの弁護団が担当し、原告はアメリカ人だけでなく、イギリス人、オランダ人、オーストラリア人、ニュージーランド人、フィリピン人、中国人及びコリアンに及んでいる。

リサス訴訟

フィリピン人が二〇〇〇年五月一六日に提訴した強制労働クラスアクションの代表原告は、ルーベン・リサス氏（Ruben Resus）及びカルロス・カデニーヤ氏（Carlos Cadenilla）の二人であった（以下この訴訟を「リサス訴訟」と言う）。リサス訴訟の訴状等は、二〇〇〇年七月七日、ジョング訴訟の被告であるT社の米国子会社O社に対し送達された。O社は七月一九日に答弁書を提出した。

リサス訴訟は、私の別のクライアントである日本のF社に対しても提起されたため、私はリサス訴訟においてはT社とF社を代理することとなった。連邦裁判所と違って、州裁判所では答弁書において理由を説明することなく全面否定をする形の答弁が認められているので、リサス訴訟においても、まず七月一九日に州裁判所へ答弁書を提出した後、七月二一日に連邦裁判所へ移送した。

八月七日付で、広域係属訴訟司法委員会が、リサス訴訟をカリフォルニアの北部地区連邦地方裁判所のウォーカー裁判官に移送する旨の条件付移送命令を出した。この時点でウォーカー裁判官にはすでに約二〇件の類似訴訟が係属して併合審理されていたが、結局リサス訴訟も、二〇〇〇年九月八日、正式にウォーカー裁判官の下で他の類似訴訟と併合された。

サルダヘノ訴訟

二〇〇〇年八月二日、フィリピン人のサルダヘノ氏（Alberto Saldajeno）その他が、カリフォルニア州サンフランシスコ郡の州の上位裁判所へ強制労働クラスアクションを提起した（以下この訴訟を「サルダヘノ訴訟」と言う）。八月一六日には、すでに私共が類似訴訟を取扱っていたT社の米国子会社に訴状が送達された。

八月一七日には、同じ訴訟で被告となっていた石原産業の米国子会社が連邦裁判所へ移送の申立てをし、これによりサルダヘノ訴訟全体が連邦裁判所へ移送された。

八月二二日には、T社の別の米国子会社に、サルダヘノ訴訟の訴状等の送達がなされた。八月三一日には、広域係属訴訟司法委員会が、条件付移送命令をカリフォルニア北部地区連邦地方裁判所へ出した。九月五日には、T社の私共弁護士チームから、カリフォルニア北部地区連邦地方裁判所へ答弁書等を提出した。

九月六日、原告側から連邦地方裁判所に対して、州裁判所への差戻しの申立書が提出された。この点については、一〇月一九日に口頭弁論が予定され、それに先立ち、九月二八日までに差戻しの申立てに対する被告側の反論書を提出する必要があった。

九月二一日、ウォーカー裁判官の第四次命令（Order No.4）が出された。今回のウォーカー裁判官の命令は、原告側の州裁判所への差戻しの申立てをすべて却下し、アメリカ及び連合国の戦争捕虜による一二件の訴訟をすべて棄却するというものであったが、リサス訴訟及びサルダヘノ訴訟を直接対象とするものではなかった。

ウォーカー裁判官の第四次命令では、戦争の遂行中に日本及び日本国民がとった行動から生じた損害に対するアメリカをはじめとする連合国及び連合国国民の請求権は、一九五一年の平和条約第一四条（b）項によって放棄されたと判示して、請求を棄却した。

九月二八日には、T社弁護士チーム及び石原産業の弁護士の共同名義で、連邦地方裁判所に対し、原告の州裁判所への差戻しの申立てに対する反論書を提出した。ところが、一〇月五日、原告側弁護士が連邦地方裁判所に対して、ウォーカー裁判官が出した第四次命令に鑑み、州裁判所への差戻しの申立てを撤回する旨のレターを裁判所へ提出した。

サルダヘノ訴訟についても、他の類似訴訟と同じく、二〇〇〇年一二月一三日に口頭弁論期日が設定された。一〇月三一日には、サルダヘノ訴訟において原告側の最初のディスカバリー請求として質問書（Interrogatories）が被告側に提出された。同様の質問書は、九月末に広域係属裁判所の中国人及びコリアン関連訴訟においてもすでに提出されており、内容もそれらのものとほぼ同様であった。

チャンチャオ訴訟

二〇〇〇年八月二二日、カリフォルニア州ロサンジェルス郡の上位裁判所に、中国国籍でロサンジェルスに居住するチャンチャオ氏（Zhang Changchao）他三名及び中国に居住している五名の合計八名が、三井グループ、三井不動産、三井建設、三井不動産販売、商船三井、三井鉱山その他主として旧三井財閥系の日本の会社及びそれらのアメリカの子会社、そして三菱商事、三菱重工及びそれらのアメリカの子会社等、合計二〇社を被告とするクラスアクションを提起した（以下この訴訟を「チャンチャオ訴訟」と言う）。私はこの訴訟の被告となった三井グループのM社一社を代理して、チャンチャオ訴訟を担当することになった。

この訴訟では、原告は三井グループ（Mitsui Group）という会社ではないグループ（旧三井財閥）も被告とし、三井物産をその中核会社と主張した。そして、戦後財閥は解体されたにもかかわらず、三井系の会社は三井財閥を継承しているという乱暴な主張をしていた。

チャンチャオ訴訟では、先に訴状の送達がなされている被告数社から本件訴訟を連邦裁判所へ移送するための通知がなされたため、二〇〇〇年一〇月一一日に本件訴訟全体が自動的に連邦地方裁判所へ移送され、連邦地方裁判所カリフォルニア中部地区のキング裁判官の下に係属することとなった。キング裁判官はジョング訴訟において、原告による州裁判所への差戻しの申立てを認めた裁判官である。

それとは別に、広域係属訴訟司法委員会は、チャンチャオ訴訟に関して条件付移送命令を発令したが、チャンチャオ訴訟は自動的にはカリフォルニア北部地区連邦地方裁判所の広域係属訴訟に併合されなかった。

原告が提出した州裁判所への差戻し申立てに対するキング裁判官の二〇〇〇年一二月一一日付差戻し命令（Remand Order）が、二〇〇〇年一二月一三日に出された。キング裁判官は、ジョング訴訟において原告の州裁判所への差戻し申立てを認め、事件を州裁判所へ差戻したが、チャンチャオ訴訟も同じように原告側の差戻しの申立てを認めた。

今回のキング裁判官の判断はジョング訴訟における判断を完全に踏襲したもので、類似訴訟を州裁判所ではなく連邦裁判所で審理することを認めた裁判官の判断と比較して、まったく異色で独自な見解と言わざるを得なかった。

このように両当事者間に大きな意見の隔たりがある場合に、口頭弁論を行うこともせず、前触れもなく突然命令を出してしまうという点も、通常ではおよそ考えられないものであった。ジョング訴訟のときも問題になったが、やはりキング裁判官は、とにかくこの種の訴訟に関与したくないという意図があるようにも感じられた。

その後、原告が作成することを予定していた修正訴状（First Amended Complaint）は、二〇〇二年二月八日に正式に裁判所に提出された。しかし、私共が代理したM社は修正訴状の中では被告となっていなかったため、M社に対する訴訟は送達の効力がなかったものと見なされ、訴訟から外された。

M社がなぜ被告から外されたのかは、原告の行ったことなので推測の域を出ないが、恐らく戦前からM社が三井財閥から独立していたため、原告がその請求の基礎としたカリフォルニア州民事訴訟法三五四・六条に規定される「承継者」（Successor in Interest）に該当しないと考えたからではないかと推測される。

6　連邦地裁のウォーカー裁判官の下での審理

ウォーカー裁判官の下での口頭弁論

強制労働クラスアクションのかなり多くは広域係属訴訟司法委員会によって併合され、カリフォルニア北部地区連邦地方裁判所のウォーカー裁判官のところに係属した。二〇〇〇年七月末から八月上旬にかけて請求棄却の申立てその他について双方で書面のやり取りが行われた上、二〇〇〇年八月一七日にウォーカー裁判官の下で請求棄却の申立て及びそれに関連する申立て等についてのみの口頭弁論が行われた。

私も唯一の日本人弁護士として（もちろんニューヨーク州弁護士の資格で）口頭弁論に出席した。アメリカでは、州裁判所であるか連邦裁判所であるかを問わず、弁護士は原則として弁護士資格を与えられた州所在の裁判所でしか正式の代理人になれない。しかし、アド・ホック・ヴィーチェ（ad hoc vice）（「その目的だけの代理」といった意味）という他州の裁判所の許可を取得すれば、他州の裁判所においても代理人弁護士として活動できた。私もアド・ホック・ヴィーチェの許可を得て活動した。

二〇〇〇年八月一七日午前一〇時から、サンフランシスコにあるカリフォルニア北部地区連邦地方裁判所で、ティザリントン訴訟を含む多数の広域係属訴訟の口頭弁論が行われた。この口頭弁論は今後の帰趨を決定づける極めて重要なものであったので、私もニューヨークからサンフランシスコへ出張し、ディグビー弁護士及びマレル弁護士と共に出廷した。

前日の一六日には、被告日本企業側の共同防御弁護士グループの打合せが行われ、私も出席し、翌日の口頭弁論のための議論に参加した。この打合せに出席した弁護士は約二五名で、私以外はすべてアメリカ人の弁護士であった。

口頭弁論には原告、被告双方から多数の弁護士が出席し、弁護士だけで傍聴席もほぼ満席という状況で、原告であるアメリカの戦争捕虜も何人か出席していた。出席した弁護士一人一人がウォーカー裁判官の前に進みでて、自分の名前と代理している会社の名前を述べた。ウォーカー裁判官は、私が唯一の日本人であったからか、私に対してだけにこやかに言葉を返してくれた。

ウォーカー裁判官は冒頭に、被告側に対し、請求棄却の申立てと地裁への差戻しについてのみ弁論するように求め、当初被告弁護団で用意していたそれ以外の争点に関する弁論は許さなかった。

全被告の弁護士グループを代表して、まず新日本製鉄の弁護士であるサリバン・アンド・クロムウェル法律事務所の女性弁護士であるファイファー弁護士（Pfeiffer）が、サンフランシスコ平和条約及び日韓条約について弁論し、次に司法省のアンダーソン弁護士（Anderson）が、平和条約について弁論した。司法省の弁論は明快で、被告側に有利なものであった。被告側は、その後レーン弁護士（Lane）が、州裁判所への差戻しに反対する弁論をした。

引き続き原告側の弁論が行われ、最初は州裁判所への差戻しについて、次に平和条約の一四条（b）の放棄（Waiver）について弁論した。さらに、ティザリントン訴訟の原告側弁護士であるロディー弁護士（Rodey）が、コリア、中国、フィリピン等の戦争捕虜以外の民間人の訴訟について弁論した。

私は、ウォーカー裁判官がかなり突っ込んだ質問を連発することを予想していたが、ほとんど質問をしなかった。そこで、すでにウォーカー裁判官の腹は固まっているのではないかとの憶測がなされた。

原告側の弁護士の弁論中に、裁判官が興味ある質問をした。その一つは、「原告はなぜ長い間何もしなかったのか?」というもので、もう一つは、「原告はすでに補償を受けたのではないか?」というものであった。どちらも被告側に好意的な質問であった。

弁論は約二時間で終わり、被告側に原告の弁論に対する再弁論の機会は与えられなかった。弁論終了後被告側弁護団で話したところでは、ウォーカー裁判官はすでに腹を固めていて、かなり早い時期に命令を出すのではないかという見方が強いようであった。ウォーカー裁判官は、通常はかなり質問をし、またこのような重要な口頭弁論であれば四時間くらい使うのが常識であるということと、平和条約と州裁判所への差戻し以外の争点については弁論を許さなかったのが、その主たる根拠であった。

ウォーカー裁判官の命令

二〇〇〇年九月二一日、ウォーカー裁判官より次のような命令が発せられた。

①州裁判所への差戻しの申立ては、すべて却下する。

広域係属訴訟を担当するウォーカー裁判官は、本件は外国との関係についての連邦コモンロー(Federal Common Law of Foreign Relations)を前提とする連邦問題(Federal Question)であることを認め、原告による州裁判所への差戻しの申立てを退けた。

一方、ウォーカー裁判官は、命令書の脚注で、州裁判所への差戻しの申立てを認めたジョング訴訟におけるキング裁判官の判断は審理不尽であるとの認識をわざわざ示した（キング裁判官の判断に関し、ウォーカー裁判官により、「連邦の管轄の根拠として外国との関係についての連邦コモンローを考慮しなかった」との評価が下された）。ジョング訴訟がキング裁判官の担当にならなければ、状況はかなり変わっていたと思われる。

②アメリカの戦争捕虜及び連合国の戦争捕虜に関する請求は、すべて棄却する。

これらの者に対する請求権は、サンフランシスコ平和条約によってすべて放棄されているというのがその理由。これにより、ティザリントン訴訟の請求も棄却され、第一審においては被告日本企業側の全面勝訴となった。

これに対し、今回の命令では、戦争捕虜以外、すなわち民間人を原告とする訴訟については、判断が保留された。その理由として、戦争捕虜でない者は平和条約締結国の市民ではないので、将来の訴訟手続においてさらなる考慮が必要であると述べた。

今回の命令は、連邦裁判所には移送されたが、T社やF社ほか多数の日本企業を被告とするリサス訴訟及びサルダへノ訴訟を直接対象とするものではなかった。しかし、今回の命令により、ウォーカー裁判官が被告の主張を素直にとらえることのできる常識的な裁判官であることが分かったので、将来リサス訴訟及びサルダへノ訴訟を進めていくにあたって、正攻法を採っていけるという安心感が生じた。

また、「条約による解決」を正面からうたうウォーカー裁判官の今回の命令は、広域係属訴訟に対するものだが、州裁判所に係属するジョング訴訟に対しても事実上の影響力を及ぼすものと考えられた。

その後、二〇〇〇年一二月一三日午前一〇時過ぎから、サンフランシスコの連邦地方裁判所のウォーカー裁判官の下で口頭弁論が行われ、私も他の被告日本企業側の弁護団と共に出席した。被告弁護団は、前日の一二月一二日に集まって、口頭弁論の準備のための最終的な打合せを行った。

冒頭ウォーカー裁判官は、以下の事項につき見解を述べた。

(1) 冒頭

①第五次命令（Order No.5）は、二〇〇〇年九月二一日に出された第四次命令（Order No.4）にウォーカー裁判官の下への移送手続が遅れていた連合国の戦争捕虜が原告の五件を加えるもので、すでに原告と被告で合意しており、ウォーカー裁判官はこれを裁判所の命令とすることを宣言した。

②アメリカ合衆国司法省がコリアン及び中国人が原告の訴訟について裁判所に提出した意見表明書を、正式に受け付けた。

③第四次命令（Order No.4）で判断が示された連合国の戦争捕虜であった原告の上訴に関することは、口頭審理終了後まで決定をしないとした（これは、第四次命令に極めてテクニカルな問題があったからだが、口頭審理後も、結局この点には言及しないで終わった）。

④フィリピン人の原告による訴訟の被告による請求棄却の申立てについては、原告被告双方の主張を聞くとした。

⑤コリアン及び中国人の原告による訴訟の被告による請求棄却の申立てについては、当日原告被告双方の主張を聞くとした（しかし、結局この審理はなされなかった）。

⑥コリアン及び中国人の原告による訴訟において裁判所に提出された供述書（Declaration）に対する異

議についての審理は、先に延ばすとした。

⑦ディスカバリーに関することは、先に延ばすとした。

（2）フィリピン人による訴訟

最初に被告弁護団の代表で、新日本製鉄の弁護士であるファイファー弁護士が、被告の主張を述べた。主張の要旨は、フィリピンもサンフランシスコ平和条約の締結国で、日本との条約でも賠償を受けており、第四次命令で解決済みであると主張した。また、フィリピン人による同条約締結はフィリピンの国内法に違反するという原告の主張は、アメリカの判例により根拠にできないと主張した。

これに対して、原告側弁護士が反論をした。たとえば、フィリピン政府は一般人（Civilian）の請求権を放棄できないとか、放棄するとフィリピン憲法の適正手続（Due Process）違反になるとか、フィリピン政府は条約を締結する権限がなかったと主張した。また原告側は、ディスカバリーを続けるべきとの主張もした。

（3）コリアン及び中国人による訴訟

フィリピン人の訴訟と同じく、最初に被告弁護団の代表としてファイファー弁護士が被告の主張を述べた。

次に、米国司法省の弁護士が呼ばれ、米国政府の立場を述べた。これは被告の主張と同じもので、被告にとっては大変有難い弁論であった。カリフォルニア州の法律は合衆国憲法に違反するということもはっきり主張しており、裁判官も違憲の主張であることを確認していた。

被告側弁護士及び米国司法省の弁護士双方の主張に対し、原告側の弁護士がすでに準備書面に書かれている通り反論した。

(4) 口頭審理の終了

口頭審理は昼の時間になると裁判官が退廷してしまい、あっけない終わり方をした。私共は、ウォーカー裁判官がフィリピン訴訟について第四次命令と同じような命令を出してくれることを期待していたが、予想に反し、フィリピン訴訟についてもきちっと弁論させた。また、今後の進め方等についてのウォーカー裁判官の考えを聞けると思っていたが、ウォーカー裁判官はそれについては何も言わないで、口頭審理は突然終わってしまった。

二〇〇〇年一二月一三日の命令で、ウォーカー裁判官は元連合国軍人を原告とする一七件すべての請求を棄却し、日本企業の全面勝訴となった。このことは、日本の複数の日刊新聞で報道された。

リサス訴訟及びサルダヘノ訴訟を含むフィリピン人を原告とする四つの訴訟については、その後ウォーカー裁判官が二〇〇一年九月一七日付で出した第九次命令(Order No.9)により、正式に請求を棄却した。ウォーカー裁判官は、フィリピンは平和条約の締結国であるので、連合国捕虜の訴えと同じ理由で棄却した。

またウォーカー裁判官は、同じ九月一七日に第一〇次命令(Order No.10)を出し、カリフォルニア州民事訴訟法三五四・六条は連邦政府の外交権限への侵害で違憲であると判示し、ウォーカー裁判官の下に係属していたコリアン及び中国人による訴訟についても請求を棄却した。

7 州裁判所への差戻し後のジョング訴訟

リクトマン裁判官の原告勝訴判決

州裁判所へ差戻されたジョング訴訟の担当裁判官は、いろいろな理由で次々と代わり、結局二〇〇一年三月二六日に、最終的にリクトマン裁判官（Peter P. Lichtman）となった。

原告側からは、原告のジョング氏のデポジションを二〇〇一年五月八日に行う旨を通知する書面が、被告側に対して一方的に送られてきた。原告側は、何とかしてジョング氏のデポジションを早急に強行しようとする作戦のようであった。被告側では、裁判所の命令によってすべてのディスカバリー手続が停止しているので、そのような一方的な通知は不当であると主張するレターを原告側弁護士へ送った。

二〇〇一年五月四日には、ジョング訴訟の第一回現状打合せ会議がリクトマン裁判官の下で開かれた。ジョング訴訟を新たに担当することとなったリクトマン裁判官は、本件が連邦裁判所のウォーカー裁判官の判断に大きく影響を受けることを認めつつも、ウォーカー裁判官が二〇〇〇年一二月から五カ月も判断を先送りしていることを非常に憤っており、これ以上ウォーカー裁判官の判断を待つために本件手続を停止することは妥当でないとして、ディスカバリーを進めていく考えを示した。

ジョング氏のデポジションについては、六月六日からロサンジェルスで開始することになった。ただし、高齢という理由で、一日二時間四五分という制限がつけられた。

被告側は、六月六日までに、後日クラス（Class）の確定後に全面的なディスカバリーを行う権利を留保しつつ、原告側に対し制限的なディスカバリー請求を送ることが認められた。

被告所有の書類に対するディスカバリーとして、被告側は事実を知っている（Knowledgeable）役員リスト及びその知れたる最後の住所（Last Known Address）の提出が求められた。被告所有書類の開示については、書類が古くかつ脆いということを考慮し、まずは書類の状況を物理的に確かめる手続が先行することになった。その一環として、適切な書類複写方法を決定するため、原告側弁護士のうち一名が代表として（内容を読む権利まではないが）実際に被告の書類の物理的な状況を確かめることが許されることになった。

原告側の要請により、六月五日に、私共の東京事務所であったあさひ法律事務所において、O社が保管する当時の古い書類のうち三冊を、原告側の日本の弁護士及び複写の専門家に見せ、書類の保存状況及びどのようにコピーを取るべきか等について検討した。

専門家の意見によれば、書類は極めて古く和紙でできており、書類は紙のカバーを付けて紐で閉じてあるだけのもので壊れやすいので、それらをばらすことはよくないとのことだった。またコピー機を使うこともできないとした。和紙は薄いので間に注意深く紙を挿入してカメラで写真を撮るのがよい方法とされた。

被告側が二〇〇一年六月一一日に提出する、「訴答に基づく判決の申立て（Motion for Judgment on the

Pleading)」では、①カリフォルニア州の民事訴訟法三五四・六条が違憲であること、②不便宜法廷地(Forum Non Conveniens)及び③外国主権免除法を理由とする請求棄却ないし訴え却下を求めないことにした。不便宜法廷地及び外国主権免除法に基づく主張を根拠づけるためには外部の証拠が必要で、もしこれらの理由を持ち出すのであれば、後に「正式事実審理を経ないでなされる判決の申立て(Summary Judgment Motion)」で主張することが考えられたからである。

「訴答に基づく判決」とは、訴答(Pleading:日本の訴状、答弁書及び準備書面の総称)のみから真の争点が存在しないことが明らかとなった場合に、正式事実審理(Trial)を経ずになされる判決である。

また、カリフォルニア州民事訴訟法三五四・六条が違憲であるとの主張は、まだ広域係属訴訟のウォーカー裁判官がこの点に関する判断を示していないので、リクトマン裁判官が違憲性について判断する最初の裁判官になることを避けるためであった。もしウォーカー裁判官が違憲性に関しこちらに有利な判決を出した場合には、被告側は別の訴答に基づく判決の申立てを出すか、正式事実審理を経ないでなされる判決の申立てに含めることを考えた。

二〇〇一年八月三〇日午前一〇時から、リクトマン裁判官の下で、被告側が提出した訴答に基づく判決の申立てに関する口頭弁論及び現状打合せ会議が行われ、私も出席した。口頭弁論においては、リクトマン裁判官は最初から被告の申立てを却下する腹を固めていたようで、被告の弁護士チームのマレル弁護士の弁論を頻繁に遮って、非常に意地の悪い質問を連発していた。

二〇〇一年九月一四日に、予想通りリクトマン裁判官から、被告が申立てた訴答に基づく判決の申立てを却下する命令が出された。リクトマン裁判官は、被告の四つの主張に対し、次のように判示した。

①一九五一年の日本との間のサンフランシスコ平和条約が原告の請求を禁じているとの主張

アメリカ合衆国の憲法は、合衆国の権限の下で締結された条約は合衆国の最高法規（Supreme Law）であるので、一九五一年の平和条約は合衆国の最高法規であり、原告の訴訟を禁じることになる。しかしアメリカ合衆国が締結したサンフランシスコ平和条約は、条約が締結された時点におけるアメリカ合衆国の国民にのみ影響を与えるものである。

被告は、原告ジョングがアメリカ合衆国の市民権を取得したことによって、すでに有していた請求権を放棄したと主張することはできない。そして、一九五一年平和条約の一四条（b）の下で支払われた賠償及び放棄は、連合国の戦争捕虜にのみ適用されるものである。

また、被告は一九五一年の平和条約の四条（a）を根拠とするが、四条（a）は日本とコリアとの間の紛争は特別の協定に従うと規定している。米国国務省ですら、一九五一年の平和条約は、平和条約の締結国でない国の国民の請求権を消滅させるものではないことを認めている。コリアは一九五一年の条約の締結国ではなかった。したがって、一九五一年の平和条約は原告の請求を禁ずるものではない。

②一九六五年の日韓協定が、同じように原告の請求を禁じているとの主張

一九六五年の日韓協定は二つの外国の間で締結されたものであり、アメリカは当事者ではない。この協定は外国法に過ぎない。したがって、一九六五年の日韓協定に関する問題は、アメリカ合衆国の連邦法規優先条項（Supremacy Clause）の下で専占されているのではなく、請求権の放棄があったかどうかという問題である。

これに関しては、原告及び被告からまったく正反対の専門家の意見書が提出されている。原告の提出した専門家の意見によれば、日韓協定は個人の請求権は処理していないとしている。すなわち、一九六五年の日韓協定は、政府対政府の請求権にのみ適用され、個人の請求権や個人が訴訟を提起する権利には影響していない。これに対して被告の専門家の意見は、一九六五年の日韓協定は韓国人による日本国及び日本の国民に対する請求権を消滅させているとしている。

しかし、原告側の専門家が指摘しているように、日韓協定が禁止しているのは国家のためにする請求〈外交的保護〈Diplomatic Protection〉と呼ばれる〉であって、それぞれの国民の権利を裁判所で請求する権利ではない。日本国の立場も、一九六五年の日韓協定で放棄されたのは外交的保護の放棄にすぎないとしている。この日本国の立場は、一九六五年一一月に日本の国会において外務省によって表明されている。

当裁判所はどちらが正しい解釈かは決めることはできない。しかし裁判所が外国の法律につき決めることができない場合には、カリフォルニア州法を適用するか訴訟を却下することができる。当裁判所は訴訟を却下することは選ばず、カリフォルニア州民事訴訟法三五四・六条は原告が請求できるとしているゆえに、原告の請求権の放棄あるいは禁止はないと結論する。

③アメリカの連邦政府は戦争犯罪及び関連する請求の解決のすべての分野において連邦法が完全に専占している分野であり、原告の請求は政治的問題で州法には馴染まないとの主張

州法は連邦議会の明確かつ表明された目的がない限りは専占されない。本件では、外国の国民による請求を米国議会が排除しているという宣言はないと判断する。一九五一年の日米間の平和条約は、外国の国

民の請求権はカバーしないことを明確にしており、日本と韓国はその紛争を解決するための特別の協定を結ぶべきと規定している。ここでは州法を専占するという意思を表明した文言はない。

原告ジョング氏は、平和条約で特定した範疇には入らない。当裁判所は、連邦議会の表明したい意図は、日本及び日本国民に対する戦争による請求権のすべての分野を完全に占めることであるという判断はできない。第九巡回連邦控訴裁判所のガーリング（Gerling）判決にも反している。

④米国政府のいろいろな政府機関の権限を攻撃するもので、アメリカの外国との関係に対する脅威を提供するものであるとの主張

政治問題の理論は、原告の請求を禁止するものではない。

リクトマン裁判官による原告側勝訴の命令が出ると、原告の弁護士及びジョング氏は早速歴史的勝利を宣言する記者会見を開いた。そして、この判決は、日本企業にこれらの訴訟を和解で解決し、原告に対し大きな金額を支払うというプレッシャーを掛けるであろうと述べた。原告側による記者会見の内容は、日本でも新聞報道された。

ジョング訴訟における違憲の主張

ジョング訴訟は先頭を走っており、もしジョング訴訟において被告日本企業側が敗訴するようなことになれば、州裁判所に係属している他のクラスアクションにもかなりの悪影響を及ぼす可能性があり、最悪

の場合には日本企業がすべて敗訴することもあり得た。

ウォーカー裁判官が第一〇次命令を出すのを待っていたジョング訴訟の私共被告日本企業側弁護士チームは、二〇〇一年一〇月一七日に、カリフォルニア州民事訴訟法三五四・六条は違憲であるとの理由により、二回目の訴答に基づく判決を求める申立てを提出した。アメリカ合衆国政府は一一月五日に意見表明書（Statement of Interest）を提出し、被告の立場を支持した。

二〇〇一年一一月二九日には、被告の二回目の訴答に基づく判決を求める申立てに対するリクトマン裁判官の決定がなされ、被告の申立てはまたも却下された。リクトマン裁判官は、被告の二回目の申立ては、留保していた違憲性に関する別個の申立てであるという被告の主張を受入れず、リクトマン裁判官の前回の命令の再審理を求めるものと見なした。

リクトマン裁判官は、被告の二回目の申立ては、三つの根拠に基づいているとした。

①被告は長く待たれていたウォーカー裁判官による広域係属訴訟の第一〇次命令の観点から、カリフォルニア州民事訴訟法三五四・六条が違憲であるとの争点を再度審理するように求めた。

②被告は、三五四・六条はカリフォルニア州とつながりがなく、遡及的にペナルティを科す行為をしようとするもので、適正手続（Due Process）に違反して憲法違反であると主張した。

③原告の、不当利得（Unjust Enrichment）、アンフェアな事業行為（Unfair Business Practices）及び不法行為による損害（Injuries in Tort）を根拠とする請求は、出訴期限法により禁止されると主張した。

ウォーカー裁判官の第一〇次命令に関し、リクトマン裁判官は次のように述べた。すなわち、連邦問題に関して合衆国最高裁判所の判決は州裁判所を拘束するが、連邦の下級審の判決は説得力はあるが州裁判所を拘束するものではない。リクトマン裁判官は自由に独自の決定をすることができる。

被告の理論及び争点は前回のものと重複するものであるが、リクトマン裁判官は再度前回の判断の理由を明確にし、合衆国政府の意見表明書及びウォーカー裁判官の第一〇次命令で提起されたポイントについてさらに検討するとした。

リクトマン裁判官は、三五四・六条は日本、ドイツ及びイタリアの会社を特に狙ったものではないとし、アメリカと日本との間の外交ポリシーを含むものではないとした。問題は、州は請求ができる期間を延長することによって請求を再度生き返らせる法律を制定することができるかどうかであり、カリフォルニア州は出訴期限法を支配し決めることができるとした。

8 連邦の控訴審

二〇〇〇年九月二一日のウォーカー裁判官の第四次命令により訴えを却下された戦争捕虜による訴訟は、ティザリントン訴訟も含め、二〇〇〇年一一月二日原告により第九巡回連邦控訴裁判所（Ninth Circuit）に控訴された。

ジョング訴訟でリクトマン裁判官が、被告日本企業の最初の訴答に基づく裁判の申立てを却下したわずか三日後である二〇〇一年九月一七日、ウォーカー裁判官は、第九次命令及び第一〇次命令を発令した。

第九次命令では、フィリピン人を原告とする訴訟につき、原告の請求を棄却し、被告日本企業勝訴の判決を出した。第一〇次命令では、カリフォルニア州民事訴訟法三五四・六条は連邦の専属的な外交関係の権限を侵害するもので憲法違反であることを理由に、コリアン及び中国人を原告とする七件の訴訟につき、原告の請求を棄却した。

このように、直前に出された州裁判所のリクトマン裁判官とは正反対の、被告日本企業側勝訴の命令が出された。これらの命令によって、ウォーカー裁判官の下に係属していた広域係属訴訟は、戦争捕虜を含め、係属中の二八件すべての請求が棄却されたことになった。

ウォーカー裁判官の第九次命令により、私が担当していたフィリピン人を原告とし、T社等を被告とするリサス訴訟及びサルダヘノ訴訟の請求が棄却され、日本企業側が第一審は勝訴した。

ウォーカー裁判官による二〇〇一年九月一七日付第九次命令のうち、リサス訴訟を除く三つのフィリピン人を原告とする訴訟について、原告は一〇月一九日付で、リサス訴訟については一〇月二五日付で、第九巡回連邦控訴裁判所に控訴した。

二〇〇二年一〇月七日、ティザリントン訴訟、リサス訴訟及びサルダヘノ訴訟を含む強制労働に関する多数の併合訴訟について、カリフォルニア州パサデナの第九巡回連邦控訴裁判所において口頭弁論が開かれた。担当裁判官は、ラインハート裁判官（Stephen Reinhardt）、シルバーマン裁判官（Barry Silverman）及びトロット裁判官（Stephen S. Trott）の三裁判官であった。

第九巡回連邦控訴裁判所の対応は、次のようであった。

①サンフランシスコ平和条約第一四条（b）項について

裁判所の焦点は、請求権が放棄される行為にかかる「戦争遂行の過程において（in the Course of the Prosecution of the War）」の文言解釈にあてられた。裁判所は、繰返しこの文言の解釈に関する根拠を尋ねた。原告側は、最高裁判例を引いたりしたが、適切な答えを出すことができなかった。これに対して、被告側は、文言そのものから明らかであると共に、戦争犯罪審判手続から、その立場を裏付ける資料を根拠として主張した。

裁判所は、強制労働が日本政府による戦争遂行と無関係になされたという原告の主張には納得していないように見受けられた。また、戦争賠償とは関係のない不法行為という主張にも、理論的に無理との指摘をしていた。

②ディスカバリーの問題について

原告は、二五〇〇万にもわたる米国政府に存在する平和条約締結に関係する書類のディスカバリーが必要であると主張した。これに対し、裁判所は、それには本件訴訟の観点から限度と思われる以上の時間を要するし、そのような時間を要するディスカバリーが必要であるということ自体が、本件訴訟が司法権の管轄外である「政治的問題」であるという理由になり得るであろうと所見を述べた。

③カリフォルニア州民事訴訟法三五四・六条と外交関係及びアメリカ憲法の問題について

裁判所は、カリフォルニア州法は、憲法上連邦政府の専権事項とされる外交関係権限を侵害しない、という原告の主張には懐疑的に見受けられた。裁判所は、法案作成者及びカリフォルニア州知事の発言を見れば、法律の立法動機が、ヨーロッパにおける虐殺に関するドイツ政府及び同国の企業との早期和解に追い込むためにに圧力を与えるものであったことを示しており、これはまさに外交関係に影響を与えようとするものであることを指摘した。

この指摘を裁判所が行ったということは、本件のような事項は、外交権限を持つ連邦政府のみが行い得る性質のものである、という被告側の主張に沿ったものである。

また、個人の権利を政府が放棄できないという点についても、裁判所は本件補償問題と個人の固有の人権問題とは異なるという指摘をした。

④管轄権について

裁判所は管轄権について、原告が引用する判例の詳細について質問をした上、専占（Preemption）の問題、すなわち、連邦法がある場合には、州は同じ事項について別内容の州法を制定することができないという憲法上の法理が本件で適用にならないか（適用になる場合には、それのみで州の管轄から離れることになる）という問題の指摘をした。

結局、二〇〇三年一月二一日に、ドイツ企業を訴えた一件及び日本企業に対するティザリントン訴訟、リサス訴訟ならびにサルダヘノ訴訟を含む二八件の合計二九件の広域係属訴訟につき、第九巡回連邦控訴裁判所は、問題のカリフォルニア州民事訴訟法三五四・六条は違憲であるとする判決を出し、日本企業側の全面的な勝利となった。日本関係二八件のうち、一七件がアメリカ及び連合国の戦争捕虜による訴訟、四件がフィリピン人による訴訟、三件が中国人による訴訟、四件がコリアンによる訴訟であった。

判決は、三人の裁判官の全員一致によるものであった。同裁判所のラインハート裁判官は、結論として、カリフォルニア州民事訴訟法三五四・六条は違憲であり、その他の原告（控訴人）の請求権は出訴期限法により提訴することができないとした。

その理由として、問題のカリフォルニア州法は、戦争に関連して当時の敵対国及び当該敵対国領域内の企業に対する請求権を新たに作り出しており、そのような行為を単に出訴期限法による出訴期限の延長という手続的な立法と見ることは、法律の文面そのものからしても無理であるとした。したがって、カリフォルニア州は連邦政府の権限たる外交に関する権限を侵害して同法を立法した点において、憲法違反があるとした。

このように、第九巡回連邦控訴裁判所で新しい判決が出たことを受け、共同防御弁護士グループにおいては、連邦政府と州政府との権限に関する憲法問題が争点となっているまったくの別件であるガーリング訴訟（Gerling Global Reinsurance Corp. v. Low）について、連邦最高裁判所が裁量上訴（Certiorari）を認める決定をし、連邦最高裁判所において審理をすることを決定しており、この裁判が強制労働クラスアクションにも影響があるとの意見が出ていた。

そのため、本章の「4　ティザリントン訴訟」で述べた「裁判所の友」として第三者が提出するアミカス意見書（Amicus brief）を被告日本企業が連邦最高裁判所へ提出して意見を述べ、有利な判決を取る努力をすべきではないかということになった。

ガーリング訴訟では、第二次世界大戦中（一九二〇～一九四五年）にナチス体制の下でユダヤ人に対して行なわれた保険証書没収の被害者を救済するため、ヨーロッパで保険を販売したカリフォルニア州の保険会社に、その保険に関する詳細な情報を同州保険長官（State Insurance Commisioner）に通知しなければならないとするカリフォルニア州のホロコースト被害者保険救済法（California Holocaust Victim's Insurance Relief Act）につき、第九巡回連邦控訴裁判所は、当該法律が外国政府と直接関係のないことをもって合憲と判断した。

この点について、私共が担当したジョング訴訟のカリフォルニア州控訴裁判所は、ガーリング判決を引用して被告日本企業側敗訴の判断を下した。そのため、来たるべきガーリング訴訟に関係する連邦最高裁判所の判決においては、カリフォルニア州ホロコースト被害者保険救済法のような実質的に外交に影響を及ぼすような法律の制定は、憲法上州政府の権限外であること、あるいは少なくとも同州の強制労働に関する法律とは区別して判断されるべきことを明確にさせるのが、連邦最高裁判所へ提出するアミカス意見書の主目的であった。

日本の外務省は、二〇〇三年二月二〇日、在米日本大使館を通して国務省に対し、カリフォルニア州民事訴訟法三五四・六条に関する日本政府の見解を送付した。

ガーリング訴訟について日本企業側の弁護士がアミカス意見書を提出していたところ、二〇〇三年六月二三日、連邦最高裁判所において、ガーリング訴訟の第九巡回連邦控訴裁判所の判決が覆され、被告日本企業が求めていたような判決が下された。連邦最高裁判所は、大統領が外国と交わした行政協定等に照らして、カリフォルニア州のホロコースト被害者保険救済法は連邦政府の外交権限の行使を妨げるものであるとした。

共同防御弁護士グループでは、この連邦最高裁判所の考え方は、広域係属訴訟で問題となっているカリフォルニア州民事訴訟三五四・六条にも適用できると見ていた。

9　ジョング訴訟の上訴に対する判断

前にも述べたように、リクトマン裁判官は、二〇〇一年九月一四日及び同年一一月二九日に、被告日本企業側の申立てを却下する命令を出した。しかし、それは第一審の終局判決ではないので、第一審の終局判決に対する控訴（Appeal）とは違って、不服のある被告はカリフォルニア州控訴裁判所（Court of Appeals）に対し、職務執行令状（Writ of Mandate）を発することにより、第一審裁判所に被告の申立てを認めるよう指示することを求めることができた。

被告日本企業側は、二〇〇二年一月一四日に、カリフォルニア州控訴裁判所へ職務執行令状の申立書（Petition for Writ of Mandate）を提出した。

本件の被告日本企業T社は、私共の弁護士チームのマレル弁護士の進言により、控訴審専門の法律事務所であるグレインズ・マーティン法律事務所（Greines, Martin, Stein & Richland LLP）のメドー弁護士（Robin Meadow）を弁護士チームに追加して、控訴裁判所への対応にあたった。日本では控訴や上告も一審と同じ弁護士が担当するのが一般的であるが、驚いたことにアメリカでは控訴審専門の弁護士がおり、控訴になるとしばしばそのような弁護士が中心になって進めることが多い。

二〇〇三年一月一五日、カリフォルニア州控訴裁判所は、三裁判官全員一致でT社の職務執行令状の申立てを却下し、第一審の手続の停止も解除した。同控訴裁判所は、カリフォルニア州民事訴訟法三五四・六条は連邦政府の外交に関する専属的権限に違反していないし、適正手続（Due Process）にも違反していないとして、憲法違反ではないと判示した。

10　連邦控訴裁判所の判決と不服申立て

ジョング訴訟においては、カリフォルニア州控訴裁判所においても被告日本企業側が敗訴するという最悪の事態に陥った直後に、事態は大きく動き、被告側にとって急激に良い方向へ向かった。

広域係属訴訟につき連邦地方裁判所のウォーカー裁判官が出した判決に対して原告側が控訴し、第九巡回連邦控訴裁判所で審理をしていた。同連邦控訴裁判所は、ジョング訴訟で二〇〇三年一月一五日にカリフォルニア州控訴裁判所で被告日本企業側敗訴の判決が出たわずか六日後の二〇〇三年一月二一日、日本との平和条約に言及することなく、カリフォルニア州民事訴訟法三五四・六条は、連邦政府の外交に関する専属的権限を侵害し、特に連邦政府の戦争に関連する請求権を解決する権限に抵触するとし、憲法違反であると判示した。

これはまさにジョング訴訟において被告日本企業側がカリフォルニア州控訴裁判所でなした主張と同じ判決であった。第九巡回連邦控訴裁判所は、その判決の中で、連邦法に関する問題についての同連邦控訴裁判所の判決を、カリフォルニア州最高裁判所は無視したことはないとした。そして、第九巡回連邦控訴裁判所は、州裁判所は第九巡回連邦控訴裁判所の判決に従うべきで、多くの訴訟の請求を棄却すべきだとした。

二〇〇三年一月二一日の第九巡回連邦控訴裁判所による控訴棄却判決後、原告側は再審理及び全裁判官による再審理を求める二月三日付申立書（Petition for Rehearing and Rehearing En Banc）を同裁判所へ提出した。これに対し、第九巡回連邦控訴裁判所は、三月六日付で、その申立てを却下した。

第九巡回連邦控訴裁判所で敗訴した原告側は、多くの訴訟を四つに分けて上告受理申立書を提出した。しかし、ティザリントン訴訟については上告受理の申立てはしなかったので、第九巡回連邦控訴裁判所の勝訴判決が事実上確定した。

しかし理論的には、広域係属訴訟のうち、上告受理申立てがなされている別件について連邦最高裁判所が上告を受理し、審理の結果、第九巡回連邦控訴裁判所の判決を破棄して、問題のカリフォルニア州法が合憲であるとの判決を下した場合には、原告はこれに基づいて手続を一からやり直すことができた。

第九巡回連邦控訴裁判所でも敗訴したアメリカ人の戦争捕虜や中国人、コリアン及びフィリピン人らは、連邦最高裁判所へ裁量上訴を求めていたが、二〇〇三年一〇月六日、連邦最高裁判所は、原告の求める裁量上訴を却下した。これにより、ティザリントン訴訟、リサス訴訟及びサルダヘノ訴訟を含む広域係属訴訟については、最終的に被告日本企業側の勝利が確定した。

11　ジョング訴訟の州裁判所控訴審及び上告審の判断

カリフォルニア州控訴裁判所が命令を出す数日前に、連邦最高裁判所はまったく別のガーリング訴訟に関連して、上告を求める裁量上訴を認める決定をした。ジョング訴訟におけるカリフォルニア州控訴裁判所はガーリング判決に大きく依拠していたので、連邦最高裁判所がガーリング訴訟に関して審理するということは、カリフォルニア州控訴裁判所の判決を根底から覆す可能性が出てきた。

二〇〇三年一月二一日に広域係属訴訟の被告日本企業側勝訴の第九巡回連邦控訴裁判所の判決が出たので、カリフォルニア州控訴裁判所で敗訴した私共が代理する被告日本企業T社は、二〇〇三年一月二七日に、再審理を求める申請（Petition for Rehearing）と新たな判決が出るまでの間の訴訟手続の停止を再度求める申請を、カリフォルニア州控訴裁判所に提出した。

また、一月三一日には、連邦政府は、T社の提出した再審理を求める申請を支持するアミカス意見書を提出する許可を求める申立てを、同意見書を添付して、カリフォルニア州控訴裁判所へ提出した。しかし、カリフォルニア州控訴裁判所は、二〇〇三年二月一一日に、またしてもT社が提出した再審理申請等を却下した。

これに対しT社は、二〇〇三年二月二四日、カリフォルニア州最高裁判所に対し、審査請求書（Petition for Review）を提出した。前述の日本政府から米国国務省に送られた外交文書は、ジョング訴訟における米国政府（司法省）のカリフォルニア州最高裁判所宛の司法告知（Judicial Notice）として提出された。

二〇〇三年九月二四日、カリフォルニア州最高裁判所は、ようやくジョング訴訟の州控訴裁判所の決定を取消し、州控訴裁判所に対し、連邦最高裁判所のガラメンディ（Garamendi）判決の観点から再検討することを命じた。

連邦最高裁判所のガラメンディ判決とは、アメリカ保険協会対ガラメンディ訴訟（American Insurance Association, et al, Petitioners v. John Garamendi, Insurance Commissioner, State of California）で連邦最高裁判所が二〇〇三年六月二三日に出した判決で、カリフォルニア州が一九九九年に制定し、ガーリング訴訟でも問題となったホロコースト被害者保険救済法を違憲とする判断を示し、二〇〇一年にホロコースト被害者保険救済法を違憲でないとしたガーリング訴訟の第九巡回控訴裁判所の判断を覆した。

連邦最高裁判所での最大の争点は、①行政協定（Executive Agreement）には州法を専占する効力があるか、及び②アメリカ合衆国とドイツやフランスとの間に締結された行政協定は、ホロコースト被害者保険救済法を専占するのか、という二点であった。

連邦最高裁判所は、行政協定の専占効力を認め、ホロコースト被害者保険救済法は行政府の外交政策に対する干渉であり、それゆえ専占されるとした。問題になった行政協定には、ホロコースト被害者保険救済法のような州の開示を要求する法律を排除する明示的な専占規定はなかったが、ホロコースト被害者保険救済法は、開示及び救済は外交を通して行うという行政協定に具体化されている連邦政府の外交政策と抵触するため、黙示的に専占されるとした。

この判決は五対四の僅少差で出されたもので、反対意見を書いたギンズバーグ裁判官（Ruth Bader Ginsburg）は、過去の最高裁判例では、行政協定に明示的条項があったときにのみ州法の専占を認めてきた点を指摘し、明示的専占規定のない本件の行政協定からは、ホロコースト被害者保険救済法のような州法を排除する意図は読み取れないと批判している。

カリフォルニア州控訴裁判所は、二〇〇四年三月三〇日に、とうとうT社の職務執行令状の申請を認容し、カリフォルニア州民事訴訟法三五四・六条を連邦最高裁判所のガラメンディ判決の観点から違憲であるとした。

カリフォルニア州控訴裁判所が二〇〇四年三月三〇日に出した判決は、カリフォルニア州の州裁判所として憲法問題に決着をつけるもので、概要は次のようであった。

二〇〇三年六月二三日に連邦最高裁判所で出されたカリフォルニアのホロコースト被害者保険救済法は、アメリカ合衆国大統領がヨーロッパの数人のリーダーたちと交渉して締結した行政協定と抵触するので憲法違反であるとしたガラメンディ判決に照らし、州控訴裁判所は以前出した意見を取消し、カリフォルニア州民事訴訟法三五四・六条は、一九五一年の平和条約で体現されている連邦の方針と抵触するので憲法違反であると判示する。

一九五一年平和条約は明示的には三五四・六条の下でのジョングの請求を専占していないが、同条約は日本及びその国民に対する請求は外交的に解決するということになっているとの連邦政府の外交方針を体現している。日本国民に対する請求権を強制するような訴訟を奨励することにより、三五四・六条は条約に体現された連邦の外交方針と抵触する。

これに対し、原告のジョング氏は連邦最高裁判所へ裁量上訴の申立てをした。しかし、二〇〇五年一月一八日、連邦最高裁判所は裁量上訴の申立てを却下した。これによって、五年以上かかってようやくジョング訴訟における被告日本企業の勝訴が最終的に確定した。

第13章　私の若手弁護士の育成法

1　若手弁護士の教育には力を入れる

ニューヨークオフィスでは、一九九二年の開設のときから、アメリカのロースクールで勉強を終えたばかりの東京の事務所に所属する若い弁護士を置き、私が若い弁護士がパートナーになるための教育をするということが期待されていた。ニューヨークオフィスは、パートナーになるための教育の場ということで、「桝田道場」と呼ばれていた。

私はそもそも一九七七年に桝田江尻法律事務所を開設したときから若い弁護士の教育には力を入れ、なるべく若い弁護士が私と一緒に仕事をし、私と一緒に会議に出席し、私と同じ書類を見て実地で体験するように心がけてきた。そのため、私がまだ東京の事務所で執務をしていた一九八〇年代の後半には、まだアメリカのロースクールに留学する前の若い弁護士も、日本企業によるアメリカ企業の買収、しかもその中にはTOBによる買収のような極めて高度な案件に、私と一緒に関与させてきた。

2 経験は弁護士の栄養

若い弁護士を教育する場合は、口だけで説明しても不十分だし、書類だけを読んでもらっても不十分で、やはり経験豊富な弁護士とすべて同じ経験をするということが非常に役立つと信じている。私は常々若い弁護士に対し、経験こそが弁護士の栄養であり、できるだけいろいろな経験をすることによって弁護士は成長すると言い続けている。若い弁護士の方でも、私が経験することをそのまま経験できるということで、大変喜ばれている。

しかしそうは言っても、私が東京で仕事をしていたときは、外国企業の買収といったクロスボーダーM&Aの場合には、私は外国へ飛んで現地の専門弁護士のチームを組んで、それらの弁護士と相談しながら指示を出すという方式を採っていたので、若い弁護士までたとえばアメリカへの出張へ同行してもらうというわけにもいかなかった。

しかし、ニューヨークオフィスを開いてからは、それも可能になった。私は、同じ案件に関与している若い弁護士には、ファックスでやり取りしていた時代は必ずそのコピーを回し、Eメールが普及してきてからは必ずEメールの写しを若い弁護士へ届くようにし、すべてのコミュニケーションを完全に共有するようにしている。それだけでなく、クライアントとの電話はもちろん、類似訴訟を担当している多くのアメリカ人弁護士との電話会議による議論や、紛争の場合の相手方弁護士との間の極めて微妙な電話での駆引きでも、必ず会議電話を使って若い弁護士が一緒に聞けるようにし、若い弁護士に電話会議のメモを作成してもらうようにしてきた。またクライアントや相手方と会う会議の際にも、必ず若い弁護士を同席させて、メモを取ってもらい、後で会議メモを作成してもらっている。

したがって、若い弁護士は、案件が最初からどのように進んでいくのか、相手方がどのような反応を示すのか、依頼者とはどのように話をしているのか等、すべてを直接見聞きすることができる。私が接してきた若い弁護士に聞いた限りでは、そこまですべてに若い弁護士を同席させて案件を進める日本の弁護士はいないようである。

アメリカ国内のいろいろなところへ出張する場合も、私は若い弁護士を連れて行き、すべての場面に関与してもらっている。したがって、若い弁護士は、私の相手方との話の切り出し方から、交渉をどのように進めていくかまで、すべて見聞きすることができる。

ニューヨークオフィスを開設してから最初のうちは仕事も少なく、その当時の若い弁護士は必ずしも十分にそのような機会がなかったが、仕事が増えるに従って、いろいろな経験をする機会が増えていった。しかし、私が一生で一番大変で大きな案件であるルーセントの光ファイバー部門を買収する仕事をした際は、たまたま同じ時期に日本の会社が私のクライアントをデラウェア州において特許侵害訴訟で訴えるという案件と完全に重なってしまった。そのため、そのときニューヨークオフィスにいた鈴木学弁護士には、特許侵害訴訟におけるディスカバリーのための膨大な書類と格闘してもらわざるを得ず、特許侵害訴訟を一緒にやっていたクレーマー・レビン法律事務所のダニエル弁護士及びデバリ弁護士のオフィスへ毎日通ってもらって作業をするというような状況になってしまったため、大変複雑かつ巨大なM&Aの方に立ち会ってもらえなかったのが残念であった。

このようにして、ニューヨークオフィスで私が指導した若い弁護士の数は、オフィス開設以来約二〇人になっている。当初は一年交代であったが、時々二年間を希望する弁護士もあり、またある時点からアソシエートを二人置くようになった。アソシエートが一年しかいない場合には、一年間いろいろ教え込み、ようやく少し役に立ちそうなときに日本へ帰ってしまうので、教え続けているだけという感じであるが、二年間いるアソシエートに関しては、二年目はある程度仕事を覚えて独自にやってもらうことも少しずつ増えてくる。私がこのように指導することができた弁護士が、日本に帰ってからパートナーになって活躍している姿を見ることは、私の喜びとするところである。

アソシエートが私と出張する場合は、クライアントと一緒である場合がほとんどで、しかも現地においても一日中クライアントと一緒にいるため、せっかく訪ねた土地を見ることができない。たとえば、P社がT社に資本参加する件でサンフランシスコへ出張した際も、毎日夜遅くまで仕事があり、当時いた南繁樹弁護士が初めてサンフランシスコへ行ったのに、何も見ることができない状態であった。しかし後で聞くと、南弁護士は真夜中にタクシーでゴールデンゲートまで行って、橋を見てきたと言っていた。

3　タイムリネス及びリスポンシブネスの重要性

弁護士にとって、国際的案件にかかわらず、タイムリネス（Timeliness）及びリスポンシブネス（Responsiveness）は極めて重要なことであるが、意外にもこのような能力を備えていない日本の弁護士が非常に多いのに驚かされる。タイムリネスとは文字通り、必要な回答をタイムリーに先方に送ったり、やるべきことをタイムリーに行うことを意味している。

たとえば、何日までにある法律問題を調査して知らせてほしいといった場合、クライアントや外国の弁護士にとっては、その日に調査結果を受取れることを前提にしていろいろな段取りをしていることが多い。クライアントの場合は、調査結果を直ちに上司に報告することになっている場合や、常務会等での審議に必要なため調査結果をそれまでに受取る必要があるといった事情がある場合が多い。また一緒に仕事をしている外国の弁護士にとっては、その日までに回答を受取ることによって、それに基づいてクライアントにアドバイスをしたり当該外国の弁護士がやらなければならない仕事を期限までに仕上げるといった必要性がある場合が多い。

私は、ニューヨークから私の所属する東京の法律事務所の若い弁護士に仕事を頼むこともよくあったので、クライアントの立場から若い弁護士の対応を見ることができた。日本の弁護士、特に若い弁護士には、たとえ回答が少し遅れても回答の内容の方が大切だと考え、回答が期限までに一〇〇%満足できるように完成しない場合に、事前に相手方に断ることなく回答を送ることを遅らせる弁護士がかなりいる。

しかし多くの場合、タイムリーに回答を送らなかった場合には、それを前提としてすべての段取りをしていたクライアントや外国の弁護士の段取りが狂ってしまい、遅れて届いた回答が無駄になるだけでなく、クライアントの担当者や外国の弁護士の立場まで失わせてしまうことになる。どうしてもすべての回答をタイムリーに送ることができない場合は、せめて完成している部分だけでも送り、残りの分は一日か二日後に答えるという回答を出すことも必要である。

タイムリネスの重要さについては、私も自分の法律事務所の若い弁護士に口を酸っぱくして指導しているが、中には自尊心が強いせいか、期限までに自分が完璧と思える回答を送れない場合には、むしろ自分が完璧と思う回答ができるまで送らないという人もいる。そのような弁護士に対しては、我々に求められているのはちょうど試験において終了時間までにできる限りの努力をして最善の回答を作成して提出するようなもので、試験時間終了時までに回答を提出できなかった場合には成績は○点になるようなものであると指導している。内容さえよければ時間に遅れても許されるという甘えは、国際的案件ではまったく許されない。

リスポンシブネスは、相手の期待するタイミングで相手の期待する回答を出すことであると言ってよい。リスポンシブネスについても、国際的案件を取扱う外国の弁護士はその重要性を十分認識しているため非常にきちっとしているが、日本の弁護士、特に若い弁護士はその点の認識がかなり欠けているケースが多いと言える。

たとえば、外国の弁護士から問い合わせのメールが来た場合、直ちに受取った旨を伝え、特に期限が定められていない場合は、たとえば二日以内に回答すると言ってメールを送り返せば、メールを送った外国の弁護士の期待する回答が返ってきたことになる。しかし日本の弁護士によくある例は、メールを受取った旨を伝えず、調査に時間がかかるということで回答を遅らせるため、依頼した弁護士（たとえば私）の方では一体メールを受取ったのかどうかすら分からないし、いつまでにやってもらえるのかも分からないため計算がつかない。やむを得ず他の弁護士に同じ依頼をせざるを得なくなることもある。

実は基本は非常に簡単なことで、要は相手の立場に立って何がいつまでに求められているかを考えて返事をし、また相手が安心して待てるような状況を作り出すことが必要である。また内容についても、簡単な内容を早く送ってほしいと要請しているのに対し、くどくどと長い回答を時間をかけて送り返すというのは、相手の要請に応えていないということで、リスポンシブネスに欠けているということが言える。

相手の要請が何であるかを相手の立場に立って正確に理解し、それに必要かつ十分に応えることがリスポンシブネスである。中には必要かつ十分以上に答えるのだからよいではないかという弁護士もいるが、必要以上の回答を作成することによってリーガル・フィーを増大させ、あるいは回答時間を遅らせるということを考えると、要請された以上のことを答えればよいということにはならない。

第14章　日本の若い弁護士へのメッセージ

1　昔の国際関係の弁護士業務

　私が一九六八年に弁護士登録をした頃の国際関係（当時は渉外関係と呼ばれていたが、私自身はこの表現は好きではない。）の弁護士業務の状況は、今とはまったく違ったものであった。昔の日本は戦後復興期から高度成長期へと進んでいるときで、日本の産業を守るため、外資法及び外為法の規制が非常に強かった時代である。国際関係の仕事といっても、日本企業が海外へ進出するのを日本の弁護士が手助けする機会はまだ少なく、外国の会社（外資）が日本へ進出したり、日本企業へ特許やノウハウのライセンスをしたり、日本企業と日本で合弁会社を作るといった仕事が主流であった。

　当時のいわゆる渉外関係は、弁護士業務から見ると極めて特殊な専門分野で、渉外関係に進む弁護士の数も必ずしも多くなかった。そのため、大手の渉外法律事務所といっても、十数名の弁護士がいれば最大手であった。

また世界銀行のローンなどの仕事もあったが、証券の分野では日本の大手の会社がアメリカにおいて米国預託証券（American Depository Receipt：ADR）を公募するといった仕事も出てきて、弁護士が取扱う証券関係の仕事は国際的な仕事であった。

私自身は、まだニューヨークにいた一九七三年に、外国会社の株式の東京証券取引所上場第一号グループの仕事及び日本における公募の仕事をほとんど一手に取扱う機会を得、その仕事のために最後は日本へ戻ることになった。

私は、日本に帰国してから、日本企業のための海外における合弁会社等の仕事や、外国企業の日本における合弁事業やライセンス等の仕事を、主として日本企業のために多く手掛けた。また、日本企業による米国預託証券の公募や、ヨーロッパ預託証券（European Depository Receipt：EDR）、転換社債やワラント債のヨーロッパにおける公募やスイスにおける私募の仕事にも携わった。当時いわゆる渉外事務所と言われていた大手の法律事務所は、主として国際的な法律業務を行っていたと言える。

一九八〇年代後半になると、私自身日本企業のために海外の企業を買収するというクロスボーダーM&Aを多数手掛けたが、これはむしろ例外で、多くの渉外事務所では一般的国際取引、合弁会社や海外での証券発行等の仕事をかなりやっていたと思う。

2　国内化現象とサラリーマン化現象

国内化現象

私がニューヨークでオフィスを開設した一九九二年頃は、日本経済のバブルが弾け、これまで国際関係の仕事をしていた大手の法律事務所も倒産や民事再生関係の仕事をすることが多くなり、その関係から日本国内におけるM&Aも少しずつ活発になってきた。

二〇〇〇年代になると、国内企業同士のM&Aや外国企業による日本企業の買収が非常に活発になり、多くの仕事は日本法を扱う国内的な仕事になってきた。そして、M&Aの関係で大規模なデュー・ディリジェンスを行わなければならないため、大法律事務所はますます弁護士の数を増やしていった。かつて渉外事務所と言われた法律事務所でも、国内関係の仕事の比重が非常に大きくなり、国際関係の仕事は相対的に少なくなってきた。すなわち、二〇〇〇年代は大手法律事務所の国内化現象とも言える現象が続いた。

サラリーマン化現象

日本の弁護士の数が多くなってきたことと、M&Aその他の取引で一度に大人数の弁護士が必要になるといった需要も出てきて、ほとんどの大手法律事務所はかつては考えられないほど大型化してきている。現在、日本で一番大きい西村あさひ法律事務所は四〇〇人以上の弁護士を擁し、二〇〜三〇年前のアメリカの法律事務所の規模に近づいていると言える。二番目に大きい長島・大野・常松法律事務所も、すでに弁護士の数が三〇〇名を超えている。またいわゆる四大法律事務所に続く法律事務所も、弁護士数が二〇〇人を超えたところも一つ出てきたし、一〇〇人を超えるところも出始めている。

このように大きな法律事務所を運営していくためにはどうしても組織化が避けられず、かつてのように個性的で素晴らしい能力を持った弁護士が何人かいる事務所というよりは、やや均質的な弁護士が事務所の歯車となっているような組織に変わってきている。そのため大きな法律事務所に所属する弁護士は、昔の弁護士と違ってどうしてもサラリーマン化現象を起こし、一人で大いに頑張るというよりは、皆で一緒に仲良くやっていけばよいという傾向になってきている。そして、将来的にも自らの属する法律事務所で弁護士人生を終えるという傾向が強くなってきたと言える。

これに対して、昔の弁護士は、渉外関係においても一匹狼的な弁護士もいたし、ある程度の規模の法律事務所から独立する弁護士や、新たに法律事務所を創設する弁護士もいた。

大きな法律事務所が非常に組織化され、所属する弁護士にサラリーマン化現象が出てくると、何をするにしてもリスクの少ないやり方を採り、どちらかというと現状に甘んじ、所属する法律事務所が着々と発展すればよいという発想になってくる。後で述べるように、実際には国際的案件はいくらでも存在するにもかかわらず、このような案件を処理することができるようになるための苦労や冒険をし、あるいはリスクをかけるといったことは減ってきている。

3　欧米に牛耳られている国際案件

日本法を駆使した国内案件を日本の弁護士が取扱うのは当然のことであるが、現在では多くの外国法事務弁護士が日本で仕事をしており、彼らが所属する外国の大法律事務所の力を借りて多くの日本の弁護士を雇用したりパートナーとしているので、国内案件に関してすら外国の法律事務所がかなり食い込んできていると言える。

特に依頼会社が外国の会社で、日本の会社を買収するといった案件においては、むしろ外国の会社をクライアントとして持っている外国の法律事務所の日本の事務所が日本の弁護士と協力し、あるいは日本の弁護士を使って、日本で案件を処理するという事例が多くなっていると思われる。アメリカの法律事務所は、弁護士によるマーケティングに非常に長けているため、国内案件にもどんどん食い込んできており、いずれ国内案件についてすら日本の大手法律事務所にとっては脅威になってくると思われる。

私がアメリカで長く法律業務を行って感じたことは、アメリカの会社はアメリカで自らの顧問法律事務所を有し、世界中どこでビジネスを行う場合でも、自らの顧問法律事務所を通して法律的サービスを行っていることが多い。このようなアメリカの顧問法律事務所が日本に事務所を有していれば、当然その日本の事務所が日本における仕事をすることになる。アメリカの顧問法律事務所が日本に事務所を有していない場合は、アメリカの顧問法律事務所が日本の法律事務所を使って日本の案件を処理することになる。

これに対して、日本企業が海外の企業を買収したり、海外の企業と大きな取引をする場合には、日本の法律事務所にすべてを相談し、日本の法律事務所がすべてを取り仕切って海外の法律事務所を使って処理するのはむしろ少なく、特に国際的な日本企業においては、日本企業が直接海外の法律事務所を使って案件を処理したり、あるいは日本にある外国法事務弁護士の事務所を通して海外の案件を処理するといったことが多く行われている。

しかし、私からすれば、これは日本の弁護士及び日本の法律事務所の努力が足りないためで、本来であれば日本の法律事務所や日本の弁護士がやることができ、またやるべきである多くの国際的案件が、事実上欧米の大法律事務所に奪われていると言ってよい。もちろんこのようになっているのは、日本企業の意識の問題もあれば、日本の弁護士の意識や言葉の問題があるのは事実である。日本企業は国際的案件では未だに青い目の弁護士の方が優秀であると思い込んでいる人が少なくないし、また日本の弁護士にそのような国際的な仕事ができるはずがないという意識もあると思われる。

また日本の弁護士の方にも、このような仕事は自分たちが取扱う仕事ではないと初めからあきらめてしまい、外国の弁護士を駆使して日本企業のために国際案件を全面的に取り仕切るという意識すら希薄であると言ってよい。

私は四〇年以上の弁護士人生のほとんどを、日本企業のためのイン・アウト型の法律案件に携わってきた。そして、私のやり方は、私がすべてを取り仕切って、外国の弁護士を使って案件を処理するというものであった。日本企業が海外の法律事務所の言う通りに進めていたため失敗している例が多々見受けられる。言葉の問題（単なる言語としての言葉の問題だけではなく、法律的な意味や文化的な意味を理解する言葉の問題）もあって海外の弁護士の言うことを誤解していることもあり、海外の弁護士は、日本の会社のことや日本人の考え方、あるいは日本の法制度が分からないため、自分の国の発想ですべてを行う傾向が強く、そのため失敗することになる。

特にこれから日本を担う若い弁護士には、日本の法曹界のためにも、日本企業のためにも、今後大いに努力をし、たとえ困難があっても挑戦するという強い意識を持って、国際的な分野にどんどん入ってきてもらいたいと私は強く願っている。

4　国際弁護士になるための条件

私は昔から国際弁護士は法律専門家であるだけでなく、ビジネスマンでもあり、外交官でもなければならないと言い続けている。国際関係では、M&Aその他のビジネス案件は言うに及ばず、訴訟や仲裁その他紛争の解決の場合も、ビジネスに直結している場合がほとんどであるので、ビジネスを理解し、ビジネス上何が重要かを見抜く力とビジネス的センスが不可欠である。多くの弁護士は案件の法律的な検討をするが、もっと重要なのは、法律的な検討を踏まえ、ビジネス的に何が重要かを判断し、法的考慮を加えながらビジネス上の目的を達するように段取りを組み、相手方との交渉を通して実現して行くことである。

また、国際弁護士は外国の弁護士やビジネスマンとの円滑なやり取りを通して目的を実現していくので、外交官としての要素も非常に大切である。そのため、外国人と一緒に食事をして会話を楽しんだり、案件以外の話もして人間関係を確立し、立場は違ってもお互いに信頼できる関係を作り上げていけるようにする必要がある。相手方との信頼関係を確立すると、交渉も無駄がなくなり、良い結果が生まれやすい。そういう意味では、弁護士臭が前面に出てしまうような人は、相手方からは信頼されないだけでなく、警戒されてしまう。

私は、長年にわたる国際社会における活動を通して、多くのアメリカの弁護士をはじめ、フランス、デンマーク、ノルウェー、ドイツ、スイス等の弁護士と、生涯の友と言えるような関係を築くことができた。国際弁護士になるためには、国際共通言語である英語が堪能であることが必須である。最近は帰国子女等が増えたし、また若いうちから海外に留学して英語が堪能な人が増えている。しかし英語がすべてでないことはもちろんである。結局何でも同じであるが、国際弁護士の能力として大切なのは総合力である。しかし、かなりハイレベルの英語は最低限必要であるし、英語はよりうまいに越したことはない。

私自身英語では苦労した方である。もし私が国際弁護士として活動する可能性を高校時代か大学の初期の時代に知っていれば、恐らくその頃欧米に留学していたであろうと思う。しかし高校時代は何も考えず、大学時代の学生生活はオーケストラの部活動に明け暮れ、将来自分が何になるかということすら考えずに活動していた。私自身は司法研修所に入った後も、最初から国際弁護士になることを目指していたわけではない。

しかし、いずれ進路を決めなければならない時期が近づいてきたとき、裁判官になることを勧められたが、裁判官になると一生の生活が見えてしまうような気がして、もう少しチャレンジがしたい気がしたので、国際弁護士の道を歩むことにした。そのとき初めて近所の英会話学校に行ったことを覚えている。弁護士になってから一年目に日米会話学院に通ったが、一学期だけは出席数ぎりぎりで何とか次のコースへ行けたが、次の学期は仕事が忙しくて必要な出席日数を満たすことができず、結局そこで頓挫してしまった。

ロースクールでも英語には苦労したが、そこを卒業した後ウォール街のサリバン・アンド・クロムウェル法律事務所に就職することができた。しかし、すでにパートナーを引退していた老弁護士から、あなたの英語では役に立たないと言われて、今更ながら自分の英語の能力を思い知った。

結局、ロースクールを卒業してから二年何カ月かニューヨークの法律事務所で研修をした後東京へ戻り、自分で事務所を始めて自分一人で大きな国際的な案件を取扱うことになった。当時ある日本の会社がヨーロッパの会社とヨーロッパの多くの国での合弁事業について交渉しており、その交渉に全面的にかかわって非常に厳しい交渉をした。そのような交渉を通して、他に誰も頼れる人がいないため、何としてでも英語で交渉しなければならず、その後も実際の仕事を通して英語が上達していったと思う。

私が若い頃は、弁護士の中にも英語派と法律派があり、英語派は英語を得意としていたが、法律の方は必ずしもそうでなく、また法律派は法律には強かったが英語には必ずしも強くなかった。私はその後長年国際関係の仕事をやってきて感じるのは、結局は英語も法律もどちらも非常に重要だということである。どちらかが欠けたのでは良い国際弁護士にはなれない。

「第5章　世界中の弁護士とのネットワークの構築」でも述べたように、私は仕事以外でも、国際的な弁護士の集まりで活発に活動をし、頻繁に国際会議に参加したり、取締役会やエグゼクティブ・コミッティー・ミーティングで皆と議論をしてきた。それらを通して感じるのは、英語がよりうまければ可能性はそれに比例して広がるという程度ではなく、英語ができればできるほど、可能性は幾何級数的に広がるのではないかということである。私はこれまで長年にわたって国際弁護士として国際社会で活動してきたが、もし私が帰国子女のように英語が話せたら、あるいは十代で欧米に留学して英語が話せたら、もっと欧米人に伍して国際社会でリーダーシップを発揮できたのではないかと思う。

たとえばレックス・ムンディの活動は、欧米の弁護士が主導権を取っているので、アジアの弁護士はやや消極的であったが、私ですら頑張って欧米人中心の中に入り、アジア人ながらエグゼクティブ・コミッティーのメンバーにまでなった。アジアのメンバーからは、私にレックス・ムンディのチェアマンになってほしいという声もあったが、私としてはやはり英語の限界を感じざるを得なかった。ヨーロッパ人は本当に英語がうまく、英語で大勢の人を十分説得できる力を持っていた。

私は国際社会においては遅咲きであったと思うが、それにもかかわらずできる限り頑張ってきたと思う。しかし、もし私がやってきたようなことができるということを私がもっとずっと若いときに分かっていれば、もっともっと活躍できたのではないかと思う。

二〇一〇年四月二五日の日本経済新聞の「好奇心の源泉」というインタビュー記事で、大学で学ばずとも東大の特別栄誉教授になった世界的に有名な建築家の安藤忠雄氏は、「私の体験では十代に出会った時の感動がずうっと引きずっていくものです。」と述べている。

そこでせめて私の経験を若い弁護士に限らずもっと若い人たちに伝えて、なるべく若いうちに国際社会を見聞して良い刺激を受けてもらいたいと思う。そのためには、なるべく若いうちに外国に留学して、外から日本を見ると共に、誰にも頼らずに自分だけの力で頑張れるようにするとよいと思う。

今にして思えば、私が大学時代に一番将来役に立つことを身につけたのは、部活動であるオーケストラの活動を通してであったと思う。私はキャプテン（総務と呼ばれていた。）として一〇〇人近い部員をまとめ、運動部と同じような激しい練習をし、夏には合宿をし、特に夏の演奏旅行及び一月の定期演奏会を成功させることは至上命令であった。すべてが私にとっては初体験であったが、やる以上は絶対に成功させるという強い意思を持って努力すれば成功するという経験をすることができたことは大きかった。

私は夏の演奏旅行での演奏会の開催都市を決めると、各地の演奏会開催都市の大学の先輩を訪ねていろいろいろな援助をお願いし、また知り合いから小型トラックを借りて、自分一人で現地の多くの高校を訪ねて支援をお願いし、切符を買ってもらった。そして、実際に多くの団員を引き連れて数カ所で演奏旅行を行ったが、途中で想定外の大問題が起こったりして、まさに生きた社会勉強であった。しかし必死で頑張った結果、演奏旅行は大成功であった。

仕事の仕方についてては、日本の多くの弁護士は、そしてもしかしたらアメリカの多くの弁護士も、ある案件があると、法律的なことを指摘するのには大変長けているが、必ずしも問題点を解決することまで考えていない場合が多い。たとえばクライアントから相談された場合に、単に法律上の問題点を指摘するだけではクライアントはかえって困ってしまうだけである。むしろ法律的問題点を指摘するのと同時に、それぞれの問題点にどの程度の比重があり、リスクがどの程度かを説明し、最後に会社が行おうとしている目的に対してどのようなやり方をすれば問題点を解決できるかを示すのが本当の弁護士であると私は信じている。

少なくとも私は、M&Aその他のコーポレート案件を頼まれた場合には、その目的を一番クライアントの希望に合うような形で実現することを最大の目的としている。また訴訟等の紛争案件であれば、単に問題点を指摘するだけでなく、最終的にクライアントが受入れられる方法で実際に解決することが弁護士の本当の役割ではないかと思っている。要するに結果を出すことが何よりも重要である。このようなやり方をしてきたので、ニューヨークで長年やってきて、大きな案件を多数取扱うことができたのではないかと信じている。

5　国際案件は無限大

日本企業の国際的活動は目覚ましいものがあり、ほとんどの日本企業は何らかの形で国際的なビジネスに関係している。国際的ビジネスに精通している日本の大商社や大銀行等は、海外の現地の法律事務所を使うことに慣れており、どんどん現地の法律事務所を使って案件を処理することができる。しかしそれ以外のほとんどの日本企業にとっては、企業の力だけでそのようなことができているとは到底思えない。

私がよく経験することとして、日本企業と外国の企業との契約書に関連して紛争が発生したということで、私の方で契約書に目を通してみると、日本企業サイドに弁護士がついていないことが歴然としているような一方的な契約書がかなりあることにショックを受けることがある。恐らく、契約書にサインする時点では、契約書の条項がどのような意味を持っており、将来問題が発生した場合にどのようなリスクを負うかといった意識はないのではないかと思う。

そのため、日本企業がせっかく努力をしても、何か問題が起こった場合、契約の条項により外国の企業に一方的にやられているといった例がかなり多いのではないかと思う。特に国際取引では、日本企業も必ず国際案件を取扱っている弁護士を使うという意識が芽生えないと、とんでもない過ちを繰返して行くことになる。日本の弁護士の側も、もっと積極的に日本企業を啓蒙する努力をしなければならないと思う。日本企業の国際的な活動は無限に近く、日本の弁護士が関与していない国際案件はまだまだ無限にあるように思える。

また、日本企業が海外の法律事務所を直接使って案件を処理している場合でも、私から見ると外国の法制度や実務と日本の法制度や実務がまったく違うため、かなり大きな誤解の上に事を進めて大失敗している例も見受けられる。日本企業が思うように海外の法律事務所を動かすことができず、事実上海外の法律事務所の主導ですべてが行われている例もよく目にする。このような問題があるのは、日本企業だけの問題ではなく、日本の弁護士の方でも、国際的案件においても大いに実績を示す必要がある。

6 第一歩に続かなければ永久に扉は閉ざされる

日本企業はほとんど世界中でビジネスをしている。外国企業の買収、外国企業との合弁事業、外国企業への特許やノウハウのライセンスといった仕事だけでなく、中近東にプラントを輸出したり、大型構築物を輸出するといったことも多くやっている。また、海外での大型工事も多く行われている。製品の供給は文字通り世界中で行われている。

日本の企業の国際的活動を考えると、国際案件はいくらでもあると言える。その中には、欧米の法律事務所がすでに関与している例もあれば、まったく法律事務所の関与なしに行われていることもかなりある。日本企業に役立つために、日本の弁護士にはどんどん国際的分野に入ってきてもらいたいと思う。何とかして私が踏み出した第一歩に続かなければ、永久に扉は閉ざされてしまう。

私は水前寺清子の「三百六十五歩のマーチ」の歌詞が気に入っている。「一日一歩　三日で三歩　三歩進んで二歩さがる。」というのは、まさに人生そのものである。私の持論は、最初の一歩がなければ二歩はあり得ず、まして百歩や千歩はあり得ないというものである。

私はよく若い弁護士に、私の持論である人生階段論を説く。すなわち、最初からあまり高いところを目指しすぎると途中でくじけてしまうが、目の前の階段を一段一段着実に上っていけば、相当時間が経ってから振り返ると、思いのほか高いところに到達しているのに気付くというものである。要は地道でたゆまぬ努力の積み重ねが、いずれは大きな成果を生むということである。

現在の状況を考えて、日本の弁護士が国際案件において大いに活躍するというのはとても無理だとあきらめてしまう人が多いかもしれない。しかし、私は日本人は基本的には優秀であると信じている。弁護士の国際的な分野では、日本の弁護士は現在欧米に大きく後れを取っていても、時間をかけて努力を継続すれば、最後には欧米の弁護士に追いつき、時には追い越すことができると信じている。

7 大法律事務所こそ国際化の先兵になるべき

私自身は、一九七七年に桝田江尻法律事務所（後のあさひ法律事務所）を創設し、約一五年間大いに頑張って、一九九一年末には三〇名近くの弁護士を擁する当時としては相当大きな法律事務所に発展させることができた。前にも述べたように、一九九一年の暮れに何のあてもなく落下傘で降下するようにニューヨークへ行き、すべて自分の費用と責任でまったくのゼロからニューヨークオフィスを開始した。そして、初期においては厳しい時期もあったが、その後に多くのしかも大きな国際的な案件を、すべてを私が取り仕切るという仕事の進め方で、ニューヨークオフィスの基盤を確立した。それは、私が一種のアントレプレナーであったからできたことと言えなくはない。

現在は日本の大手法律事務所は大型化しており、人材も財務力も昔と比べれば圧倒的に大きくなっている。したがって、特に外国で日本企業のために国際的案件を取扱ってうまくやっていけるのは、日本の大手法律事務所しかないとも言える。逆に、日本の大手法律事務所が失敗を恐れずに優秀な人材を外国へ送って国際的案件を取扱わなければ、結局国際的分野においては日本の弁護士は生き残れなくなってしまうのではないかと恐れる。

幸い私の場合は、私が築いたニューヨークオフィスを、日本の最大手の一つである長島・大野・常松法律事務所が引継いで発展させることになった。私としても国際的舞台における日本の法律事務所の灯を消さずに済んだだけでなく、さらに発展させる可能性が出てきたので、大変喜んでいる。若くて優秀な日本の弁護士がどんどん後に続くことを祈って止まない。

第15章　ニューヨークオフィスのその後

1　ニューヨークオフィスの移転

二〇〇三年一一月一日、私共のニューヨークオフィスは、約一二年間いたパーク・アベニュー三九九番地のビルから、カーネギーホール・タワー（Carnegie Hall Tower）の三七階へ移転した。新しいオフィスは、音楽の殿堂として世界的に有名なカーネギーホールと接しており、かなり新しいビルであるにもかかわらず、カーネギーホールの重厚な茶色の煉瓦と合わせて、外壁はガラスではなく茶色のタイルでできている落ち着いたビルである。

カーネギーホール・タワーは南北に細長く東西はとても短い長方形の小振りのビルで、私共の新しいオフィスはフロアの約三分の一を占めている。しかし、ビルの高さは六〇階もあり、一フロアが比較的小さいため、ビル自身は細長くそびえ立っており、マンハッタンでも高いビルの一つに数えられている（グーグルでCarnegie Hall Towerで検索すると、このビルの写真と説明が出てくる）。

アメリカの元大統領は退任後国費でオフィスを持つことができる特権を持っているが、以前ビル・クリントン元大統領がカーネギーホール・タワーにオフィスを持とうとしたところ、このビルは贅沢で家賃が高すぎるという批判を浴び、結局あきらめたといういわくつきのビルで、アメリカ人の間でもその話はかなり知られている。

ビルの西側は四〇階ぐらいまでせり出しており、私共のオフィスはちょうどそのせり出した部分のすべてと内側の部分の一部を占めている。そのため、オフィスの多くの窓はハドソン川側の西に面し、一部が北及び南に面しており、三方が窓という恵まれたスペースである。三七階というと、霞が関ビルの屋上ぐらいの高さで、オフィスからの眺望は圧巻だ。北側はセントラル・パークが南の端から北の端まで見渡せ、さらに遠くの方にマンハッタンとニュージャージー州を結ぶジョージ・ワシントンブリッジがきれいに見え、ハドソン川も望むことができる。夜のジョージ・ワシントンブリッジはイルミネーションが輝き、とても優雅だ。

西側は周囲に少し高いビルがあるが、ハドソン川がよく見え、その奥にはニュージャージー州が遠くの方まで見渡せる。近くのハドソン川の岸壁には、超大型客船クィーン・メリー二世号も接岸する桟橋も見渡せ、天気のよいときは水の色も非常にきれいだ。また、西側の夕陽も絶品だ。南側はタイムズ・スクエアの華やかなネオンがよく見える。

新しいオフィスのリース契約をした後、外部の人からカーネギーホール・タワーに移ることになっておめでとうと言われた。なぜそのことを知っているのかと聞いたところ、何と家主側のブローカーが、カーネギーホール・タワーの三七階の一部を Masuda & Ejiri に賃貸することを発表しますという縦一七・五センチ、横一〇・五センチの大きな広告を、誇らしげにニューヨーク・タイムズその他の新聞に出したことを知った。

新オフィスの設計は私がほとんどすべてやったが、ビルのスタンダードの内装があるということで完全な自由は利かず、かなりの制約を受けた。弁護士の部屋の一面の壁は今回もガラスにしたが、旧オフィスと違って一枚ガラスにすることは許されず、格子状の木枠が入った。しかし、各部屋の表側の壁の下にキャビネを埋め込む方式は最後まで主張して入れてもらった。

会議室は思い切ってテーブルを代えて以前より多くの人が座れるようにし、またテレビ会議システムは最新のPolycomのものを入れ、プラズマのディスプレーを壁に貼り付け、最新の感じを出した。会議テーブルの真ん中に、ラップトップコンピュータの電源やケーブルに差込める部分を埋め込み、Eメールを送受信したりインターネットにアクセスすることができるだけでなく、会議テーブル上でコンピュータに出した画面をそのままプラズマテレビのディスプレーに出せるようにした。

新しいオフィスは素晴らしいので楽しく仕事ができると所員に言ってもらえるのが、何よりも嬉しいことだ。また、私共が頼んでいる日系企業相手の保険の代理店の人が来た時、ニューヨークの日系企業のオフィスでこんなに素晴らしいオフィスを見たことがないとも言ってくれた。

新しいオフィスがカーネギーホールの隣になったため、カーネギーホールがぐっと身近になった。私は新しいオフィスへ移るまで一二年ニューヨークに住んでいたが、その間カーネギーホールへ行ったのはせいぜい三、四回である。しかし、移転後は、昼休みにカーネギーホールの前を通った際ポスターを見て、その日の夜良いコンサートがあることが分かると、昼食の帰りにチケットカウンターで当日券を買うことができる。その日の夜オフィスから隣のカーネギーホールへ行くと、席はもちろん天井桟敷の悪い席だが、素晴らしいコンサートを聴くことができ、こんなにも簡単に超一流のコンサートに行けるのかと感激した。

クリスマスシーズンには、私が秘かにオフィスの人全員及び弁護士の奥さんのためにニューヨーク・ポップスのクリスマス・コンサートのチケットを買込み、クリスマスプレゼントとしてサプライズでカーネギーホールの演奏会に招待し、ものすごく喜ばれたこともある。

2　ニューヨークと東京の間の頻繁な往復

私はニューヨークオフィス開設後も、東京オフィスの合宿やパートナー会議に出席したり、仕事の必要性等もあり、最初の何年間かは年に六回のペースで東京とニューヨークの間を往復していた。ところが、短期間東京に滞在してニューヨークへ戻るということは、一三時間から一四時間の時差がどんどん体に響くようになってきたため、年四回にした年もちょっとあった。結局これまでの一九年で平均年五回は東京とニューヨークの間を往復したことになる。

私はＪＡＬの仕事を長年していたので、日米間は必ずＪＡＬを使っていたが、何年か経つと、記録を付け始めてから一〇〇万マイルを超えたという証明書と盾を贈られたことがある。いずれにしてもこの約一九年間でニューヨークと東京の間を九十何回は往復したことになる。時差の関係もあり、東京での滞在を少しずつ長くしていき、最近は約二週間から長いときは一カ月くらい滞在することもあるようになった。

このようなことができるのはＥメールの発達のお陰で、コンピュータでインターネットを使える限りどこにいても仕事ができるということが非常に有難い。

ニューヨークと東京の往復のほか、アメリカ国内でもあちこちによく出張した。またアメリカ及び世界の各地で行われるレックス・ムンディのミーティングにもよく出席した。私がレックス・ムンディの取締役でかつエグゼクティブ・コミッティーのメンバーであったときは、年五回くらいそのミーティングに出席していた。したがって、しょっちゅう飛行機に乗っているような感じであった。

3　グリーンカードの取得

私は当初アメリカへ入国するにあたっては、トリーティー・インヴェスター（E-2）ビザで入国したことは、先に述べた通りである。ところが、E-2ビザは非居住者扱いであり、何かと不便であった。その一つに、私が属していたスカースデール・ゴルフクラブのメンバーシップの問題があった。本来は正規のメンバーになりたかったが、少なくともグリーンカードを持っていなければ正規のメンバーにはなれなかった。主として日本企業のアメリカ子会社のトップ層をメンバーに迎えるために特に設けられていたインターナショナルメンバーになっていたが、企業のエグゼクティブが三年ぐらいで交代していくのに合わせたのか、当時は有効期間が三年で、それを過ぎるごとにかなりの更新料を取られた。

そこで何とかグリーンカードを取得できないかと思い、移民法専門の弁護士に相談した。アメリカの移民法には多国籍企業の役員及び部長（Multinational Executives and Managers）に関する規定があり、エグゼクティブがアメリカの子会社に移るような場合には会社内移籍（Intra-company Transfer）ということでかなり簡単にグリーンカードを取得することができ、それを利用してグリーンカードを取得してニューヨークに長期滞在している日本人は多かった。

しかし、私の場合は、当時の東京のオフィスであるあさひ法律事務所のパートナーであると同時に、ニューヨークオフィスのオーナーでもあり、財政的には東京オフィスとはまったく独立して運営していたので、東京オフィスとニューヨークオフィスが親子関係であるということを主張してグリーンカードを取るのは難しいというアドバイスを受けた。また国際会計事務所の場合には全世界協調組織（World-wide Coordinating Organization）という移民法が想定する組織があったのでよいが、私の場合にはそのような組織もなかったので、一時はグリーンカードの取得はあきらめざるを得ないと思っていた。

ところが、私が昔から大変親しくしている村瀬二郎弁護士に紹介してもらった有能な移民法専門弁護士であるホーン弁護士（C. Steven Horn）に一九九七年に相談したところ、状況が変わってきた。ホーン弁護士によれば、私の場合は桁外れの能力を有する外国人のカテゴリーであるＥＶ-１（Alien of Extraordinary Ability）か、並外れた能力及び国家的利益のカテゴリーであるＥＶ-２（Exceptional Ability and National Interests）に該当すると主張できるかもしれないということで、規則をチェックしたが、弁護士が特にそれらから排除されるという規定は見つからなかったということであった。

逆に言えば、私のように、外国の弁護士がアメリカでほぼ独立して仕事をする場合にグリーンカードを取得できるカテゴリーはなかった。移民局の法務責任者が発行している意見によれば、弁護士は科学または芸術の傑出した能力を有する外国人とは見なすことができないと結論づけていた。

当時私を含めた全パートナーが締結していたあさひ法律事務所の基本契約書の第七条には、「本契約は独立して運営される東京オフィスとＮＹオフィスの協力関係を発展させていくためのものであり、各オフィスが相手方オフィスを代理人として任命したり、共同事業体を設立するものと解されてはならない。したがってＪＭ（桝田のイニシャル）は東京オフィスへの出資や専用スペースやスタッフを持たないし、東京オフィスのパートナーはＮＹオフィスへの出資や専属スペースやスタッフを持たない。」という規定を入れていた。

この規定は、税務上の観点から私と東京オフィスが損益を共有するパートナーシップであると見なされると、アメリカの国税当局である内国歳入庁（ＩＲＳ）が東京オフィスの経理内容を税務調査することができることになり、そのようなことになると大変なことになるので、税務上の問題を避けるための目的でそのような規定を入れていた。しかし、グリーンカードの取得にあたっては、この規定が最大のネックになってしまった。

移民法専門のホーン弁護士によれば、私が「弁護士」として桁外れの能力を持っているということと、アメリカの国家的利益に合致するということを主張しても、通らないということであった。そこで、ホーン弁護士が私のアメリカに来る前の日本での仕事の内容を検討した。

一九八〇年代に私は多くの国際的なＭ＆Ａの案件を日本企業のために取扱っており、そのため日本のビジネス雑誌にも多く取上げられていた。そこで、それらの雑誌の記事をたくさん集め、また私がＭ＆Ａに関係して執筆した記事等もたくさん集め、実際に担当した国際的なＭ＆Ａの案件を説明することによって、私が国際的な「Ｍ＆Ａのアドバイザー」として桁外れた能力を有し、アメリカの国家的利益に貢献したということを根拠としてグリーンカードを取得しようということになった。

ホーン弁護士によれば、私の申請の根拠として非常に多くの雑誌の記事等が必要であるということであったが、幸いなことに私が載っている昔の新聞や雑誌の記事を集めてみるとかなりの量になったので、それで申請することになった。

この極めて高いハードルを越えるために、多くの重要人物から、私が日米間のＭ＆Ａで弁護士としてではなくむしろトータル・アドバイザーとして桁外れの能力を発揮し、またアメリカの国家的利益に貢献した旨を述べていただくレターをお願いして作成していただくことが必要であった。一九九八年五月頃から、一人一人に丁重にお願いし、レターを作成して最終的にはサインしていただくまで想像以上に大変な作業であったが、幸い私がお願いした重要人物の皆様に快諾していただくことができた。

そのようなレターは合計八通作成していただき、私の申請書をサポートするレターに添付されることになった。私が日本企業のためにアメリカの会社を買収する件で多いに貢献した企業として、日本のF社のT元会長、日本のA社のS社長からレターを出していただいたほか、買収したアメリカの会社の社長であったルイビルフォージ社のペイトン社長及びニューヨーク証券取引所上場会社であるタルボット社の会長・社長兼CEOであるゼッチャー氏（Arnold B. Zetcher）からもレターをいただくことができた。

また元外交官としては、駐オーストラリア大使や駐中国大使を務めた後、最高裁判所判事を務められた中島敏次郎氏及び元駐米大使の大河原良雄氏からもレターをいただくことができた。その他、私が東京大学で民事訴訟法の講義を受け、その後細川政権で法務大臣も務められた三ヶ月章先生や、コロンビア・ロースクールのリーブロン学部長（David Leebron）からも、レターをいただくことができた。

その他大学の卒業証明書、司法研修所の修了証書、コロンビア・ロースクールの修士号取得証明書、日弁連、第二東京弁護士会及びニューヨーク州裁判所からの弁護士としての証明書ほか、いくつかの証明書を入手した。それ以外に、私が特に日米間のM&Aで活躍したことを伝える約二〇件の雑誌等の記事及び私が執筆した三六件の法律雑誌の記事も集めた。

私は日本で仕事をしていた際、特に一九八〇年代は非常に多くの記事を法律雑誌に掲載していたが、後になってこのような目的のために役に立つとはそのときは夢にも思っていなかった。また当時私はM&A

に関し日本のビジネス雑誌等に写真入りで出たり、二〇〇〇年三月一一日には日本の読売テレビの『ウェイクアップ！』という番組の司法改革特集にも出演したので、それも役に立った。結局このようにして、私の申請書をサポートするレターに添付した添付書類は合計七四件にも及んだ。

また私の申請書をサポートするレターでは、F社によるルーセントの光ファイバー部門の買収をはじめ、私が取扱ったアメリカ企業買収の案件二〇件につき、それぞれの具体的内容や私の役割等についても詳細に述べられた。そのため私の申請のサポーティング・レターは、シングル・スペースで二八頁にも及んだ。

結局二〇〇二年四月三〇日付で私のグリーンカードの申請がなされた。私自身はこのような高度のカテゴリーでグリーンカードが取れるのか半信半疑な気持ちでいたが、結局EV-1及びEV-2の両方のカテゴリーでグリーンカードを取得できることになった。東京のアメリカ領事館での面接を経て、めでたく二〇〇三年一二月二日グリーンカードを取得することができた。

グリーンカードを取得できたことによって目に見える変化の一つは、日本からニューヨークのJFK空港に到着したときに、入国審査の際これまでのように長蛇の列に並ぶ必要がなくなり、アメリカ人及びグリーンカード保有者（永住権者）は別の窓口であまり待たずに審査を受けることができることであった。

4　メディアへの登場

日本で当時検討されていた司法改革に関連し、二〇〇〇年三月一一日放映の読売テレビの『ウェイクアップ！』という番組で、私へのインタビューが放映された。私を撮影するためにわざわざカメラマンが二ューヨークオフィスを訪ねてきて、パーク・アベニューの当時私共のオフィスが入っていたビルの前を私が歩くところを撮影し、またインタビューは私共の東京オフィスで撮影された。記録がないので私がインタビューで何を話したかは覚えていないが、日本ではそれなりの人に見られていたようで、テレビで私を見たという反応がいくつかあった。

二〇〇二年五月二〇日には、アメリカのM＆A専門のインターネット・サイトであるザ・ディール・ドットコム（The Deal.com）に、マーカス記者（David Marcus）による私のインタビュー記事が出た。その記事では、私は日米のギャップを橋渡しする（bridge）弁護士として写真入りで紹介され、一九七七年に桝田江尻法律事務所を開設し、一九九二年にニューヨークにオフィスを開設するまでに大手法律事務所の一つにするのに貢献し、今は地球の反対側で依然として国際的取引に傾注していると紹介された。

そして、前年（すなわち、二〇〇一年）には、F社のためにワクテル・リプトン法律事務所と共にルーセント・テクノロジーズ社の光ファイバー部門の買収を手掛けたと書かれた。その記事では、記者のいろいろな質問に対して私が答えるという形で構成され、中には私の交渉スタイルについて述べてほしいという質問もあった。

その後、二〇〇二年一〇月一五日発行の『月刊国際法務戦略』の表紙を飾り、「日本の法律事務所として唯一のNY進出とその成功の軌跡」「世界中の一流専門弁護士を駆使した大型M＆Aの成功で名を馳せた桝田江尻法律事務所（あさひ・狛法律事務所）」とのタイトルで、ニューヨークオフィスを開設してからの成功の軌跡を書いた六頁の記事が出た。

『M＆Aレビュー』誌（M&A Review）二〇〇二年一一月号には、「日本の弁護士のアメリカ逆上陸の一〇年を振り返って」と題する五頁にわたる私のインタビュー記事が出た。

また、アメリカで発行されているビジネス紙「企業概況ニュース」の二〇〇六年一二月一日号では、「ズーム・イン!-Lawyer」のコラムで、「困難が成功を導く」「ドン・キホーテ型トップパートナー弁護士」のタイトルで、私のインタビュー記事が出た。

最近では、二〇〇八年一一月一七日の朝日新聞朝刊のグローブ欄で、「世界の人脈を繰り、『法律の首都』で日本企業の知恵袋」のタイトルで、私のニューヨーク事務所における活動を報じた。

5 長島・大野・常松法律事務所との提携

二〇〇六年に、私が所属していたあさひ・狛法律事務所の国際部門の多くの弁護士が、当時の西村ときわ法律事務所と統合する話が進んでいた。私としては、一九九一年当時桝田江尻法律事務所のトップパートナーでありながら、単身ニューヨークへ乗り込み、まったくの徒手空拳でゼロからニューヨークオフィスを立ち上げ、二〇〇六年まで十数年間国際的な舞台で活発な活動をしてきたので、何としてでもニューヨークオフィスを継続したいと考えていた。そこで、二〇〇六年秋に、私が昔から親しかった簗瀬捨治弁護士を通して、名声や弁護士の数において日本で長年ナンバーワンであった長島・大野・常松法律事務所に意向を打診した。

長島・大野・常松法律事務所は、二〇〇〇年に長島・大野法律事務所と常松・簗瀬・関根法律事務所を母体として設立された法律事務所であった。私は一九七七年に桝田江尻法律事務所を作って発展させていく過程で絶えず目指していたのは、昔渉外と言われた国際的分野のナンバーワンであった長島・大野法律事務所であった。

また常松・簗瀬・関根法律事務所は、ファイナンス、特に外債等の国際的証券関係に非常に強く、常松健弁護士とは外債やクロスボーダーM&Aの案件で何回も一緒に仕事をさせていただき、尊敬できる法律事務所であった。長島・大野・常松法律事務所が設立された際には、私は密かに最もお互いに補完作用があり、相乗効果の生まれる素晴らしい統合であると思っていた。

長島・大野・常松法律事務所では、マネージング・パートナーの藤縄憲一弁護士に尽力していただいた。幸いにして経験豊富で優秀なパートナーである渡邉泰秀弁護士が手を挙げ、ニューヨークオフィスで働き、ニューヨークで骨を埋めてもよいとまで言っていただいた。

私としては、これまで大変な努力をして発展させてきたニューヨークオフィスの灯を消さないためにも、長島・大野・常松法律事務所と協力していくことが最善の途であると躊躇なく判断し、二〇〇七年五月一日に私の事務所名を Masuda International と変えると同時に、私のニューヨークオフィスと長島・大野・常松法律事務所が正式に提携した。

二〇〇七年九月から、長島・大野・常松法律事務所のシニア・アソシエートで、スタンフォード大学ロースクールを終えた守谷武士弁護士が二年間の予定で私のニューヨークオフィスに加わり、私のニューヨークオフィスにいる間にあさひ法律事務所から長島・大野・常松法律事務所に移籍した茂木諭弁護士と一緒に執務した。二〇〇八年一月からは、渡邉弁護士が、長島・大野・常松法律事務所からの出向という形で、私のニューヨークオフィスで執務を開始した。

茂木弁護士は二〇〇八年八月からコロンビア・ロースクールで勉強した後、二〇〇九年初夏に帰国し、長島・大野・常松法律事務所で執務を開始した。また二〇〇八年九月からは、やはり長島・大野・常松法律事務所のシニア・アソシエートで、ハーバード・ロースクールを終えた井本吉俊弁護士が私のニューヨークオフィスに加わった。このようにして、私のニューヨークオフィスは、私のほかは、長島・大野・常松法律事務所のパートナーの渡邉弁護士及びシニア・アソシエートの守谷弁護士及び井本弁護士が執務する態勢になった。

守谷弁護士は二〇〇九年九月にニューヨークオフィスにおける二年間の執務を終えて帰国し、長島・大野・常松法律事務所での執務を再開した。その代りに、やはり長島・大野・常松法律事務所のシニア・アソシエートで、ハーバード・ロースクールを終えた若江悠弁護士が私のニューヨークオフィスに加わった。しかし、英語だけでなく中国語も堪能な若江弁護士は、二〇一〇年夏からは北京で執務することになった。二〇一〇年九月からは長島・大野・常松法律事務所のシニア・アソシエートで、コロンビア・ロースクールを終えた眞武慶彦弁護士がニューヨークオフィスに加わる予定である。

第16章 プロボノその他の活動とエピソード

プロボノ（pro bono）とは、弁護士等が自分の職能と時間を提供して社会貢献を行うことで、アメリカでは法律事務所が所属弁護士のプロボノ活動を推奨している。私は、すべてが狭義のプロボノ活動に該当するわけではないが、完全に無償で多大の時間を使っていろいろな活動をしてきた。多くの時間を使って大学のために無償で法律上の調査やアドバイスも行ったが、以下にはそれ以外の活動の一部について述べる。

1 ロースクールのボード・オブ・ビジターズ

私はニューヨークにオフィスを開設した翌年である一九九三年初めに、昔勉強をしたコロンビア・ロースクール（Columbia Law School）の当時の学部長（Dean）であったリーブマン教授（Lance Liebman）から、同ロースクールのボード・オブ・ビジターズ（Board of Visitors）のメンバーになってほしいとの要請を受けた。私から承諾の返事をすると、コロンビア大学の総長から、同大学の理事会が私を同ロースクールのボード・オブ・ビジターズのメンバーに選任した旨の正式通知をもらった。

私はそれまでボード・オブ・ビジターズの存在を知らなかったが、一九九三年五月に行われたミーティングに出席して、その活動内容を初めて知った。ボード・オブ・ビジターズはロースクールの卒業生の中で成功している者や母校のために奉仕することに熱心な者がメンバーになっているようである。メンバーは、ロースクールの性格上、元裁判官やビジネスマンのほか、弁護士が圧倒的に多いようである。名簿では、メンバーは一五〇人ぐらいが登録されているが、実際にミーティングに出席するのは数十人といったところである。私は恐らく外国人としては初めてのメンバーで、ボード・オブ・ビジターズの中でも特異な存在であった。

ボード・オブ・ビジターズのミーティングは、コロンビア・ロースクールにおいて春と秋の二回定期的に行われ、メンバー中からチェアマンが選ばれていた。チェアマンは恐らく学部長が指名しているのではないかと思われ、特別の規則があるわけではなく、定まった任期はないようであるが、概ね三年くらいを任期としているように見受けられた。各メンバーの任期は二年のようであるが、何回も再任されるメンバーも多く、毎年三〇人弱ぐらいが入れ替っているようである。私は一九九三年にメンバーに選任されてから何回か再任され、今現在もメンバーとなっている。

ボード・オブ・ビジターズのミーティングは、半日から一日がかりのものであった。メンバーは、午前中はロースクールの希望するクラスに出席して聴講することができるようになっていた。私も大教室でのクラスやセミナーを聴講したことがあるが、教えている教授の方もボード・オブ・ビジターズのメンバーの聴講には一目置いているように見えた。

昼過ぎからレセプションとランチがあり、主としてボード・オブ・ビジターズのメンバー間の親睦が図られている。ランチの後半からチェアマンの開会の挨拶があり、その後通常は教授があるトピックスについてのスピーチをし、ランチが終わる。

その後は、メンバー全員でコロンビア・ロースクールをどのように支援していくかについて特定のトピックスについて話し合う場合もあれば、二つか三つの分科会に分かれて、それぞれのテーマについて少人数で討議することもある。分科会においては、たとえばどのようにして学生を財政的に援助するかとか、ロースクールにおける授業の方法とか、ロースクールがニューヨークにあることをいかに活用するかとか、さまざまなテーマが話し合われる。

その後、学部長が総括をして、ボード・オブ・ビジターズのミーティングが終わり、その後寄付によって新たに作られた教室を見学したりする。夕方からロースクールの道路を隔てた向い側に住んでいる学部長のアパートで、ロースクールの一年生等も交えたレセプションが行われたりする。

ボード・オブ・ビジターズにはさまざまなコミッティーもあり、年二回の総会的なミーティングとは別に、学部長や教授を交えた少人数でメンバーの所属する法律事務所の会議室を使って、与えられたテーマにつき議論を戦わせている。私も、主として外国人を対象とする修士課程（LL.M. Program）についてのコミッティーに所属し、外国の出願希望者に配布するコロンビア・ロースクールの小冊子の内容について議論したことがあるが、ヨーロッパやアジアのメンバーとも国際電話をつないで議論しており、極めて国際的であった。

ボード・オブ・ビジターズのメンバーは、ロースクールに対し毎年相当の寄付をしていると思われる。現役で活躍している者が寄付をするのは驚かないが、ロースクールをいかに支援するかを話し合っているときに、八〇歳に近いような引退した女性の弁護士がすっくと立ち上がって、皆で頑張って支援しようというようなスピーチをするのを聞くと、感銘さえ受ける。それくらいの歳の引退した人にとっては、老後の資金の関係であまり寄付等はしたくないのが普通であると思われるにもかかわらず、率先してそのような発言をするということは、なかなかできることではないと感心した。

アメリカでは卒業生が物心両面で母校を支援しようという姿勢が、日本に比べてかなり強いという印象を得た。また、学校側も、単に卒業生の寄付を期待するというのではなく、学生の教育の仕方や学校の運営の仕方についても卒業生の意見を熱心に聞いて議論をし、良い意見は採り入れていくという姿勢が見られる。そのためボード・オブ・ビジターズのメンバーの愛校心も深まり、非常に熱心にロースクールのことを議論することになり、学部長をはじめとする教授陣とボード・オブ・ビジターズのメンバーとの間に連帯感を感じた。

ボード・オブ・ビジターズの活動とは別に、ロースクールは卒業生からのたくさんの寄付によって支えられている。校舎の新築や大改装といった大きなプロジェクトを実行するときは、特別に寄付のキャンペーンをはったりする。また、ロースクール卒業後五周年、一〇周年、一五周年、二〇周年、二五周年、三〇周年というように、六五周年まで五年ごとに一種の同窓会（Reunion）をロースクールで開き、それを記念して同期生に寄付のキャンペーンをし、かなり大きな金額の寄付を集めている。

いずれの寄付についても、ロースクールが毎年きれいな小冊子を全卒業生へ送り、誰がいくら寄付したかということを報告している。ある意味ではそうすることによって寄付を促していると思われるが、寄付した者にとっても、そのようなところに印刷されることによって母校に寄付したことが記録に残され、ささやかな自己満足を得ることもできる。

私も卒業二五周年を迎えたとき、修士課程（LL.M.）卒業生の幹事をおおせつかり、ヨーロッパや日本を中心とするアジアその他の地域の同期の卒業生に対し、卒業二五周年を記念してコロンビア・ロースクールに寄付することを促す綿々と綴ったレターを出した。しかし、たった一人ドイツの卒業生がささやかな金額の寄付をしただけで、あとはなしのつぶてであった。

確かにアメリカ人の学生にとっては、三年間専門的な勉強をしたロースクールに対する愛着は、一年間だけ言わばお客様的に修士課程に在籍した外国人留学生に比べてずっと強いと思われるが、私は外国人留学生の無反応ぶりにはがっかりした。結局そのときは、修士課程の同期の卒業生全員の分として、私一人で多額の寄付をすることで、何とか恰好をつけた。私のこのような経験からしても、ヨーロッパや日本に比べ、アメリカ人は母校に寄付をすることをいとわない文化が根付いていると強く感じた。

2 州弁護士会国際部会エグゼクティブ・コミッティー

私は親しくしていたフランク弁護士（Paul M. Frank）からの誘いもあり、二〇〇四年三月ニューヨーク州弁護士会（New York State Bar Association）の国際部会（International Law and Practice Section、後にInternational Section と改称される）のエグゼクティブ・コミッティー（Executive Committee）のメンバーに選任され、アジア太平洋法委員会（Asian Pacific Law Committee）の共同議長（Co-Chair）となった。フランク弁護士は、その当時エグゼクティブ・コミッティーの会長（Chairman）をしていた。

ニューヨーク州弁護士会は日本と違って任意参加の弁護士の団体で、会員数は七万六〇〇〇人以上で、州の弁護士会としてはアメリカ最大である。ニューヨーク州弁護士会には多くの部会（Section）があるが、国際部会はその中でも最も活発な部会の一つで、二〇〇〇人以上の会員を擁する部会である。その部会のエグゼクティブ・コミッティーもかなりの数のメンバーがおり、ニューヨークで活動する外国の弁護士もメンバーになっているほか、各国に（Chapterと呼ばれる）代表が選任されており、各国の代表は電話や実際にニューヨークに来て会議に参加した。

エグゼクティブ・コミッティーのミーティングは二カ月に一回ぐらい開催され、通常はいろいろな法律事務所の大会議室で会議を行うが、エグゼクティブ・コミッティーのメンバーがいるニューヨークにある連邦準備銀行（Federal Reserve Bank）の大会議室で会議を行うこともある。会議には電話で参加する者もいる。また、年一回エグゼクティブ・コミッティーの合宿（Retreat）も行われる。

会議ではいろいろなことが話し合われたが、特に年一回一〇月頃外国で開催される年次国際会議（International Annual Meeting）の準備や成果及び各国の代表の選任等がよく話し合われた。私がエグゼクティブ・コミッティーのメンバーになってからの年一回の外国での開催地は、二〇〇四年がチリのサンティアゴ、二〇〇五年がロンドン、二〇〇六年が上海、二〇〇七年がペルーのリマ、二〇〇八年がストックホルム、二〇〇九年がシンガポールであった。二〇一〇年一〇月には、シドニーで開催されることになっている。私は非常に忙しかったり他の予定とぶつかったりして、参加したのは二〇〇六年一〇月の上海ミーティングだけであった。

国際部会はそれ以外にも多くのミーティングを開催し、法律や実務の国際的な展開等につき講演をし、意見を交換している。二〇〇九年を例に取ると、一月二八日にはニューヨーク州弁護士会の年次総会のプログラムの一つとして、国際部会は外国における賄賂を禁止するアメリカの法律（Foreign Corrupt Practices Act）の順守状況や執行状況に関するプログラムを行った。

国際部会は、さらに、いろいろな法律の分野の国際的な問題につき、ニューヨークにおいて年一〇回ぐらいコミッティーのプログラムを行うほか、外国において後に述べるようなチャプター・ミーティングを開催している。

国際部会には日本の代表がいないということで、私はエグゼクティブ・コミッティーから日本の代表を選ぶように要請された。私自身は日本に住んでいないので、日本の代表になる資格はなかった。そこで、私は公私共に親しかった国谷史朗弁護士に頼み込んで、いずれ新しい日本の代表を見つけるまでとの前提で暫定期間だけ日本の代表になってもらった。その後私の方で何人かの日本の弁護士に日本の代表になってもらえないかと要請したが、なぜか日本の弁護士は国際的な活動には消極的であった。

国際部会のエグゼクティブ・コミッティーにおいても、ヨーロッパや中南米あるいはシンガポール等の代表の活動は活発であるが、日本の活動はそれまでまったくなかった。国際部会は年一回の海外での全体ミーティングのほか、各国の代表がかなり頻繁に各国でチャプター・ミーティングを開いていた。

たとえば、二〇〇九年には三月にスウェーデンのストックホルム、六月にインドのニューデリー、七月及び一二月に北京でチャプター・ミーティングが開かれた。北京のチャプター・ミーティングでは、七月には中国の商事調停の国際化について、一二月には国際仲裁において重要度を増す中国の役割について講演、議論がなされた。

二〇一〇年三月にはムンバイでインドの二回目のチャプター・ミーティングが開かれたほか、ロンドンでもチャプター・ミーティングが開かれ、同年四月にはストックホルムで、同年六月にはモントリオール及びオタワでチャプター・ミーティングが開かれるといったように、世界のいろいろな都市で活発に開かれている。

エグゼクティブ・コミッティーにはレックス・ムンディのメンバーであった事務所の弁護士も何人かい

る。私が個人的にも非常に親しくしているドイツのフェアへーベン弁護士（Thomas Verhöven）は以前エグゼクティブ・コミッティーの会長をしていたこともあるし、ブラジルの女性弁護士もエグゼクティブ・コミッティーの会長をしていたことがある。あるエグゼクティブ・コミッティーのミーティングのときは、私がレックス・ムンディを通して長年親しくしていたやはりドイツのケレ弁護士（Rudolf F. Cölle）と偶然久し振りに出会って再会を喜び、その後ケレ弁護士にドイツの会社を買収する仕事を手伝ってもらったこともある。またレックス・ムンディのモナコのメンバーでニューヨークの弁護士でもあるダフィ弁護士（James P. Duffy, III）は、エグゼクティブ・コミッティーでも積極的に活動している。

上海ミーティング

二〇〇六年一〇月一八日から、ニューヨーク州弁護士会の国際部会の上海ミーティングが開かれた。一〇月一七日成田発上海行きのＪＡＬ便に乗って上海へ向かったが、何と私の目の前の席に私が日本におけるチャプター・チェア（Chapter Chair）をお願いした国谷弁護士が座っていた。上海空港に到着してから国谷弁護士と一緒に動いたが、上海空港の中で歩く距離があまりにも長いので驚いた。また団体客がたくさんいたが、個人客であることが分かると先に入国審査を通過することができた。

空港からホテルへタクシーで向かうことにしたが、タクシーの運転手が英語のホテル名すらまったく分からないのには閉口した。たまたまタクシーのディスパッチャーの人が中国語で運転手にホテル名を伝えてくれたので、何とかタクシーでホテルへ向かうことができた。途中で道路を走るいろいろな車を見ていると、タクシーが軒並みドイツのフォルクスワーゲン（Volkswagen）を使っていることに気が付いた。

日本車も少しはあったが、あまり目立たないという感じで、アメリカとは大違いであった。

空港からホテルまではかなりの距離があったが、最後に大きな川を渡って繁華街に入り、ようやくホテルに到着した。ホテルのチェックインカウンターは一階だが、ロビーは三二階で、部屋は五〇階であった。ホテルが入っているビルは五八階建てで、先端がペン先のように尖った飾りが付いていた。ホテルの部屋は残念ながら川やテレビ塔が見える方向ではなかったので、めぼしい建物は見えなかった。

その後二〇日の朝まで上海に滞在したが、ホテルの部屋からは前を遮るものは何もなかったにもかかわらず、天気はいつもどんよりしているようで、スモッグのせいか霞んで見え、すっきりした景色は最後まで見えなかった。

一七日にホテルにチェックインした後街に出ようとすると、ニューヨーク及びレックス・ムンディの関係で一五年来非常に親しくしており、上海ミーティングに出席するドイツのフェアヘーベン弁護士及びモニカ夫人とばったり会った。そこで、私の妻を入れて四人で街を散策することにした。

上海の街は新しい高層ビルがたくさんあったが、一般の中国人の生活はかなり貧富の差があるようであった。一方では、日本でもあまり見ないような超豪華なスポーツカーが陳列されたショーウィンドーがあった。しかし、歩道では痰を平気でまき散らしたり、大声で怒鳴り合ったり、喧嘩腰の中国人も見受けられた。そういう点で、上海は、現代と古いところとがアンバランスのまま共存しているという感じであった。

翌日の午前一〇時から各国代表のミーティング（Chapter Chairs Meeting）が開かれ、国谷弁護士を皆へ紹介するため私も出席した。ミーティングでは発言が活発で、私から日本における活動について説明した。

午後三時からのエグゼクティブ・コミッティー・ミーティングを終え、宿泊しているマリオット・ホテルでのレセプションに臨んだところ、古くからよく知っている日本の大塚正民弁護士たちが来ていた。ディナーも同じホテルで行われたが、日本からも何人かが参加していることを誇示するため、わざと日本人だけ同じテーブルに集まって食事をした。

一九日は午前八時半からミーティングが開始され、午前中の最後のパネルの一つには、私が当時所属していたあさひ・狛法律事務所の久田眞吾弁護士もパネリストの一人として参加した。実はこれは私がアレンジしたものであった。

昼食後のミーティングの一つには、今度は国谷弁護士の所属する大江橋法律事務所の若い松井衡弁護士がパネリストの一人として参加した。これも私がアレンジしたものであった。トピックスは中国の現在の裁判に関するもので、中国人の若い男性の弁護士何人かに加え、非常に若い中国人の女性裁判官がパネリストとして参加しており、その裁判官に質問が集中した。裁判官が非常に若いことが不思議な気がしたが、弁護士たちの話を聞いていると、古い裁判官はあてにならず、非常に難しい試験を受かってきちっと訓練された若い裁判官の方がはるかに優秀で信頼できると言っていた。

その後、久田弁護士と一緒に当時のあさひ・狛法律事務所の上海オフィスを訪ねた。上海オフィスが入っている四〇数階建てビルの上には王冠が付いており、どこから見ても目立つビルであった。上海のビルは、なぜかビルの天辺にいろいろな飾りを付けて競い合っている感じであった。

久田弁護士の上海オフィスは四〇階にあり、非常にきれいでなかなかのものであった。オフィスでは日本語の上手な中国人の弁護士が出迎えてくれたが、スタッフと秘書が数人おり、弁護士は日本との間を往き来しているということであった。久田弁護士によれば、上海のオフィスで中国の弁護士を雇用することはできないため、東京のオフィスに中国の弁護士をおいて、出張ベースで交代で上海へ送っているということであった。

上海ミーティングは二一日まで続くが、私は二〇日には上海から北京へ飛び立った。

その後のエグゼクティブ・コミッティー

二〇〇七年四月には、二〇〇九年の国際部会のミーティングの開催地として、シドニー、シンガポール及び東京が最終的な候補地として残り、私は東京の応援演説を頼まれた。大きなポイントの一つは、現地の弁護士会が全面的に協力してくれることであった。私は知合いの日本の弁護士を通して、日本弁護士連合会（日弁連）や第二東京弁護士会（二弁）にあたったが、日弁連はアメリカ弁護士協会（American Bar Association：ＡＢＡ）との関係があるということでうまくいかなかったが、何とか二弁の協力を取り付けることができた。

同年四月二四日には、他の候補地を支援するエグゼクティブ・コミッティーのメンバーと共に、私は東京のための応援演説をした。日本は依然として世界第二の経済大国であり、アメリカを中心とする外国弁護士も多く進出しており、国際的なＭ＆Ａも非常に活発で、会社法その他も現代の要請に応えるために大きく改正されたといった趣旨のことを訴えた。しかし、外国から見た日本の地盤沈下は想像以上で、後日行われた投票で、二〇〇九年の開催地はシンガポールと決定された。三〇年ぐらい前は日本は非常に人気があったが、今ではすっかり他の国から取り残された感を強くした。

私は、次に述べるように、東京大学の関係で、フレンズ・オブ・トーダイというＮＰＯの理事長として多くの時間を使って活動しているほか、東京大学の経営協議会や総長選考会議にも年に何回か出席し、さらにニューヨークの東京大学の同窓会であるニューヨーク銀杏会の理事長としても活動しているため、これ以上国際部会エグゼクティブ・コミッティーの活動を続けることは非常に難しくなっていた。

そのため二〇〇八年四月二五日には、当時の国際部会エグゼクティブ・コミッティーの会長であったブランコ弁護士（Marco Blanco）と食事をして話をし、私がエグゼクティブ・コミッティーのために時間を割けなくなったので辞めさせてほしい旨申入れた。それに対してブランコ弁護士は、私はエグゼクティブ・コミッティーにとって非常に貴重な存在なので別の形でも残れないかという話があり、結局そのままになってしまった。私としても中途半端な状態で心苦しいのであるが、本業以外の多くの無償の活動で手いっぱいであるので、いかんともし難かった。

3　東京大学関連の活動

NY銀杏会

東大のニューヨークにおける同窓会の歴史は、以前は、活動に熱心な人たちが中心となって同窓会を作って活動をするが、その熱心な人たちが帰国してしまうとそのまま自然消滅してしまい、またしばらくすると別の熱心な人たちが改めて同窓会を立ち上げ、またその人たちが帰国すると消えてしまうという繰返しであったようだ。

私がニューヨークオフィスを開いた後は、ニューヨークの日系企業のトップをやっている同窓生数人が中心となって、一九九六年初め頃NY銀杏クラブ（NY Ginnan Club）を発足させ、同年二月九日、幹事の一人が社長をしていたニューヨークのリーガロイヤルホテルにおいて、当時国連事務総長特別顧問をしておられた明石康氏をお招きして講演していただき、数十名に集まっていただいた。このとき私も幹事の一人として参加していた。

NY銀杏クラブの第二回総会は、一九九七年四月二三日に同じくリーガロイヤルホテルで開かれ、ノーベル賞を受賞した大江健三郎氏に「知識人に望むこと」という演題で講演をしていただき、やはり数十人集まった。

一九九九年二月三日には、ザ・プレーヤーズ（The Players）という劇場のようなところで、当時まだ小さかった五嶋龍君のバイオリンコンサートを目玉にして第三回総会を開いたところ、多くの奥様方も参加したので、何と一七一名も出席した。しかし、その後同窓会の中心になっていた人々が次々と帰国し、結局同窓会は前と同じ運命を辿って開店休業状態となってしまった。

二〇〇四年四月に、国立大学であった東京大学が国立大学法人に移行した。その時点の総長は佐々木毅教授であった。国立大学法人となった東大は、それ以前と違って卒業生との関係を緊密にし、卒業生には年一回のホームカミング・デーに大学に来てもらうと共に、大学からはいろいろな小冊子を定期的に卒業生に送り始めた。その際たまたま東大の卒業生担当の理事となっていたのが、私と東大のクラスが一緒の池上久雄君であった。池上君は、以前私がニューヨークの東大の同窓会の活動をしていたことを知っており、私にニューヨークの東大の同窓会を再活性化してほしいと要請してきた。

そこで私の方は、東大の多くの同窓会の名前である銀杏会（いちょうかい）と名前を合わせて「ニューヨーク銀杏会」としてニューヨークの同窓会を再活性化し、二〇〇四年九月二三日には第四回総会を日本クラブで行い、佐々木総長に講演をしていただいた。そのときはテーブルについての食事であったため、席数の制約があり、出席者は七七名であった。

私は意識的にNY銀杏会の理事会の組織を二重構造とし、代々国連大使に象徴的な会長になっていただき、主として日系企業のトップまたはそれに準じる方々に副会長になっていただいた。また、副会長を出している会社からは、原則として若手にも理事になってもらい、総会の出席者の勧誘などの活動をしてもらった。そして、実動部隊である私が理事長として実際の実務のすべてを行い、また私の事務所をNY銀杏会の事務局として、事務所のスタッフのほとんどがNY銀杏会の手伝いをするようにした。その他、副理事長や理事も含めると、理事の総数は二〇名弱であった。

NY銀杏会に改組してから同窓会活動に特に協力していただいた一人は、最初は三菱商事アメリカの社長で、二〇〇六年には民間人として初めてニューヨークの総領事大使になって話題を集め、任期が終わった二〇〇九年三月の直後にはジャパン・ソサエティー（Japan Society）の初の日本人の理事長に華麗な転身をされた櫻井本篤氏であった。また最初の何年かは、三菱東京UFJ銀行の米州総支配人であった大森京太氏にも大変お世話になった。それ以外にも、多くの副会長や若手の理事の方々に活発に活動していただいた。

NY銀杏会は、二〇〇五年五月三日には、日本クラブと共催で、当時の東大の小宮山宏総長による「『課題先進国日本』と総合大学の役割」と題する講演会を開き、二〇〇七年にも日本クラブと共催で、東大の政治学者藤原帰一教授による「日本外交と国内世論――五五年体制、安倍政権、現在」と題する講演会を開き、いずれも大好評であった。

ＮＹ銀杏会は二〇〇六年から二〇一〇年まで毎年総会を開いてきたが、過去五年は、東大の卒業生である上村京子さんがいるル・パーカー・メリディアン・ニューヨークホテルの最上階の非常に見晴らしのよい会場を使わせていただいている。この会場は景色がよいだけでなく、料理が非常に美味しいので大変好評であった。この会場は、上村さんの尽力でかなり低い価格で使わせていただいている。総会の出席人数も徐々に増えて、二〇一〇年二月一日に行われた第九回総会は、出席者総数一七一名という大盛況であった。

ニューヨークには昔から慶応の三田会及び早稲田の稲門会という二つの横綱級の大学の同窓会があり、以前はそれらをはるかに仰いでいたが、皆で熱意を持って努力してきた甲斐があって、現在ではその盛さにおいては三田会や稲門会と互角と言ってよいくらいになっている。

東大の経営協議会と総長選考会議

私は二〇〇四年から東大の同窓会の連合会である東京大学学友会（その後赤門学友会と改称された）の副会長を務めている。そのような場面を通して東大本部や東大の総長と接触していくうちに、二〇〇八年四月、当時の小宮山総長から国立大学法人である東大の法律上の常設機関である経営協議会の委員に選任され、また総長選考会議委員にも選任された。私はニューヨークで仕事をしているため、東大本部で行われる経営協議会等に出席することは簡単ではないので、どれぐらい出席できるか自信がない旨を伝えたが、それでも構わないということで就任することになった。

経営協議会及び総長選考会議は年数回開催されるが、私は委員に選任されてからは日本へ行く予定を東大の経営協議会等の日程に合わせるようになった。経営協議会には学内委員一二名と学外委員一二名がおり、学外委員には、日本の大会社のトップや大学の元学長など著名な方々が多かった。

二〇〇九年三月に小宮山総長の任期が切れるということで、二〇〇八年には東大の新総長が選ばれ、私も新総長選考に関与することになった。二〇〇八年一一月に行われた総長選任の選挙で候補者が一〇名以下に絞られると、総長候補者は全員総長選考会議の委員のインタビューを受けることになった。私は自分の問題意識の大きな部分を占めている国際化について、各総長候補者に質問をさせていただいた。

私はニューヨークへ移ってからこれまで一九年近く経過しているが、外から日本を見ていると、日本国内で感じるのとはまったく別の見方をすることができた。日本国内だけにいると、そこそこに心地よい生活ができ、世界の中で日本がどのような立場にあるかということもあまり気にしないで穏やかな日々を送ることができる。しかし一度外から日本を見た場合には、世界における日本の地盤沈下は想像以上に厳しいものがある。

かつては日本はアジアの中では突出して進んだ国と見られ、世界の中でもある程度ちやほやされた時期があった。しかし今はアジアの中でも中国、韓国や台湾にはるかに水を開けられ、世界においてはあまり注意すら払われない国になってしまっている。若い日本人の覇気がほとんど感じられず、かつてと逆に、欧米に留学する留学生の数でさえ、中国や韓国よりはるかに少なくなっているというのが現状である。

私はそのような強い問題意識があったので、各総長候補者に、総長になった場合に国際化についてどのような施策を考えているかを聞かせていただいた。総長選挙の結果、最終的に濱田純一教授が二〇〇九年四月からの新総長に選ばれた。小宮山総長も国際化に関しては大変熱心で、次々と施策を打っていったが、濱田総長も国際化については一家言を持っており、何とか現状を変えなければならないという危機感を共有することができた。

私は経営協議会においても、国際社会から見た日本の地位の低さを強調し、東大こそが名実共に日本の大学の国際化の先兵にならなければならないと思っており、そのためいろいろと提言させていただいている。私の頭には、日本の若い弁護士等がほとんど国際的な活動をしないことに対する強烈な危機感がある。

二〇一〇年四月七日の日本経済新聞朝刊一面の「こもるなニッポン」のシリーズの一でも、「国内にいると地位の低下に気づきにくい。ところが日本は取り残されている。世界に打って出る姿勢も欠いている。」と書かれている。同じ記事の中で、元財務官の行天豊雄氏は、「経済や安全保障で日本の存在感低下は疑いようがない。再び上を目指すか、この程度でいいと思うか。日本人は選択を迫られている」と述べている。しかし、法律の世界はもっと厳しく、日本はもともと世界の中で存在感すらなかったと言えよう。

二〇一〇年四月一〇日の同紙の「こもるなニッポン」のシリーズの三では、「世界の総人口六八億人。日本人の割合は二%足らず。地球に住む九八%は日本人にとっての外国人だ。二〇五〇年、日本人は『世界の一%』ほどになる。まわりは外国人だらけという現実はすぐそこだが、人の国際化はなかなか進まない。」と書かれている。

その記事ではさらに、「世界で学ぶ日本人留学生が減った。米国への留学生は三万人を割り込み、韓国人（七万五〇〇〇人）の半分以下。ハーバード大学への留学生は英国、カナダに次ぐOB数を誇るのに、今や一年生一六〇〇人のうち一人。『日本人はどうしたのだろうと大学側も気にしています。これからの世代は国境のない人生を送ることになるのだから。』ドルー・ファウスト学長は表情を曇らせる。」と書かれている。

ＮＰＯの設立と運営

イェール大学内に設置する東大イェール・イニシアティブその他アメリカにおける東大の他大学等との協働活動等を支援する基金の受皿となるＮＰＯ設立に関し、二〇〇六年六月に東大から相談があった。

その後いろいろな準備をし、二〇〇七年九月二七日にニューヨーク州法に基づいて Friends of Todai, Inc.（「フレンズ・オブ・トーダイ」）という公益法人（Not-for-Profit Corporation：ＮＰＯ）を設立した。同年一〇月二三日には、米国内国歳入庁（ＩＲＳ）に対し内国歳入法（ＩＲＣ）五〇一条（c）（3）の下での非課税承認申請をした。

二〇〇七年一一月二日には、フレンズ・オブ・トーダイの第一回理事会を私のオフィスの会議室で開催し、東大の小宮山総長も出席してご挨拶をされた。フレンズ・オブ・トーダイの理事長（President）には小宮山総長の要請で私が就任し、財務役兼秘書役（Treasurer and Secretary）には公認会計士の福島靖夫氏、理事にはプリンストン大学の小林久志名誉教授、イェール大学の濱田宏一教授及び東京大学の武内和彦教授が就任した。

同じ日にニューヨークのイェール・クラブで東大イェール・イニシアティブの発足及びフレンズ・オブ・トーダイの設立を祝うレセプションが行われた。レセプションでは、イェール大学のレビン学長、東大の小宮山総長、加藤良三駐米大使及び私が英語で挨拶した。またこのために、東大の方では私のカラー写真入りのメッセージを載せたフレンズ・オブ・トーダイの大変立派なブローシュアを作成して、出席者に配った。

その後ＩＲＳとは非課税承認を取るために何回かやり取りがあったが、二〇〇八年一一月七日にようやくＩＲＳから非課税の承認を得ることができた。二〇〇九年六月にはフレンズ・オブ・トーダイの理事会でアドバイザリー・コミッティー（Advisory Committee）を創設し、理事の小林名誉教授にチェアマンになっていただいた。また、東大の女性の卒業生の集まりであるニューヨークさつき会の主幹事である大迫政子さんにも、シニア・ディレクターとして、大変尽力してもらっている。フレンズ・オブ・トーダイは、同年一一月から、主としてニューヨーク銀杏会の会員を対象に募金活動を始めた。日本の大学のアメリカでの行動を支援するこのような取組みは恐らく初めてだと思われるが、私がニューヨーク銀杏会の理事長もしているため、ニューヨーク銀杏会の総会等でもフレンズ・オブ・トーダイの支援を訴えた。しかしアメリカの寄付文化とはまったく違って、日本人にはまだ寄付文化が育っていないため、なかなか思うようには行かないところが多々あった。しかし、この種のことは、あせらず継続していくことが大切である。

二〇一〇年三月には、集った寄付金からイェール大学で行っている東大イェール・イニシアティブに二万五〇〇〇ドル、カリフォルニア大学バークレー校で行っている数物連携宇宙研究機構（略称ＩＰＭＵ）のために一万ドルのグラントを供与することができた。同年六月には、マサチューセッツ工科大学（Massachusetts Institute of Technology：ＭＩＴ）の学生の日本におけるインターンや研究を支援するプログラム（The MIT–Japan Program）の下で東大の研究室で三カ月研修する学生に三〇〇〇ドルを財政支援することになった。支援されるＭＩＴの学生は非常に国際的かつ積極的で、フレンズ・オブ・トーダイによる三〇〇〇ドルの財政支援に大変感激してくれた。この学生が日本へ行って、日本の学生に良い刺激を与えることを願ってやまない。

4　ニューヨークの奇蹟

私はオフィスを開設するため、一九九一年に何回かニューヨークを訪問していた。ある時日本へ帰国する直前に、古くから大変親しく、また一緒に大きな案件を何件かやり、その時はニューヨークで仕事をしておられた旧プライスウォーターハウス会計事務所（Price Waterhouse）の国際税務の専門家である小林三郎先生にホテルから電話をし、ニューヨーク滞在中には会えなかったので電話をした旨を告げた。小林先生は大変優秀な国際税務の専門家だが、非常にフレンドリーでいつもニコニコしており、また話し好きでもあるため、私が電話をした際もいろいろな話をされた。私の方では空港へ行く時間が気になって電話を切りたいと思いながら、電話をなかなか切れないでいた。

長電話の後、私は泊まっていたヘルムズレイ・パレス・ホテル（現在のニューヨーク・パレス・ホテル）からイエローキャブに乗ってＪＦＫ空港へ向かったが、その時に限って運悪くイーストリバーサイドの高速道路が大渋滞で非常に時間がかかり、ＪＦＫ空港に着いた時にはすでに飛行機の出発二〇分ぐらい前であった。大慌てでＪＡＬの搭乗カウンターへ行き、今からでも飛行機に間に合うというので大急ぎで搭乗の手続をしようとしたところ、何とパスポートを入れていつも肩にかけている小さい鞄を、慌てていたためタクシーの中に置き忘れたことに気がついた。

当然のことながら、パスポートなしで飛行機に乗ることはできなかった。そこで、いろいろな人に相談してみたが、イエローキャブはレシートをもらっていればともかく、レシートがなければ特定することは不可能で、タクシーの中に忘れ物をした場合には戻ってくることはまずないと言われた。

そこで、日本の領事館に非常に顔が利く村瀬二郎弁護士にお願いしてパスポートを至急再発行してもらおうと思ったが、そういうときに限って村瀬弁護士は出張中であった。結局非常に落胆したまま、やむを得ず家内と共にチェックアウトしたばかりのヘルムズレイ・パレス・ホテルへタクシーで戻った。

ホテルに戻ったときに、たまたまホテルのドアマンに、パスポートを入れた小型鞄をなくしてしまった話をしたところ、ドアマンはちょっと待てと言ってホテルのマネージャーを連れてきた。マネージャーが別室からなんと私がタクシーの中に置き忘れた小型鞄を持ってきたのには本当に驚いた。ニューヨークでは考えられない奇蹟と言ってよかった。もちろんホテルの人たちに非常に多額のチップをはずんでお礼を言ったことは言うまでもない。

ホテルのマネージャーの説明によると、ドアマンがタクシーのドアを開けて我々を乗せたのを覚えており、たまたま同じタクシーがJFK空港から同じホテルへ客を拾うため戻ってきたところ、そのドアマンがタクシーの後部座席に置かれた私の小型鞄を発見し、ホテルの客の物だということで回収して保管していたということであった。

日本ではタクシーの運転手は正直な人が多いので、タクシーの中に物を忘れて手がかりがなくても、後で何とか見つかることが多い。しかし、マンハッタンのタクシーでは、中に置き忘れた物が戻ってくることはまずあり得ないと言われていた。そのマンハッタンでこのようなことが起こるとはニューヨークも捨てたものではないと再認識し、ニューヨークがより好きになった。

5　エレベーター受難の記

私はニューヨークに来てから何回かエレベーターに閉じ込められて、いやな経験をしている。以前も東京オフィスからパートナーが訪ねてきて、皆で一緒に夕食へ行く際に、パーク・アベニューのオフィスのビルのエレベーターに乗って一階へ向かったところドアが開かなくなり、一時間ぐらい閉じ込められたことがある。そのときは三、四人一緒だった。

しかし二〇〇三年六月一八日の真夜中に経験したパーク・アベニューのオフィスのビルでのエレベーター閉じ込められ事件は、これまでで最悪のものであった。東京オフィスとつないで行ったパートナー会議に非常に時間がかかり、終わったときはニューヨーク時間で午後一一時一〇分を過ぎていた。その後残務整理をして、一一時三五分ぐらいに一八階のエレベーターに乗ると、ドアが閉まってほんの少し動いた後エレベーターが止まってしまった。

エレベーターのどの階のボタンを押しても灯りがつかないので、ベルを鳴らしてすぐビルの夜警に知らせ、至急出してもらうように頼んだ。しかしその後何も言ってこないので、再度夜警に連絡すると、夜八時以降はビル内にはエレベーターの担当者はいなくなるので、外部のエレベーターのメンテの会社に連絡を取り、テクニシャンに来てもらうことにしたとの返事であった。その後まただいぶ待っても何も言ってこないので夜警に連絡すると、テクニシャンはこちらに向かっている最中であるというだけで、あと何分ぐらいで到着するとは言ってもらえなかった。

今回の事件で唯一幸運だったのは、私が携帯電話を持っていたことである。エレベーターの中からは携帯電話はかからないと思っていたが、マンハッタンのアパートに電話をかけることができ、エレベーターに閉じ込められたことを妻に伝えた。時間が真夜中近かったので、アパートに帰るのが遅れれば途中で襲われたと思い、心配すると思っていたので、電話が通じて非常に助かった。

オフィスでは、（後に衆議院議員となった）若い牧原秀樹弁護士と南繁樹弁護士がまだ仕事をしていたので、妻が牧原弁護士の携帯に電話をし、ビルの夜警をプッシュするように頼んだ。牧原弁護士が夜警のところへ行ってプッシュし、私に携帯で電話をしてきたので、その後は牧原弁護士の実況中継により、動きがすべて分かり非常に助かった。

私自身はエレベーター内で一人であったが、あせってもしようがないので、落ち着いてちょうど持っていた翌日の日経新聞を読み始めた。ニューヨークでは、時差の関係で、夕方に翌日の日経新聞が配達される。牧原弁護士とは携帯電話で何回も交信することができた。

六月一八日午後一一時三五分頃にエレベーターに閉じ込められてから、テクニシャンがビルに着くまでに約一時間かかった。テクニシャンは私が閉じ込められているエレベーターが何階に止まっているかを調べるため上に上って捜したようであるが、一階の表示板で何階にいるかが表示されていないのが不思議であった。

その後が傑作で、私が閉じ込められているエレベーターのモーター室がどこにあるか分からず、夜警とテクニシャンで何フロアかにわたって探し回ったようである。ようやく二八階にモーター室があることを発見したが、モーター室は当然のことながら鍵がかかっていた。

驚いたことに夜警はそのモーター室の鍵の所在をまったく知らず、その後さんざん捜したが鍵は見つからなかった。そこでとうとうテクニシャンはハンマーでモーター室のドアをがんがん叩いて壊し、ようやくモーター室に入ることができた。この間の事情は、牧原弁護士がずっとテクニシャンに付いて回ってくれていたため、実況放送のように伝えてもらっていた。結局私がエレベーターから出ることができたのは、閉じ込められてからちょうど二時間後の六月一九日午前一時三五分頃であった。

ニューヨークの超一流のビルでも夜遅くなるとこの程度の状況であるということを知り、背筋が寒くなる思いがした。

6 マンハッタンの鷹

これは二〇〇七年春から六月にかけての話である。移転後のニューヨークオフィスの私の部屋はセントラルパークが見渡せる北側と西側に窓があるが、西側は低層のカーネギーホールと七番街の空間を隔てて、外側がガラスで覆われた高層ビルがある。ちょうど私の部屋と同じ高さのフロアは機械室になっているようで、外からオフィスであるように見せるためか、機械室の壁と二〇センチから三〇センチぐらい離れた外側に一定の間隔で隙間を有するガラスがはめられている。隙間を設けているのは、機械室の熱を逃がすためだろうと想像される。

そのガラスと機械室の壁の間にあるときから鷹が住み着き、真っ白なフワフワした物がガラスの内側にまるでベッドのように並べられるのが見えた。そして、私共のビルの北側の二ブロック離れたところにあるセントラル・パークの南端に接しているエセックス・ハウス（Essex House）という有名なホテルの屋上の大きな看板の上によくとまっている鷹が、私の部屋の向い側のビルのガラスの内側に住み着き始めた。私はそれから鷹の行動を観察し始めたが、それはどうやら鷹がお産をして、子育てをするための場所だったようである。横一メートルちょっとのガラスの幅だけ、機械室との間に空間がある。ガラスは透明なので外の景色は見えるが風は防げるという絶好の場所で、しかも外敵に襲われる恐れはゼロといってもよい最適の場所である。私はそこを秘かに「鷹のマンション」と名付けた。

やがて鷹の子供が生まれると、親の鷹がせっせと餌を運んでくる様が目の前でよく見えた。また白っぽい色をした可愛い鷹の雛がすくすくと育っていく様子が目の前で見え、毎日鷹の母子を見るのが楽しみになった。これをテレビ局に教えれば格好なネタになると思ったが、私共のオフィスにカメラなど設置されて邪魔されるのも困るので、黙っていた。

親の鷹は人懐っこく、そのうち私共の部屋の窓のところまで遊びに来て、私共のビルの窓は少しへこんでいるため、その縁にとまって中を眺めるようになってきた。私共が近くで鷹と目を合わせても驚く様子もなく、さすがマンハッタンという大都会に住む鷹は人間には慣れていると思った。後で分かったことだが、この鷹は「ノスリ」と呼ばれる鷹の一種であるということである。

そのうち、鷹の子供が鷹のマンションの中で動き回るようになってきた。そして、二〇〇七年六月一二日、子供の鷹が突然姿を消してしまった。どうやら巣立ちのため子供の鷹が初めて飛ぼうと試みた時に、強風にあおられて三七階の高さから道路に不時着してしまったようだ。通常だととても助からないが、さすが子供とはいえ鷹の子供で、私共のビルの南側に一ブロック下がったところの歩道で翌日警察官に生きて発見されたようである。そのことは地元の新聞では写真入りの大きな記事となった。鷹の赤ちゃんはすぐに公園のレンジャーに保護され、元気を回復してから自然に戻され、親鳥と一緒になれたとニューヨークのローカル紙が報じた。

私の秘書がレンジャーに子供の鷹のことを知らせたところ、レンジャーの責任者からメールの返事があった。そして鷹の子供がレンジャーによって保護されたこと、鷹の子供の名前はジィギー（Ziggy）で、その両親はペール・メール・ジュニア（Pale Male Jr.）及びシャーロット（Charlotte）という名前が付いていることを知らせてきた。六月一九日にはジィギーは空に放たれ、二四時間以内に両親と再会したということである。

私のオフィスの目の前の鷹のマンションには、白いベッドが今でも残されている。自分の生まれたところが懐かしいのか、ジィギーと母親の鷹は時々鷹のマンションへ戻ってくるのが見える。マンハッタンのようなコンクリート・ジャングルでも健気に生きていく鷹の親子を見ると、応援したくなる。

最近鷹のマンションの様子がおかしく、母鷹が再び子供を産むのか、子鷹のジィギーが子供を産むのか、再び鷹が鷹のマンションに頻繁に出入りを始めている。

あとがき

本書を書き終えてみると、自分の使命はほとんど果たしたような気分となり、あとはニューヨークにおける私のこれまでの活動を何とか次につなげてほしいと願っている。

そこで、提携している長島・大野・常松法律事務所にニューヨークオフィスを開設していただくことになった。具体的には、同法律事務所のパートナー弁護士で、二〇〇八年初めから私のニューヨークオフィスへ出向していた渡邉泰秀弁護士と私で、ニューヨークに新たに Nagashima Ohno & Tsunematsu NY LLP というパートナーシップを作り、これまでの私のニューヨークオフィスを母体として、長島・大野・常松法律事務所のニューヨークオフィスとしてさらに積極的に展開していくことになった。

奇しくも本書が刊行されるのと時を同じくして、二〇一〇年九月一日から長島・大野・常松法律事務所のニューヨークオフィスがスタートする。渡邉弁護士には、ニューヨークに骨を埋めてもよいとまで言っていただいているので、それだけの覚悟があれば今後頑張っていけるだろうと信じている。また私も、あと何年間か、ニューヨークあるいは東京において、長島・大野・常松法律事務所のニューヨークオフィスを支援し続けることになっている。

まえがきで書いたように、越純一郎氏の存在なくして本書は生まれなかったと思われるので、この機会を借りて心から感謝の意を表させていただく。本書を編集していただいた日本経済新聞出版社の平井修一氏にも執筆にあたり多大なご支援をいただき、この場を借りて心からのお礼を申し述べさせていただく。また、同業で、国際的案件を取扱う牛島信弁護士の応援も大変心強く、この場を借りてお礼を申し上げたい。

最後に、個人的なことだが、私が突然ニューヨークにオフィスを開くと言い出してから約二〇年間、妻祐子には慣れない外国での、しかも英語での生活にもかかわらず、頑張り通してもらった。この場を借りて、心からの感謝の意を表させていただく。

■著者紹介

桝田 淳二（ますだ・じゅんじ）

1966年東京大学法学部卒業。1968年弁護士登録（第二東京弁護士会）。1971年コロンビア・ロースクール卒業（LL.M.)。1977年桝田江尻法律事務所（あさひ・狛法律事務所の前身）創立。1991年ニューヨーク州リーガル・コンサルタント登録。1992年桝田江尻法律事務所ニューヨークオフィス（Masuda & Ejiri〈New York〉）開設。1995年ニューヨーク州弁護士登録。2007年 桝田国際法律事務所（Masuda International〈New York〉）として独立し、長島・大野・常松法律事務所と提携。コロンビア・ロースクール・ボード・オブ・ビジターズ・メンバー(1993年〜)。レックス・ムンディ取締役（1994〜1998年)、同エグゼクティブ・コミッティー・メンバー（1995〜1998年)。ニューヨーク州弁護士会国際部会エグゼクティブ・コミッティー・メンバー（2004〜2008年)。ニューヨーク銀杏会（東京大学同窓会）理事長、東京大学赤門学友会副会長、東京大学経営協議会及び総長選考会議委員。フレンズ・オブ・トーダイ（ニューヨークのNPO）理事長。

国際弁護士

2010年8月31日　1版1刷

著　者　桝田淳二

©Junji Masuda, 2010

発行者　羽土　力

発行所　日本経済新聞出版社

http://www.nikkeibook.com/

〒100－8066 東京都千代田区大手町1－3－7

電話　03－3270－0251

印刷・製本　シナノ印刷

ISBN978－4－532－31640－2　Printed in Japan

（カバー表側写真）手前がカーネギーホール、後ろの高いビルが著者のオフィスがあるカーネギーホール・タワー
（カバー裏側および扉写真）著者の部屋からのセントラル・パークの眺め

JASRAC　出 1010510-001